本书得到河南省哲学社会科学规划项目"空间经济学视域下内陆型自由贸易试验区促进区域协调发展的路径研究"（2018CJJ090）、河南省重点研发与推广专项（软科学）"河南自由贸易试验区综合评价体系构建及管理体制机制创新发展研究"（192400410106）、河南省教育厅人文社会科学研究项目"我国内陆型自由贸易试验区推动区域协调发展的作用机制研究"（2019-ZZJH-343）和郑州大学商学院智库服务项目"中国（河南）自由贸易试验区发展报告（2017-2020）"资助

内陆型自由贸易试验区与临空经济区耦合发展研究

以郑州航空港为例

段平方　张婷玉　著

中国社会科学出版社

图书在版编目（CIP）数据

内陆型自由贸易试验区与临空经济区耦合发展研究：以郑州航空港为例/段平方，张婷玉著.—北京：中国社会科学出版社，2020.5

ISBN 978 - 7 - 5203 - 6298 - 6

Ⅰ.①内… Ⅱ.①段… ②张… Ⅲ.①自由贸易区—经济建设—研究—郑州 ②航空运输—运输经济—经济发展—研究—郑州 Ⅳ.①F752.861.1 ②F562.861.1

中国版本图书馆 CIP 数据核字（2020）第 059407 号

出 版 人	赵剑英
责任编辑	卢小生
责任校对	周晓东
责任印制	王　超

出　　　版	中国社会科学出版社
社　　　址	北京鼓楼西大街甲 158 号
邮　　　编	100720
网　　　址	http://www.csspw.cn
发 行 部	010 - 84083685
门 市 部	010 - 84029450
经　　　销	新华书店及其他书店

印　　　刷	北京明恒达印务有限公司
装　　　订	廊坊市广阳区广增装订厂
版　　　次	2020 年 5 月第 1 版
印　　　次	2020 年 5 月第 1 次印刷

开　　　本	710×1000　1/16
印　　　张	17.25
插　　　页	2
字　　　数	257 千字
定　　　价	90.00 元

前　　言

　　郑州航空港经济综合实验区是中国第一个国家级航空港经济发展先行区，其战略意义可见一斑。"十二五"期间，在全球经济疲软、国内增速放缓的大背景下，航空港实验区努力克服国内外不利因素，逆流而上，各项经济指标持续快速发展，与此同时，航空港经济综合实验区在体制改革、制度创新方面也取得了一系列成果，成为引领内陆地区经济腾飞的重要引擎。2013 年 7 月，我国首个自由贸易试验区——中国（上海）自由贸易试验区获批；2015 年 4 月，广东、福建、天津正式获批，成为第二批自由贸易试验区；2016 年 8 月，河南、辽宁、浙江、湖北、重庆、四川、陕西作为第三批自由贸易试验区正式出炉；2019 年 8 月，江苏、河北、黑龙江、广西、山东、云南第四批自由贸易试验区获批成功。至此，我国自由贸易试验区正式扩围到 17 个，形成了"1 + 3 + 7 + 6"的自由贸易试验区雁行发展格局，也标志着自由贸易试验区建设的步伐已经从沿海延伸至内陆。中国（河南）自由贸易试验区作为中部内陆型自由贸易试验区，被赋予打造"两体系一枢纽"的特色要求和试验任务。郑州航空港经济综合实验区与中国（河南）自由贸易试验区为身处内陆地区的河南构筑了对外开放新高地，对河南培育经济发展新优势提供了崭新平台。作为当前新一轮对外开放的重要战略，航空港经济综合实验区与自由贸易试验区的出现有其深刻的历史原因与国内外现实背景。

　　从国际背景来看，随着经济全球化以及区域经济一体化趋势日益增强，国与国之间的经济联系更为紧密，不同国家之间的贸易、资金、技术等往来也在逐步深化，因此形成了许多区域性的经济联合体。一般情况下，全球化与区域经济一体化的双重趋势是两股并行的潮流，并不相悖。然而，在全球经济不太乐观的大环境下，新的贸易保护主义普遍抬头，世界贸易组织（WTO）的国际影响力又日渐式微，甚至面临被边缘化的风险，在这种背景下，世界主要发达经济体另辟蹊径，企图借助双边和区域性自由贸易区绕开世界贸易组织限制，建立新的规则体系。尤其是 2008 年国际金融危机以来，这个趋势越发明显，《跨太平洋伙伴关系协定》（TPP）、《跨大西洋贸易与投资伙伴协议》（TTIP）等诸如此类的大型自由贸易区不断出现，并将中国排除在外，未来中国企业在参与国际贸易、投资活动等国际竞争中将面临新的限制和阻碍，势必会削弱中国企业的国际竞争能力，不利于中国贸易大国向贸易强国的转变。虽然 TPP 和 TTIP 当前发展遇到重重阻碍，前景堪忧，但其所提倡的国际贸易投资新规则已经被应用到越来越多的区域合作谈判中，新规则的发展态势是不可逆的。在这种背景下，中国勇于创新，主动改革，将临空经济区与自由贸易试验区作为改革开放的试验田，在促进政府职能转变、扩大投资领域开放、推动贸易转型、深化金融领域进行探索和创新，为我国参与国际贸易新规则的制定，增强国际话语权提供强有力的支撑。从国内背景来看，中国经济在经历了 30 多年的高速增长后，土地、资源、环境和人口等要素的优势已明显弱化，长期粗放型经济发展模式下的一些问题随着外贸增速放缓而逐渐凸显：传统产业投资领域相对饱和，传统产业产能严重过剩；人口结构发生变化，劳动力成本快速上升，养老负担加重，人口红利消失；环境资源承载能力接近上限；政策工具的刺激效益明显减弱等。种种迹象表明，我国经济发展步入了改革攻坚的重要阶段，经济亟待转型升级。为了保持中国经济的健康发展，我国大力发展临空经济，推进自由贸易试验区战略，力图通过这些创新试验平台得以开放倒逼改革，打造新的对外开放平台，从而为中国经济发展注入新的驱动力。

鉴于此，本书将以内陆型自由贸易试验区与临空经济区耦合发展的内在机理为切入点，以发展的观点研究和论证如何推动内陆型自由贸易试验区与临空经济区耦合发展的问题，总结郑州航空港经济综合实验区与中国（河南）自由贸易试验区发展经验，以求在两者耦合发展的视角下拓展郑州航空港临空经济的发展思路，促进河南自由贸易试验区与郑州临空经济的创新发展。

　　本书是由段平方、张婷玉著，研究生唐平和侯淑娟为本书的编纂做了大量工作，书稿的顺利完成离不开各位作者的通力合作，也离不开领导、老师、朋友和学生的大力支持，在此一并谢过，也真诚地希望大家对本书提出宝贵建议，促使我们在后续研究中不断完善。

段平方
2019 年 10 月 18 日

目 录

第一章　自由贸易试验区的内涵与中国自由贸易区的发展

第一节　自由贸易区与自由贸易试验区

一　自由贸易区

自由贸易区（Free Trade Area），援引世界贸易组织最惠国待遇条例，是指在两个（或以上）的一组关税领土中，对成员领土之间有关产自此类领土产品的贸易取消关税和其他限制性贸易法规。

其特征为：通过谈判及签署协议确立，双边/多边经济体相互开放；经济体全境均适用于所签订条款；仅向所签订协议对象开放，具备排他性。例如：中国东盟自由贸易区、中韩自由贸易区等。截至2019年，全球共建有自由贸易区1500多个，且每年都在增加，其中发达国家占2/3，主要自由贸易区有北美自由贸易区、欧盟、中国-东盟自由贸易区等。

二　自由贸易试验区

自由贸易试验区属于自由贸易园区的一种（Free Trade Zone）。自由贸易园区的起源最早可追溯到历史记载的第一个正式命名的自由港，即1547年意大利热那亚湾的里南那港。17世纪以后，随着航海业和国际贸易的发展，欧洲国家如德国、荷兰、英国等纷纷在港口城市或港口附近设立现代意义上的自由区或自由港。20世纪20年代后，自由区开始在美洲大陆出现：乌拉圭1923年设立了科洛尼亚自由贸易园区，墨西哥1923年分别设立了蒂华纳和摩西卡利两个自由贸易园区，美国于1936年在纽约的布鲁克林设立了第一个自由贸易园区（美国称为"对外贸易区"）。20世纪50年代以来，自由贸易园区在发达经济体与发展中经济体都出现了蓬勃发展的势头。特别是20世纪80年代后，亚非许多新兴国家和地区陆续加入《京都公约》，至此，世界自由贸易园区格局基本形成。据汇丰银行的相关研究统计，目前全球119个国家和地区已有2300个自由贸易园区，其中，英国有6个自由贸易港园区；美国有250个自由贸易园区，分布在50个州；而亚洲自由贸易园区数量占全球比重超过40%，主要集中在新加坡、马来西亚、韩国、日本以及中国香港和中国台湾等国家或地区。

自由区是国际商界和国际海关达成共识的国际概念。目前，国际上最权威的定义见诸1973年制定的《京都公约》，我国是该国际公约的签字国，但没有接受"自由区"附约。根据《京都公约》，自由区是指在一国领土的部分区域内，从关境外运入该区域的任何货物被认为在关境以外，并免予对该区域实施惯常的海关监管制度，包括免予征收进口税及其他各项税种。此定义的核心是强调"境内关外"的经济自由。至今，国际上各类称谓不同的特殊监管区都以是否符合该定义作为判断是不是自由区的标准。

1998年，我国"首都空港自由贸易区发展战略研究"课题组对"自由区"给出的定义是：在一个国家或单独关税区境内区域设立的、使用物理方式隔离的、置于海关关境之外的特殊经济区域，区内允许各国船舶、飞机在"一线"自由进出，货物免税入区，无配额管制，并提供货物长期储存和加工制造功能，也是自由港的进一步延伸。复旦大学程大中给出的定义是：一国之内的特定区域，区内消除传统贸易壁垒，减少官僚式的规章制度，放松管制、增进效率、提高自由化程度与开放程度，以吸引新的营商主体与外国投资，提升在全球范围的市场存在。

除此之外，联合国、欧洲经济联合体以及部分国家都有关于"自由区"的定义。联合国1984年贸易与发展会议报告中关于自由区的定义是：自由区是货物进出无须通过国家海关的区域。早期的此类自由区主要具有储存和贸易功能，20世纪60年代至今，各国自由贸易园区增加了加工、制造和装配功能，并免予缴纳关税和受配额限制。

欧共体海关法典是这样来定义自由区的：自由区或者自由区仓库是欧共体关境的组成部分，只是可能与关境内其他区域采取物理隔离等，当非欧共体货物入区时，在关税征收、商业进口政策措施（如获取欧共体内自由流动资格）等方面，或者并未按海关法规规定的条件使用或消费前，被视为尚未进入共同体关境。美国对外贸易区委员会则把自由区看作被管辖的公共设施并采取隔离、封闭方式运作。在进口港附近配有加工、整理、储存、展示等设施，拥有海陆空的转运能力。商品可以最初的包装或其他形式进行出口或从区内发送到关境内，进入关境内须缴纳关税。

不管如何定义，自由贸易试验区或者自由区具有以下特征：通过政策或立法确立，一国单方面主动开放；仅适用于划定自贸贸易区域；向所有国际市场开放，具备普惠性，如上海自由贸易试验区、仁川自由贸易园区、迪拜自由贸易园区。

三　自由贸易园区的主要类型与特征

（一）五种主要类型

根据自由贸易园区承载的主要功能，可以划分为转口集散型自由贸易园区、出口加工型自由贸易园区、保税仓库型自由贸易园区、工贸结合型自由贸易园区、综合型自由贸易园区等。

1. 转口集散型自由贸易园区

其利用位于国际贸易航线的交通要冲和优良的港口条件，吸引外国商船中转停靠，发展转口贸易，并通过在区内从事港口装卸、货物储存、货物的商业性加工和转运等经济活动来增加商业收入和繁荣地区经济。该类型自由贸易园区通常位于国际航线的交汇热点地区，是一个国际转口贸易中心和国际商品集散地。区内仅限于贸易功能，以及与贸易活动有关的仓储和简单整理加工，不具有工业制造功能。典型代表如德国的汉堡、不来梅等港口城市，它们以先进的港区设施为依托，形成四通八达的交通运输网络，保证货物在 48 小时内转运到欧盟的各个地区；南欧西班牙的巴塞罗那自由贸易园区依靠优越的地理位置和便利的交通运输条件，成为地中海地区最大的集装箱集散码头；扼守太平洋与大西洋贸易通道的巴拿马科隆自由贸易港也属于转口集散优势非常突出的自由贸易园区。

2. 出口加工型自由贸易园区

其通过引进外资、先进技术和管理经验，发展出口工业，实际上是依托国际产业链分工形成一个地区性产品加工制造基地。该类型自由贸易园区以外资企业为主，主要为制造类企业。区内主要从事出口商品的加工制造活动，加工商品全部外销，不开展转口贸易，实际上是专门针对工业制造领域的自由贸易园区。然而，由于各国经济的不断发展，区内的功能逐渐完善，国际中转、转口贸易的功能得以扩展，呈现出由出口加工向转口贸易过渡的趋势。中国大陆的保税区和中国台湾的"一空四海"出口加工区就属于此类型。

3. 保税仓库型自由贸易园区

其利用保税政策而设立，入区货物没有种类和配额限制，免予报关和征关税，便于贸易商转售货物来获得最佳利润。在区内可以对货物进行分装、筛选、再包装以及整修更换等，还可以对中间产品进行装配和加工。最有代表性的保税仓库型自由区当属比利时安特卫普自由港和荷兰阿姆斯特丹港。阿姆斯特丹设立自由区是为了让外商选择荷兰作为对欧洲、亚洲、非洲各国出口的分销中心，商品进入该保税仓库免交进口税，储存在该仓库的商品可以进行简单的包装作业，也可以作零件装配。

4. 工贸结合型自由贸易园区

其具有相对优越的交通区位条件，主要从事国际贸易、出口加工、转口贸易、仓储运输服务等业务。欧洲的土耳其爱琴海自由贸易免税区和中东的阿联酋贸易自由区属于此类。截至2016年，美国活跃的自由贸易园区约为195个，其中，制造业有324项，聚集了3300家企业，提供了约42万个就业岗位，是当今全球自由贸易园区为数最多的国家，呈现出强大的经济竞争力。阿联酋迪拜自由贸易港区是全球最大的自由贸易港区，区内从事贸易、仓储和分销的企业占79.8%，从事物流企业的企业占4%。

5. 综合型自由贸易园区

其既具备贸易和出口加工制造功能，又允许数据服务业、旅游业、酒店餐饮业、文化娱乐业、金融业和科教卫生等各类服务业在区内发展。灵活而多样化的功能，使其具有极强的竞争优势，能对区域经济发展产生广泛影响，成为各国经济发展战略的重要支撑。在众多的综合型自由贸易园区中，印度尼西亚巴淡自由贸易园区、爱尔兰香农自由贸易园区、巴西马瑙斯自由贸易园区极具代表性。

（二）自由区的基本特征

尽管全世界对自由贸易园区还没有统一的定义，但综观世界各国的对外贸易区、自由港、免税区、保税仓库、自由过境区等多种自由区形式，发现各种类型的自由区都具有以下基本特征：在监管方面，实行"境内关外"的管理模式，园区的管理逐渐趋向规范化，各国对自由区都尽可能地简化手续，提高办事效率，对于进口的船只和货物、人员、资金给予最大限度的自由；在软环境方面，基础设施先进，离岸业务条件优越，具有国际吸引力的规制环境和优惠政策，对国内经济带动力强，国际航空通道日益成为自由区发展的重要依托。在空间方面，自由区都超越了自然地域和经济发展水平的限制，在自由区内，不仅有发达国家，也有发展中国家。同时，自由区的发展是一个数量不断增加、功能趋向综合、管理不断加强的过程。

第二节　中国自由贸易试验区战略发展历程

一　中国自由贸易试验区发展概况

自 1978 年改革开放以来，我国一直在不断尝试设立广义范围内的自由贸易园区，于 20 世纪 80 年代分别设立了深圳、珠海、汕头和厦门 4 个经济特区。接着，90 年代在上海、大连、天津、青岛、厦门、深圳等地先后设立了保税区和进出口加工区，截至 2019 年，我国已经设立了 15 个保税区、9 个保税物流园区、100 家综合保税区和 14 个综合保税港区，以及广东拱北和新疆乌鲁木齐两个跨境工业区。

这些园区被统称为海关特殊监管区域。随着我国自由贸易试验区战略的推行，一部分保税区、进出口加工区等共同并入自由贸易试验区，逐步搭建了我国立足沿海辐射中西部地区的网状自由贸易试验区体系。上海是我国改革开放的前沿、经济发展的重心，也是我国第一个批准的自由贸易试验区，上海自由贸易试验区位于浦东境内，其面积为 120.72 平方千米，2013 年 9 月 29 日正式挂牌成立，之后逐步扩充至当前规模，各方面发展也逐步成熟稳定。2015 年 4 月 20 日，国务院又批复成立了第二批自由贸易试验区，分别为广东、天津和福建自由贸易试验区。2017 年 3 月 31 日，国务院批复成立第三批自由贸易试验区，分别为辽宁、浙江、河南、湖北、重庆、四川、陕西自由贸易试验区。2019 年 8 月，国务院批复成立第四批自由贸易试验区，分别为江苏、河北、黑龙江、广西、山东和云南。

从最早的上海自由贸易试验区，到第二批同属沿海地区的天津、福建、广东，再到第三批、第四批最新增设的自由贸易试验区，不难看出，我国自由贸易试验区的规划布局正呈现出由点到线再向面铺开的总体趋势。随着自由贸易试验区的范围越扩越大。建立自由贸易试验区，既是为"一带一路"倡议的实施提供有效的支持，也有利于我国不同地区之间的协同发展，创造开放红利，让本地区在区域发展中占据主动，是当前我国自由贸易试验区建设的共同之处。

二　上海自由贸易试验区的成立及目标

2008 年国际金融危机后，上海经济出现明显"拐点"。1992—2007 年，上海经济连续保持 16 年的两位数增长，但是，到 2008 年，上海 GDP 增长率为 9.7%，17 年来首次跌入个位数。2009 年 GDP 增幅为 0.2%，低于全国平均水平。浦东新区政府找到中国生产力学会，希望由他们出面组织课题组，进行研究。2009 年一份题为《关于中国在浦东建立自由贸易区的设想》的报告上报给国务院。时任国务院总理温家宝批示将"自由贸易区"改为"自由贸易园区"。上海一直以来对自由贸易区有所期待。此前多有学者、研究机构建议上海在浦东设立自由贸易试验区，但上海方面尚没有公开回应。2011 年 4 月，时任上海市常务副市长、上海综保区管委会主任的杨雄表示，上海综保区要"积极探索向国际通行的自由贸易园区转型升级"。这是当时为数不多的高层的公开表态。而2012年11月，获上海市人大常委会通过的《上海推进国际贸易中心建设条例》中，明确了要"探索建立符合国际惯例的自由贸易园区"。此后，上海将"浦东将试点建设自由贸易园区"写入2013年上海市政府工作报告。2013年1月底，商务部官方网站转载了一条来自"商务部驻上海特派员办事处"的消息称，"上海正式向国家相关部门提交了中国首个自由贸易区试点方案"。但是，2013年3月全国"两会"，上海的申请并未获得来自中央的公开表态。在全国"两会"期间，上海市市长杨雄公开回应记者采访时也只是说"正在与国家有关部门协商研究中，上海将按照中央部署，积极推进相关工作"。

全国"两会"过后，上海对自由贸易试验区的事情更为低调，坊间甚至有观点认为，随着国务院改组，上海自由贸易试验区的事情可能会从头再来，对于是否能够快速获批并不乐观。事情的转机出现在3月底，李克强担任国务院总理后的第一次参观考察，据公开报道，李克强在上海的行程主要是后来被纳入自由贸易试验区的上海外高桥保税区，并分别在28日、29日召开座谈会。在此次的考察中，李克强总理表态："鼓励支持上海积极探索，在现有综合保税区基础上，研究如何试点先行，在28平方千米内，建立一个自由贸易试验区，进一步扩大开放，推动完善开放型经济体体制机制。"此次讲话中，李克强总理强调依据国际上对自由贸易园区"一线放开、两线管住"的惯例进行分工，其中"一线放开"将涉及国务院各部委的协调。上海自由贸易试验区的时间表在李总理那次的考察中也得以明确：28平方千米的试验区并不用走得太慢，上半年拿出方案，下半年分步实施。至此，上海自由贸易试验区的关键变成了做好和论证好方案。

2013年3月底，李克强总理在上海浦东外高桥保税区调研时明确指出："在现有综合保税区基础上，研究如何试点先行，在28平方千米内，建立一个自由贸易试验区，进一步扩大开放，推动完善开放型经济体制。"2013年4月11日，市委书记韩正和市长杨雄向国务院副总理汪洋做了专题汇报。汪洋副总理说："将来这个名字，就叫中国（上海）自由贸易试验区，是国家对外的、国与国的，但是现在先在国内一个区域进行自由贸易的试验，这样就可能把它的层级、价值从这里面体现出来。"

2013年8月22日，国务院正式批准设立中国（上海）自由贸易试验区。设立中国（上海）自由贸易试验区，是顺应全球经贸发展新趋势，实行更加积极主动开放战略的一项重大举措。主要任务是要探索我国对外开放的新路径和新模式，推动加快转变政府职能和行政体制改革，促进转变经济增长方式和优化经济结构，实现以开放促发展、促改革、促创新。建设中国（上海）自由贸易试验区有利于培育我国面向全球的竞争新优势，构建与各国合作发展的新平台，拓展经济增长的新空间，打造中国经济"升级版"。8月26日，国务院提请全国人大常委会，审议并决定在试验区调整部分法律规定的行政审批和事项。

2013年9月27日，国务院批准《中国（上海）自由贸易试验区总体方案》。上海自由贸易试验区总体要求为：试验区肩负着我国在新时期加快政府职能转变、积极探索管理模式创新、促进贸易和投资便利化，为全面深化改革和扩大开放探索新途径、积累新经验的重要使命，是国家战略需要。

上海自由贸易试验区总体目标是：经过两年至三年的改革试验，加快转变政府职能，积极推进服务业扩大开放和外商投资管理体制改革，大力发展总部经济和新型贸易业态，加快探索资本项目可兑换和金融服务业全面开放，探索建立货物状态分类监管模式，努力形成促进投资和创新的政策支持体系，着力培育国际化和法治化的营商环境，力争建设成为具有国际水准的投资贸易便利、货币兑换自由、监管高效便捷、法制环境规范的自由贸易试验区，为我国扩大开放和深化改革探索新思路和新途径，更好地为全国服务。

上海自由贸易试验区实施范围是：试验区的范围涵盖上海外高桥保税区、上海外高桥保税物流园区、洋山保税港区和上海浦东机场综合保税区4个海关特殊监管区域，并根据先行先试推进情况以及产业发展和辐射带动需要，逐步拓展实施范围和试点政策范围，形成与上海国际经济、金融、贸易、航运中心建设的联动机制。

上海自由贸易试验区主要任务和措施是：紧紧围绕面向世界、服务全国的战略要求和上海"四个中心"建设的战略任务，按照"先行先试、风险可控、分步推进、逐步完善"的方式，把扩大开放与体制改革相结合、把培育功能与政策创新相结合，形成与国际投资、贸易通行规则相衔接的基本制度框架。

（一）加快政府职能转变

深化行政管理体制改革。加快转变政府职能，改革创新政府管理方式，按照"国际化、法治化"的要求，积极探索建立与国际高标准投资和贸易规则体系相适应的行政管理体系，推进政府管理由注重事先审批转为注重事中、事后监管。建立一口受理、综合审批和高效运作的服务模式，完善信息网络平台，实现不同部门的协同管理机制。建立行业信息跟踪、监管和归集的综合性评估机制，加强对试验区内企业在区外经营活动全过程的跟踪、管理和监督。建立集中统一的市场监管综合执法体系，在质量技术监督、食品药品监管、知识产权、工商、税务等管理领域，实现高效监管，积极鼓励社会力量参与市场监督。提高行政透明度，完善体现投资者参与、符合国际规则的信息公开机制。完善投资者权益有效保障机制，实现各类投资主体的公平竞争，允许符合条件的外国投资者自由转移其投资收益。建立知识产权纠纷调解、援助等解决机制。

（二）扩大投资领域的开放

扩大服务业开放：选择金融服务、航运服务、商贸服务、专业服务、文化服务以及社会服务领域扩大开放，暂停或取消投资者资质要求、股比限制、经营范围限制等准入限制措施（银行业机构、信息通信服务除外），营造有利于各类投资者平等准入的市场环境。

探索建立负面清单管理模式：借鉴国际通行规则，对外商投资试行准入前国民待遇，研究制定试验区外商投资与国民待遇等不符的负面清单，改革外商投资管理模式。对负面清单之外的领域，按照内外资一致的原则，将外商投资项目由核准制改为备案制（国务院规定对国内投资项目保留核准的除外），由上海市负责办理；将外商投资企业合同章程审批改为由上海市负责备案管理，备案后按国家有关规定办理相关手续；工商登记与商事登记制度改革相衔接，逐步优化登记流程；完善国家安全审查制度，在试验区内试点开展涉及外资的国家安全审查，构建安全高效的开放型经济体系。在总结试点经验的基础上，逐步形成与国际接轨的外商投资管理制度。

构筑对外投资服务促进体系：改革境外投资管理方式，对境外投资开办企业实行以备案制为主的管理方式，对境外投资一般项目实行备案制，由上海市负责备案管理，提高境外投资便利化程度。创新投资服务促进机制，加强境外投资事后管理和服务，形成多部门共享的信息监测平台，做好对外直接投资统计和年检工作。支持试验区内各类投资主体开展多种形式的境外投资。鼓励在试验区设立专业从事境外股权投资的项目公司，支持有条件的投资者设立境外投资股权投资母基金。

（三）推进贸易发展方式转变

推动贸易转型升级：积极培育贸易新型业态和功能，形成以技术、品牌、质量、服务为核心的外贸竞争新优势，加快提升我国在全球贸易价值链中的地位。鼓励跨国公司建立亚太地区总部，建立整合贸易、物流、结算等功能的营运中心。深化国际贸易结算中心试点，拓展专用账户的服务贸易跨境收付和融资功能。支持试验区内企业发展离岸业务。鼓励企业统筹开展国际国内贸易，实现内外贸一体化发展。探索在试验区内设立国际大宗商品交易和资源配置平台，开展能源产品、基本工业原料和大宗农产品的国际贸易。扩大完善期货保税交割试点，拓展仓单质押融资等功能。加快对外文化贸易基地建设。推动生物医药、软件信息、管理咨询、数据服务等外包业务发展。允许和支持各类融资租赁公司在试验区内设立项目子公司并开展境内外租赁服务。鼓励设立第三方检验鉴定机构，按照国际标准采信其检测结果。试点开展境内外高技术、高附加值的维修业务。加快培育跨境电子商务服务功能，试点建立与之相适应的海关监管、检验检疫、退税、跨境支付、物流等支撑系统。

提升国际航运服务能级：积极发挥外高桥港、洋山深水港、浦东空港国际枢纽港的联动作用，探索形成具有国际竞争力的航运发展制度和运作模式。积极发展航运金融、国际船舶运输、国际船舶管理、国际航运经纪等产业。加快发展航运运价指数衍生品交易业务。推动中转集拼业务发展，允许中资公司拥有或控股拥有的非五星旗船，先行先试外贸进出口集装箱在国内沿海港口和上海港之间的沿海捎带业务。支持浦东机场增加国际中转货运航班。充分发挥上海的区域优势，利用中资"方便旗"船税收优惠政策，促进符合条件的船舶在上海落户登记。在试验区实行已在天津试点的国际船舶登记政策。简化国际船舶运输经营许可流程，形成高效率的船籍登记制度。

（四）深化金融领域的开放创新

加快金融制度创新：在风险可控前提下，可在试验区内对人民币资本项目可兑换、金融市场利率市场化、人民币跨境使用等方面创造条件进行先行先试。在试验区内实现金融机构资产方价格实行市场化定价。探索面向国际的外汇管理改革试点，建立与自由贸易试验区相适应的外汇管理体制，全面实现贸易投资便利化。鼓励企业充分利用境内外两种资源、两个市场，实现跨境融资自由化。深化外债管理方式改革，促进跨境融资便利化。深化跨国公司总部外汇资金集中运营管理试点，促进跨国公司设立区域性或全球性资金管理中心。建立试验区金融改革创新与上海国际金融中心建设的联动机制。

增强金融服务功能：推动金融服务业对符合条件的民营资本和外资金融机构全面开放，支持在试验区内设立外资银行和中外合资银行。允许金融市场在试验区内建立面向国际的交易平台。逐步允许境外企业参与商品期货交易。鼓励金融市场产品创新。支持股权托管交易机构在试验区内建立综合金融服务平台。支持开展人民币跨境再保险业务，培育发展再保险市场。

（五）完善法制领域的制度保障

在完善法制保障方面，加快形成符合试验区发展需要的高标准投资和贸易规则体系。针对试点内容，需要停止实施有关行政法规和国务院文件的部分规定的，按规定程序办理。其中，经全国人民代表大会常务委员会授权,暂时调整《中华人民共和国外资企业法》《中华人民共和国中外合资经营企业法》和《中华人民共和国中外合作经营企业法》规定的有关行政审批,自 2013 年 10 月 1 日起在三年内试行。各部门要支持试验区在服务业扩大开放、实施准入前国民待遇和负面清单管理模式等方面深化改革试点,及时解决试点过程中的制度保障问题。上海市要通过地方立法,建立与试点要求相适应的试验区管理制度。

(六) 创新监管服务

推进实施"一线放开":允许企业凭进口舱单将货物直接入区,再凭进境货物备案清单向主管海关办理申报手续,探索简化进出境备案清单,简化国际中转、集拼和分拨等业务进出境手续;实行"进境检疫,适当放宽进出口检验"模式,创新监管技术和方法。探索构建相对独立的以贸易便利化为主的货物贸易区域和以扩大服务领域开放为主的服务贸易区域。在确保有效监管的前提下,探索建立货物状态分类监管模式。深化功能拓展,在严格执行货物进出口税收政策的前提下,允许在特定区域设立保税展示交易平台。

坚决实施"二线安全高效管住":优化卡口管理,加强电子信息联网,通过进出境清单比对、账册管理、卡口实货核注、风险分析等加强监管,促进二线监管模式与一线监管模式相衔接,推行"方便进出,严密防范质量安全风险"的检验检疫监管模式。加强电子账册管理,推动试验区内货物在各海关特殊监管区域之间和跨关区便捷流转。试验区内企业原则上不受地域限制,可到区外再投资或开展业务,如有专项规定要求办理相关手续,仍应按照专项规定办理。推进企业运营信息与监管系统对接。通过风险监控、第三方管理、保证金要求等方式实行有效监管,充分发挥上海市诚信体系建设的作用,加快形成企业商务诚信管理和经营活动专属管辖制度。

进一步强化监管协作:以切实维护国家安全和市场公平竞争为原则,加强各有关部门与上海市政府的协同,提高维护经济社会安全的服务保障能力。试验区配合国务院有关部门严格实施经营者集中反垄断审查。加强海关、质检、工商、税务、外汇等管理部门的协作。加快完善一体化监管方式，推进组建统一高效的口岸监管机构。探索试验区统一电子围网管理，建立风险可控的海关监管机制。

（七）探索与试验区相配套的税收政策

实施促进投资的税收政策：注册在试验区内的企业或个人股东，因非货币性资产对外投资等资产重组行为而产生的资产评估增值部分，可在不超过 5 年期限内，分期缴纳所得税。对试验区内企业以股份或出资比例等股权形式给予企业高端人才和紧缺人才的奖励，实行已在中关村等地区试点的股权激励个人所得税分期纳税政策。

实施促进贸易的税收政策：将试验区内注册的融资租赁企业或金融租赁公司在试验区内设立的项目子公司纳入融资租赁出口退税试点范围。对试验区内注册的国内租赁公司或租赁公司设立的项目子公司，经国家有关部门批准从境外购买空载重量在 25 吨以上并租赁给国内航空公司使用的飞机，享受相关进口环节增值税优惠政策。对设在试验区内的企业生产、加工并经"二线"销往内地的货物照章征收进口环节增值税、消费税。根据企业申请，试行对该内销货物按其对应进口料件或按实际报验状态征收关税的政策。在现行政策框架下，对试验区内生产企业和生产性服务业企业进口所需的机器、设备等货物予以免税，但生活性服务业等企业进口的货物以及法律、行政法规和相关规定明确不予免税的货物除外。完善启运港退税试点政策，适时研究扩大启运地、承运企业和运输工具等试点范围。此外，在符合税制改革方向和国际惯例，以及不会导致利润转移和税基侵蚀的前提下，积极研究完善适应境外股权投资和离岸业务发展的税收政策。

2014 年 12 月 28 日，全国人民代表大会常务委员会授权国务院扩展中国（上海）自由贸易试验区区域，将面积扩展到 120.72 平方千米。上海自由贸易试验区范围涵盖上海市外高桥保税区、外高桥保税物流园区、洋山保税港区和上海浦东机场综合保税区、金桥出口加工区、张江高科技园区和陆家嘴金融贸易区七个区域。

2015 年 4 月 20 日，国务院批准《进一步深化中国（上海）自由贸易试验区改革开放方案》通知。通知指出，中国（上海）自由贸易试验区运行以来，围绕加快政府职能转变，推动体制机制创新，营造国际化、市场化、法治化营商环境等积极探索，取得了重要阶段性成果。为贯彻落实党中央、国务院关于进一步深化自由贸易试验区改革开放的要求，自由贸易试验区要当好改革开放排头兵、创新发展先行者，继续以制度创新为核心，贯彻长江经济带发展等国家战略，在构建开放型经济新体制、探索区域经济合作新模式、建设法治化营商环境等方面，率先挖掘改革潜力，破解改革难题。要积极探索外商投资准入前国民待遇加负面清单管理模式，深化行政管理体制改革，提升事中事后监管能力和水平。上海市人民政府和有关部门要解放思想、改革创新，大胆实践、积极探索，统筹谋划、加强协调，支持自由贸易试验区先行先试。及时总结评估试点实施效果，形成可复制可推广的改革经验，更好地发挥示范引领、服务全国的积极作用。

2017 年 3 月 30 日，国务院《全面深化中国（上海）自由贸易试验区改革开放方案》指出，坚持以制度创新为核心，继续解放思想、勇于突破、当好标杆，进一步对照国际最高标准、查找短板弱项，大胆试、大胆闯、自主改，坚持全方位对外开放，推动贸易和投资自由化便利化，加大压力测试，切实有效防控风险，以开放促改革、促发展、促创新；进一步加强与上海国际金融中心和具有全球影响力的科技创新中心建设的联动，不断放大政策集成效应，主动服务"一带一路"建设和长江经济带发展，形成经济转型发展新动能和国际竞争新优势；更大力度转变政府职能，加快探索一级地方政府管理体制创新，全面提升政府治理能力；发挥先发优势，加强改革系统集成，力争取得更多可复制推广的制度创新成果，进一步彰显全面深化改革和扩大开放试验田作用。

上海自由贸易试验区的目标是：到 2020 年，率先建立同国际投资和贸易通行规则相衔接的制度体系，把自由贸易试验区建设成为投资贸易自由、规则开放透明、监管公平高效、营商环境便利的国际高标准自由贸易园区，健全各类市场主体平等准入和有序竞争的投资管理体系、促进贸易转型升级和通关便利的贸易监管服务体系、深化金融开放创新和有效防控风险的金融服务体系、符合市场经济规则和治理能力现代化要求的政府管理体系，率先形成法治化、国际化、便利化的营商环境和公平、统一、高效的市场环境。具体任务是"三区一堡"。

1. 综合改革试验区

第一，建立更加开放透明的市场准入管理模式。实施市场准入负面清单和外商投资负面清单制度。在完善市场准入负面清单的基础上，对各类市场主体实行一致管理，进一步优化、简化办事环节和流程，对业务牌照和资质申请统一审核标准和时限，促进公平竞争。进一步提高外商投资负面清单的透明度和市场准入的可预期性。实施公平竞争审查制度，清理和取消资质资格获取、招投标、权益保护等方面存在的差别化待遇，实现各类市场主体依法平等准入清单之外的行业、领域和业务。

第二，全面深化商事登记制度改革。保障企业登记自主权，尊重企业自主经营的权利。开展企业名称登记制度改革，除涉及前置审批事项或企业名称核准与企业登记不在同一机关外，企业名称不再预先核准。放宽住所（经营场所）登记条件，有效释放场地资源。优化营业执照的经营范围等登记方式。推行全程电子化登记和电子营业执照改革试点。探索建立普通注销登记制度和简易注销登记制度相互配套的市场主体退出制度。开展"一照多址"改革试点。

第三，全面实现"证照分离"。深化"先照后证"改革，进一步加大探索力度。把涉及市场准入的许可审批事项适时纳入改革试点，能取消的全部取消，需要保留审批的，按照告知承诺和加强市场准入管理等方式进一步优化调整，在改革许可管理方式、完善风险防范措施的基础上，进一步扩大实行告知承诺的领域。加强许可管理与企业设立登记管理的衔接，实现统一社会信用代码在各许可管理环节的"一码贯通"。实施生产许可"一企一证"，探索取消生产许可证产品检验。

第四，建成国际先进水平的国际贸易"单一窗口"。借鉴联合国国际贸易"单一窗口"标准，实施贸易数据协同、简化和标准化。纳入海港、空港和海关特殊监管区域的物流作业功能，通过银行机构或非银行支付机构建立收费账单功能，便利企业办理支付和查询。实现物流和监管等信息的交换共享，为进出口货物质量安全追溯信息的管理和查询提供便利。推动将国际贸易"单一窗口"覆盖领域拓展至服务贸易，逐步纳入技术贸易、服务外包、维修服务等，待条件成熟后逐步将服务贸易出口退（免）税申报纳入"单一窗口"管理。与国家层面"单一窗口"标准规范融合对接，推进长江经济带跨区域通关业务办理，加强数据衔接和协同监管。

第五，建立安全高效便捷的海关综合监管新模式。深化实施全国海关通关一体化、"双随机、一公开"监管以及"互联网＋海关"等举措，进一步改革海关业务管理方式，对接国际贸易"单一窗口"，建立权责统一、集成集约、智慧智能、高效便利的海关综合监管新模式。综合应用大数据、云计算、互联网和物联网技术，扩大"自主报税、自助通关、自动审放、重点稽核"试点范围。深化"一线放开""二线安全高效管住"改革，强化综合执法，推进协同治理，探索设立与"区港一体"发展需求相适应的配套管理制度。创新加工贸易出口货物专利纠纷担保放行方式。支持海关特殊监管区域外的企业开展高附加值、高技术、无污染的维修业务。深入实施货物状态分类监管，研究将试点从物流仓储企业扩大到贸易、生产加工企业，具备条件时，在上海市其他符合条件的海关特殊监管区域推广实施。

第六，建立检验检疫风险分类监管综合评定机制。完善进口商品风险预警快速反应机制，加强进口货物不合格风险监测，实施消费品等商品召回制度。建立综合应用合格评定新机制，设立国家质量基础检验检疫综合应用示范园区。在制定发布不适用于第三方检验结果采信目录清单基础上，积极推进扩大商品和项目的第三方检验结果采信。探索扩大检验鉴定结果国际互认的范围。

第七，建立具有国际竞争力的创新产业监管模式。优化生物医药全球协同研发的试验用特殊物品的准入许可，完善准入许可的内容和方式。完善有利于提升集成电路全产业链国际竞争力的海关监管模式。研究制定再制造旧机电设备允许进口目录，在风险可控的前提下，试点数控机床、工程设备、通信设备等进口再制造。探索引入市场化保险机制，提高医药生产等领域的监管效率。

　　第八，优化创新要素的市场配置机制。完善药品上市许可持有人制度。允许自由贸易试验区内医疗器械注册申请人委托上海市医疗器械生产企业生产产品。健全完善更加符合社会主义市场经济规律、人才成长规律和人才发展流动规律的人才认定标准和推荐方式，标准统一、程序规范的外国人来华工作许可制度及高效、便捷的人才签证制度，吸引更多外籍高层次人才参与创新创业，为其提供出入境和停居留便利，并按规定享受我国鼓励创新创业的相关政策。根据法律法规规定，支持持有外国人永久居留证的外籍高层次人才创办科技型企业，给予与中国籍公民同等待遇。深化上海股权托管交易中心"科技创新板"试点，完善对科创企业的金融服务。支持外资企业设立联合创新平台，协同本土中小微企业开展创新成果产业化项目推进。深化推进金融中心与科技创新中心建设相结合的科技金融模式创新。

　　第九，健全知识产权保护和运用体系。充分发挥专利、商标、版权等知识产权引领作用，打通知识产权创造、运用、保护、管理和服务的全链条，提升知识产权质量和效益。以若干优势产业为重点，进一步简化和优化知识产权审查和注册流程，创新知识产权快速维权工作机制。探索互联网、电子商务、大数据等领域的知识产权保护规则。建立健全知识产权服务标准，完善知识产权服务体系。完善知识产权纠纷多元解决机制。支持企业运用知识产权进行海外股权投资。创新发展知识产权金融服务。深化完善有利于激励创新的知识产权归属制度。

　　2. 风险压力测试区

　　按照国际最高标准，为推动实施新一轮高水平对外开放进行更为充分的压力测试，探索开放型经济发展新领域，形成适应经济更加开放要求的系统试点经验。

　　第一，进一步放宽投资准入。最大限度地缩减自由贸易试验区外商投资负面清单，推进金融服务、电信、互联网、文化、文物、维修、航运服务等专业服务业和先进制造业领域对外开放。除特殊领域外，取消对外商投资企业经营期限的特别管理要求。对符合条件的外资创业投资企业和股权投资企业开展境内投资项目，探索实施管理新模式。完善国家安全审查、反垄断审查等投资审查制度。

第二，实施贸易便利化新规则。优化口岸通关流程，推进各环节监管方式改革，探索公布涵盖各通关环节的货物平均放行时间。最大限度地实现覆盖船舶抵离、港口作业、货物通关等口岸作业各环节的全程无纸化，推进贸易领域证书证明的电子化管理。深化亚太示范电子口岸网络试点。推动实施原产地预裁定制度。根据自由贸易协定规定，推动实施原产地自主声明制度。推进企业信用等级的跨部门共享，对高信用等级企业降低查验率。深化完善安全预警和国际竞争力提升的产业安全保障机制。

第三，创新跨境服务贸易管理模式。在风险可控的前提下，加快推进金融保险、文化旅游、教育卫生等高端服务领域的贸易便利化。提高与服务贸易相关的货物暂时进口便利，拓展暂时进口货物单证制度适用范围，延长单证册的有效期。探索兼顾安全和效率的数字产品贸易监管模式。大力发展中医药服务贸易，扩大中医药服务贸易国际市场准入，推动中医药海外创新发展。深化国际船舶登记制度创新，进一步便利国际船舶管理企业从事海员外派服务。在合适领域，分层次逐步取消或放宽对跨境交付、自然人移动等模式的服务贸易限制措施。探索完善服务贸易统计体系，建立服务贸易监测制度。

第四，进一步深化金融开放创新。加强与上海国际金融中心建设的联动，积极有序实施《进一步推进中国（上海）自由贸易试验区金融开放创新试点加快上海国际金融中心建设方案》。加快构建面向国际的金融市场体系，建设人民币全球服务体系，有序推进资本项目可兑换试点。加快建立金融监管协调机制，提升金融监管能力，防范金融风险。

第五，设立自由贸易港区。在洋山保税港区和上海浦东机场综合保税区等海关特殊监管区域内，设立自由贸易港区。对标国际最高水平，实施更高标准的"一线放开""二线安全高效管住"贸易监管制度。根据国家授权实行集约管理体制，在口岸风险有效防控的前提下，依托信息化监管手段，取消或最大限度简化入区货物的贸易管制措施，最大限度简化一线申报手续。探索实施符合国际通行做法的金融、外汇、投资和出入境管理制度，建立和完善风险防控体系。

3. 政府治理能力的先行区

第一，健全以简政放权为重点的行政管理体制。加快推进简政放权，深化行政审批制度改革。以厘清政府、市场、社会关系为重点，进一步取消和简化审批事项，最大限度地给市场放权。推动实现市场准入、执业资格等领域的管理方式转变。深化大部门制改革，在市场监管、经济发展、社会管理和公共服务、改革和法制、环保和城建五个职能模块，按照精简高效原则形成跨部门的协同机制。

第二，深化创新事中事后监管体制机制。按照探索建立新的政府经济管理体制要求，深化分类综合执法改革，围绕审批、监管、执法适度分离，完善市场监管、城市管理领域的综合执法改革。推进交通运输综合行政执法改革，加强执法协调。将异常名录信息归集范围扩大到市场监管以外的行政部门，健全跨部门"双告知、双反馈、双跟踪"许可办理机制和"双随机、双评估、双公示"监管协同机制。落实市场主体首负责任制，在安全生产、产品质量、环境保护等领域建立市场主体社会责任报告制度和责任追溯制度。鼓励社会力量参与市场监督，建立健全会计、审计、法律、检验检测认证等第三方专业机构参与市场监管的制度安排。

第三，优化信息互联共享的政府服务体系。加快构建以企业需求为导向、大数据分析为支撑的"互联网＋政务服务"体系。建立央地协同、条块衔接的信息共享机制，明确部门间信息互联互通的边界规则。以数据共享为基础，再造业务流程，实现市场准入"单窗通办""全网通办"，个人事务"全区通办"，政务服务"全员协办"。探索建立公共信用信息和金融信用信息互补机制。探索形成市场主体信用等级标准体系，培育发展信用信息专业服务市场。

4. 服务国家"一带一路"建设、推动市场主体走出去的桥头堡

坚持"引进来"和"走出去"有机结合，创新经贸投资合作、产业核心技术研发、国际化融资模式，探索搭建"一带一路"开放合作新平台，建设服务"一带一路"的市场要素资源配置功能枢纽，发挥自由贸易试验区在服务"一带一路"倡议中的辐射带动作用。

第一，以高标准便利化措施促进经贸合作。对接亚太示范电子口岸网络，积极推进上海国际贸易"单一窗口"与"一带一路"沿线口岸的信息互换和服务共享。率先探索互联互通监管合作新模式，在认证认可、标准计量等方面开展多双边合作交流。加快建设门户复合型国际航空枢纽。促进上海港口与"21世纪海上丝绸之路"航线港口的合作对接，形成连接国内外重点口岸的亚太供应链中心枢纽。建立综合性对外投资促进机构和境外投资公共信息服务平台，在法律查明和律师服务、商事纠纷调解和仲裁、财务会计和审计服务等方面开展业务合作。打造"一带一路"产权交易中心与技术转移平台，促进"一带一路"产业科技合作。积极推进能源、港口、通信、高端装备制造等领域的国际产能合作和建设能力合作。

第二，增强"一带一路"金融服务功能。推动上海国际金融中心与"一带一路"沿线国家和地区金融市场的深度合作、互联互通。加强与境外人民币离岸市场战略合作，稳妥推进境外机构和企业发行人民币债券和资产证券化产品，支持优质境外企业利用上海资本市场发展壮大，吸引沿线国家央行、主权财富基金和投资者投资境内人民币资产，为"一带一路"重大项目提供融资服务。大力发展海外投资保险、出口信用保险、货物运输保险、工程建设保险等业务，为企业海外投资、产品技术输出、承接"一带一路"重大工程提供综合保险服务。支持金砖国家新开发银行的发展。

第三，探索具有国际竞争力的离岸税制安排。适应企业参与国际竞争和服务"一带一路"建设的需求，在不导致税基侵蚀和利润转移的前提下，基于真实贸易和服务背景，结合服务贸易创新试点工作，研究探索服务贸易创新试点扩围的税收政策安排。

三 第二批自由贸易试验区

2015年4月，国务院批准《中国（广东）自由贸易试验区总体方案》《中国（天津）自由贸易试验区总体方案》《中国（福建）自由贸易试验区总体方案》，中国第二批自由贸易试验区总体方案正式出炉。与这三个方案一同批准的还有《进一步深化中国（上海）自由贸易试验区改革开放方案》。整体上看，这4个自由贸易试验区继续以改革开放排头兵、创新发展先行者以及形成更多可复制、可推广的经验为目标，在上海自由贸易试验区原来试点的基础上进一步扩大改革开放的创新措施。

广东自由贸易试验区发挥毗邻港澳优势，立足于推动内地与港澳深度合作，建立粤港澳金融合作创新体制、粤港澳服务贸易自由化，以及通过制度创新推动粤港澳交易规则的对接。探索粤港澳经济合作新模式，建设成为粤港澳深度合作示范区。自由贸易试验区允许港澳服务提供者发展高端医疗服务，区内将设立外资医院，市民不出国门就可享受国际医疗服务。此外，自由贸易试验区还允许港澳服务者提供者设立自费出国留学中介服务机构，市民想要留学，可选择港澳中介而无须两地奔波了。广东自由贸易试验区探索离岛退税。广东自由贸易试验区是国内税费最低的区域之一，同时，针对港澳人才，实施不高于香港的个人所得税政策，由地方财政资助解决。研究境外高层次人才的认定办法，探索面向所有境外人才的税收优惠政策，吸引高端人才进入。

天津自由贸易试验区建设是国家实施京津冀协同发展的重要战略部署，制度红利惠及整个环渤海地区。该试验区将充分依托自身实体经济、港口、国家战略等方面优势，服务于京津冀协同发展和"一带一路"倡议两大国家战略，服务和带动环渤海经济；突出航运，打造航运税收、航运金融等。天津自由贸易试验区是北方第一个自由贸易试验区，主要表现在天津的核心战略资源，天津港是"一带一路"海陆黄金交汇点，也是国内唯一同时拥有四条铁路通往欧洲陆桥的港口。依托于东疆港强大的政策及航运优势，天津港将打造成为亚欧大陆桥东部起点、中蒙俄经济走廊主要节点和海上合作战略支点，自由贸易试验区的核心地位会更加凸显。在服务"一带一路"倡议上，天津港现在拥有 3 条过境班列，分别是天津新港—阿拉山口班列、天津新港—满洲里—莫斯科班列、天津新港—二连浩特班列。

福建自由贸易试验区，要深化两岸的经济合作、建设"21 世纪海上丝绸之路"核心区、蓝色经济即海洋经济。福建自由贸易试验区应立足于自身特色和优势，两岸经济合作、海丝核心区、海洋经济就是自由贸易试验区的重要内容。福建省作为大陆与台湾距离最近的省份，其自由贸易试验区重点突出对接台湾自由经济区，以及建设"海上丝绸之路"。福建自由贸易试验区定位于建设成为"深化两岸经济合作示范区"。立足两岸、扩大开放、深化创新构成了自由贸易试验区的"福建特色"。为深化两岸经济合作探索新模式。福建自由贸易试验区率先推进与台湾地区投资贸易自由，福建自由贸易试验区目前已确立了88项机制创新试验项目，其中对台项目20项；确立了98项扩大开放试验项目，其中62项仅对台湾地区开放。

四 第三批自由贸易试验区

为了在更大范围进行改革创新实践和探索，建设更多改革开放"试验田"，进一步构建全方位对外开放的新格局，2016年8月底，党中央、国务院决定，在辽宁、浙江、河南、湖北、重庆、四川、陕西等省市再设立7个新的自由贸易试验区。参照上海等现有自由贸易试验区，新的自由贸易试验区主要依托发展基础较好的国家级新区、园区设立，每个都包含3个片区，面积在120平方千米内。2017年3月，国务院正式批复设立7个自由贸易试验区，并分别印发了总体方案。7个方案充分体现全面深化改革扩大开放总体要求，体现服务国家战略的重要使命，借鉴上海等现有自由贸易试验区成功改革试点经验，以制度创新为核心，以可复制可推广为基本要求，聚焦"深入推进简政放权、放管结合、优化服务改革""发挥市场在资源配置中的决定性作用""营造法治化国际化便利化营商环境"以及"提升大宗商品全球配置能力""扩大内陆地区开放"等重大命题，在投资、贸易、金融制度创新、事中事后监管等领域开展改革探索，在有效防控风险基础上，打造开放高地。7省市还结合自身特点，提出在自由贸易试验区探索推进国资国有企业改革、以油品为核心的大宗商品投资便利化和贸易自由化、构建多式联运国际物流体系、创新现代农业交流合作机制、创建人文交流新模式等特色试点任务，与上海等现有自由贸易试验区形成对比试验、互补试验，在更广领域、更大范围形成各具特色、各有侧重的试点格局。具体定位和目标有所不同。

辽宁自由贸易试验区分为沈阳、大连和营口三个片区，将打造具有国际竞争力的先进装备制造业基地、面向东北亚开放合作的战略高地、国际海铁联运大通道的重要枢纽；将与"一带一路"沿线国家的国际产能和装备制造合作，加快构建双向投资促进合作新机制。

浙江自由贸易试验区落实中央关于"探索建设舟山自由贸易港区"的要求，就推动大宗商品贸易自由化，提升大宗商品全球配置能力进行探索。浙江自由贸易试验区包括舟山和宁波片区。浙江自由贸易试验区建设将突出重点，围绕油品全产业链的投资便利化、贸易自由化，力争在企业准入资质、金融政策配套、口岸监管便利、税收政策创新等关键领域取得突破。

河南自由贸易试验区涵盖郑州、开封和洛阳三个片区。在产业布局上，郑州片区重点发展先进制造业、跨境电商、现代金融、服务贸易等；开封片区重点发展医疗旅游、文化金融、创意设计等现代服务业；洛阳片区重点发展装备制造等高端制造业，以及文化旅游、文化贸易等现代服务业。

湖北自由贸易试验区落实中央关于中部地区有序承接产业转移、建设一批战略性新兴产业和高技术产业基地的要求，发挥其在实施中部崛起战略和推进长江经济带建设中的示范作用。湖北自由贸易试验区包括武汉、宜昌、襄阳片区。其中作为武汉片区主体区的东湖高新区，将补齐在对外开放和国际化能力提升上的短板，并设定了"双自"（自主创新示范区和自由贸易试验区联动）驱动的核心。

陕西自由贸易试验区设立中心片区、西安国际港务区片区和杨凌片区。中心片区重点发展战略性新兴产业和高新技术产业。西安国际港务区片区重点发展国际贸易、现代物流、金融服务、旅游会展、电子商务等产业。杨凌示范区片区以农业科技创新、示范推广为重点。

四川自由贸易试验区落实中央关于加大西部地区门户城市开放力度以及建设内陆开放战略支撑带的要求，打造内陆开放型经济高地，实现内陆与沿海沿边沿江协同开放。四川自由贸易试验区分为成都片区、泸州川南临港片区两部分。成都片区是四川自由贸易试验区的主体，规划面积近100平方千米。

重庆自由贸易试验区落实中央关于发挥重庆战略支点和连接点重要作用、加大西部地区门户城市开放力度的要求，带动西部大开发战略深入实施。重庆自由贸易试验区初步分为两江新区片区、西永片区和果园港片区。

五 第四批自由贸易试验区

2019 年 8 月，自由贸易试验区布局进一步扩容，国务院同意在山东省、江苏省、广西壮族自治区、河北省、云南省、黑龙江省新设 6 个自由贸易试验区。

中国（山东）自由贸易试验区涵盖济南片区、青岛片区、烟台片区，总面积 119.98 平方千米。山东自由贸易试验区旨在全面落实"中央关于增强经济社会发展创新力、转变经济发展方式、建设海洋强国"的要求，加快推进新旧发展动能接续转换、发展海洋经济，形成对外开放新高地。济南片区重点发展人工智能、产业金融、医疗康养、文化产业、信息技术等产业，开展开放型经济新体制综合试点试验，建设全国重要的区域性经济中心、物流中心和科技创新中心；青岛片区重点发展现代海洋、国际贸易、航运物流、现代金融、先进制造等产业，打造东北亚国际航运枢纽、东部沿海重要的创新中心、海洋经济发展示范区，助力青岛打造我国沿海重要中心城市；烟台片区重点发展高端装备制造、新材料、新一代信息技术、节能环保、生物医药和生产性服务业，打造中韩贸易和投资合作先行区、海洋智能制造基地、国家科技成果和国际技术转移转化示范区。

中国（江苏）自由贸易试验区涵盖南京片区、苏州片区、连云港片区，总面积 119.97 平方千米；江苏自由贸易试验区旨在全面落实"中央关于深化产业结构调整、深入实施创新驱动发展战略"的要求，推动全方位高水平对外开放，加快"一带一路"交汇点建设，着力打造开放型经济发展先行区、实体经济创新发展和产业转型升级示范区。南京片区建设具有国际影响力的自主创新先导区、现代产业示范区和对外开放合作重要平台；苏州片区建设世界一流高科技产业园区，打造全方位开放高地、国际化创新高地、高端化产业高地、现代化治理高地；连云港片区建设亚欧重要国际交通枢纽、集聚优质要素的开放门户、"一带一路"沿线国家（地区）交流合作平台。

中国（河北）自由贸易试验区涵盖雄安片区、正定片区、曹妃甸片区、大兴机场片区，总面积119.97平方千米。河北自由贸易试验区旨在全面落实"中央关于京津冀协同发展战略和高标准高质量建设雄安新区"的要求，积极承接北京非首都功能疏解和京津科技成果转化，着力建设国际商贸物流重要枢纽、新型工业化基地、全球创新高地和开放发展先行区。雄安片区重点发展新一代信息技术、现代生命科学和生物技术、高端现代服务业等产业，建设高端高新产业开放发展引领区、数字商务发展示范区、金融创新先行区。正定片区重点发展临空产业、生物医药、国际物流、高端装备制造等产业，建设航空产业开放发展集聚区、生物医药产业开放创新引领区、综合物流枢纽。曹妃甸片区重点发展国际大宗商品贸易、港航服务、能源储配、高端装备制造等产业，建设东北亚经济合作引领区、临港经济创新示范区。大兴机场片区重点发展航空物流、航空科技、融资租赁等产业，建设国际交往中心功能承载区、国家航空科技创新引领区、京津冀协同发展示范区。

中国（云南）自由贸易试验区涵盖昆明片区、红河片区、德宏片区，总面积119.86平方千米。云南自由贸易试验区旨在全面落实"中央关于加快沿边开放"的要求，着力打造"一带一路"和长江经济带互联互通的重要通道，建设连接南亚东南亚大通道的重要节点，推动形成我国面向南亚东南亚辐射中心、开放前沿。昆明片区加强与空港经济区联动发展，重点发展高端制造、航空物流、数字经济、总部经济等产业，建设面向南亚东南亚的互联互通枢纽、信息物流中心和文化教育中心；红河片区加强与红河综合保税区、蒙自经济技术开发区联动发展，重点发展加工及贸易、大健康服务、跨境旅游、跨境电商等产业，全力打造面向东盟的加工制造基地、商贸物流中心和中越经济走廊创新合作示范区；德宏片区重点发展跨境电商、跨境产能合作、跨境金融等产业，打造沿边开放先行区、中缅经济走廊的门户枢纽。

中国（黑龙江）自由贸易试验区涵盖哈尔滨片区、黑河片区、绥芬河片区，总面积 119.85 平方千米。黑龙江自由贸易试验区旨在全面落实"中央关于推动东北全面振兴全方位振兴、建成向北开放重要窗口"的要求，着力深化产业结构调整，打造对俄罗斯及东北亚区域合作的中心枢纽。哈尔滨片区重点发展新一代信息技术、新材料、高端装备、生物医药等战略性新兴产业，科技、金融、文化旅游等现代服务业和寒地冰雪经济，建设对俄罗斯及东北亚全面合作的承载高地和联通国内、辐射欧亚的国家物流枢纽，打造东北全面振兴全方位振兴的增长极和示范区；黑河片区重点发展跨境能源资源综合加工利用、绿色食品、商贸物流、旅游、健康、沿边金融等产业，建设跨境产业集聚区和边境城市合作示范区，打造沿边口岸物流枢纽和中俄交流合作重要基地；绥芬河片区重点发展木材、粮食、清洁能源等进口加工业和商贸金融、现代物流等服务业，建设商品进出口储运加工集散中心和面向国际陆海通道的陆上边境口岸型国家物流枢纽，打造中俄战略合作及东北亚开放合作的重要平台。

中国（广西）自由贸易试验区涵盖南宁片区、钦州港片区、崇左片区，总面积 119.99 平方千米。

自由贸易试验区的建立是我国对外开放发展的新局面，既是为了探索新的贸易规则，也是为了探索对于经济管理的新模式，是一个意义重大的国家战略。自我国第三批自由贸易试验区挂牌成立以来，我国正式形成了"1+3+7+6"的"雁形矩阵"格局，共 17 个自由贸易试验区，其中沿海的如上海、广东、天津已经初具规模，发展较为成熟，但是，河南、陕西、重庆、四川、湖北等内陆型自由贸易试验区挂牌成立较晚，发展尚处于起步阶段，虽然在贸易便利化、通关模式、行政管理体制改革、法律的制定与实施等方面已经取得了初步的成效，但是，在实施过程中依然存在很大的问题和困难，不能达到预期的目标，造成改革的红利并没有完全释放出来，所以探索内陆型自由贸易试验区发展问题，并找出内陆型自由贸易试验区与临空经济区耦合发展的路径有着至关重大的意义，有利于我国进一步强化对外开放，更好地承接国外的产业转移，充分释放改革红利，减小内陆地区与东部沿海地区的发展差距，从而促进我国沿海和内陆、东部和西部的协调发展。

第三节　中国自由贸易试验区战略实施背景

中国自由贸易试验区战略的提出具有深刻的国内外战略背景。

从国际背景来看，随着经济全球化以及区域经济一体化趋势日益增强，国与国之间的经济联系更为紧密，不同国家之间的资金、技术、贸易等往来也在逐步深化，因此形成了许多区域性的经济联合体。一般情况下，这种双重趋势是两股并行的潮流，并不相悖，但在新的科技和产业革命时代，新的产业形态正在不断地生长，而且国际金融危机的影响也没有完全消退，在这种全球经济都不太乐观的大环境下，世界贸易组织框架约束了多边合作，因此，在国际贸易中的影响正在逐步减弱，面临被边缘化的风险，新的贸易保护主义普遍抬头，世界主要发达经济体开始建立新的自由贸易区，这样可以绕开世界贸易组织规则的限制以便刺激经济发展。尤其是 2008 年国际金融危机以来，这个趋势越发明显，美国、日本、欧盟三大经济体积极推进了《跨太平洋伙伴关系协定》（TPP）、《跨大西洋贸易与投资伙伴协议》（TTIP）的谈判，东盟国家也积极推进了《区域全面经济伙伴关系》（RCEP）的谈判，诸如此类的大型自由贸易区不断出现，想要重新构建国际投资和贸易规则。

《跨太平洋伙伴关系》（TPP）、《跨大西洋贸易与投资伙伴关系》（TTIP）和《多边服务业协议》（TISA，原称 PSA）形成新型全球贸易、投资和服务业规则，我国政府于 2013 年 3 月 28 日决定推出上海自由贸易试验区，拉开了中国自由贸易试验区战略的序幕，作为对新世界秩序的回应。TTP、TTIP、TISA 谈判有一个共同特点，除了传统贸易投资谈判中的关税、非关税贸易壁垒和贸易便利化三大主题外，都着力于扩大服务贸易的市场准入、加强市场的兼容性、透明度与合作，简化海关监管程序，缩短各国标准方面的差距，高标准地共同维护卫生、安全与环保等方面，力求制定全球贸易新规则，这些规则包括知识产权和市场机制等议题。这三大谈判对我国自由贸易试验区战略的提出有重大的影响。通过自由贸易试验区进行改革开放实验，在带动政府职能转变、扩大投资领域开放、推动贸易转型、深化金融领域开放创新。通过自由贸易试验区战略来寻找国际贸易新规则的对策，同时积累经验，为以后国际双边合作奠定坚实的基础，为国家间开展相关谈判提供参考依据，为我国作为新兴发展中国家今后参与国际贸易新规则的制定提供强有力的支撑。

从国内背景来看，改革开放40年来，纵览我国改革开放的进程，可以归纳出两个基本特点：第一，无论是从经济领域到社会领域的改革，还是农村到城镇的改革等，都是先从单独的一个领域出发，然后逐步拓展；第二，改革过程被称作"摸着石头过河"，我们允许出现错误、改造错误，并在这个过程中学习和积累经验。这个过程主要分为三个时期：一是1979年正式开始改革开放进程；二是1992年开启市场经济的进程；三是2001年加入世界贸易组织，全面融入全球化进程。在这个过程中层层递进，使我国一跃成为全球第二大经济体。但近几年受国际金融危机的影响，我国之前粗放型经济发展模式下的一些问题随着外贸增速放缓表现出来。传统产业投资领域相对饱和；传统产业产能严重过剩；生产要素的规模经济效应递减；人口结构发生变化，劳动力成本快速上升，人口红利消失，养老负担加重；环境资源承载能力以及接近上限；政策工具的刺激效益明显减弱等。种种影响因素共同作用下导致我国经济发展进入了新常态。为了保持中国经济的健康发展，我国大力推进自由贸易试验区战略，构建自由贸易试验区网络，力图通过自由贸易试验区扩大开放，以开放倒逼改革，从而为中国经济发展注入新的驱动力。

中国自由贸易试验区战略是在改革开放基础上的又一次重大突破，继承和发扬了改革开放精神，从最早的上海自由贸易试验区，到第二批同属沿海地区的天津、福建、广东，再到第三批最新增设的7个自由贸易试验区，一步一个脚印，在充分学习早前自由贸易试验区改革开放成功经验的基础上，"摸着石头过河"，以制度创新为核心进一步深化改革扩大开放，各自承担着不同的改革任务与使命为国家制度创新提供实验材料。

一　改革进入深水区，风险凸显

（一）推进资本流动自由化、利率市场化、汇率市场化，金融市场风险提高

金融业的进一步开放与其他行业有所不同，货币自由可兑换，就是货币在人民币资本项下可兑换，资金可以在区内和国际市场上自由流动，在一定程度上容易导致"热钱"的大量涌入或者资本外逃等问题。金融专家普遍担心利率市场化将使国有银行失去在央行指导下的依靠存贷差获利的垄断优势，服务和优质理财产品的缺失，将使国有金融机构在完全市场化条件下不具备与外资金融机构竞争的资本。因此，在推进进一步深化改革的过程中，金融市场面临的风险也日益凸显。

（二）改革进入深水区，社会问题加剧

中国居民收入的基尼系数一直在 0.4 的警戒线以上，财富分配不公引发的贫富差距问题成为影响社会的一大隐患，教育、医疗、社会保障等公共物品的短缺成为经济发展过程中新的矛盾，公平与正义问题也成为主要的社会问题。当前我国行政审批事项依然比较多，少数地方部门设置审批和许可的随意性比较大，贸易程序不规范，严重影响了企业的积极性和创造性，在一定程度上导致了权钱交易等腐败行为的产生。不仅如此，如果政府不能平等地对待市场主体，则会抑制社会资本的活力，贫富差距扩大、不公平竞争、社会诚信体系缺失、行政缺位、干部腐败等问题严重损害了人民群众的根本利益，在需要推进的一系列改革中，只有政府大刀阔斧地纠正自己的错位、越位、缺位等问题，一些不良的社会现象才会得以解决，所以，从根本上转变政府形象，厘清政府和市场的关系，构建真正的服务型政府就迫在眉睫。

习近平总书记强调指出："现在我国的改革已经进入攻坚期和深水期，必须以更大的政治勇气和智慧，坚持正确的改革方向，敢于啃硬骨头，敢于涉险滩，既勇于突破思想观念的障碍，又勇于突破利益固化的藩篱。"改革进入深水区，各种风险和问题日益严重，因此，

能有效解决此类问题的自由贸易试验区就应运而生。

二 区域经济一体化加速,"二次入世"担忧

20 世纪 90 年代以来,伴随着经济全球化的加速推进,区域经济一体化成为主导趋势。区域经济一体化主要是指有关的主权国家为实现区域内外的经济合作、联合或融合而实行的制度安排。第二次世界大战之后,它大致经历了两个阶段:第一个阶段是战后初期五六十年代盛行于全球的区域性经济贸易安排。第二个阶段则是指出现于 80 年代盛行于 90 年代的另一轮全球经济区域集团化浪潮。目前全球范围内区域贸易协定(Regional Trade Agreements)似乎呈现泛滥之势。根据世界贸易组织的官方统计,1948—1994 年向关贸总协定(GATT)报备的 RTAs 只有 124 个,并且以商品类居多。截至 2017 年,有 400 多个关于商品和服务的贸易协定,由图 1-1 中可知,从 1992 年之后,世界累计 RTAs 的数量飞速上涨,正在实施的区域贸易协定的累积量也呈现不断上升趋势。

自 2010 年以来,世界范围内开始了若干个影响深远的巨型区域性贸易谈判,例如"3T 协定"即 TTP、TTIP、TISA,接下来,我们对其分别做简单的介绍。

(一)TPP

TPP 即《跨太平洋战略经济伙伴关系协定》,最初是由新加坡、智利、文莱和新西兰 4 国于 2005 年 6 月发起成立的。2008 年年初,美国开始与 4 国进行前期的协商,于 2009 年正式加入 TPP。2016 年 2 月,美国、日本、澳大利亚、文莱、加拿大、智利、马来西亚、墨西哥、新西兰、秘鲁、新加坡和越南 12 个国家在新西兰城市奥克兰正式签署了 TPP。这 12 个国家的经济总量占全球经济的 40%,而欧盟仅占 24%,远远超过欧盟的经济总量。美国总统特朗普上台以后,于 2017 年 1 月签署了第一道行政命令,宣布退出 TPP。尽管失去了美国这一核心国家,但 TTP 有五个显著的特征,这五个显著的特征使其成为 21 世纪具有里程碑式的协议。具体内容如表 1-1 所示。

然而,TPP 的谈判过程是一个长期的持续的艰苦过程。基于世界贸易组织等贸易自由化机制举步维艰的历史经验和它本身面临的挑战

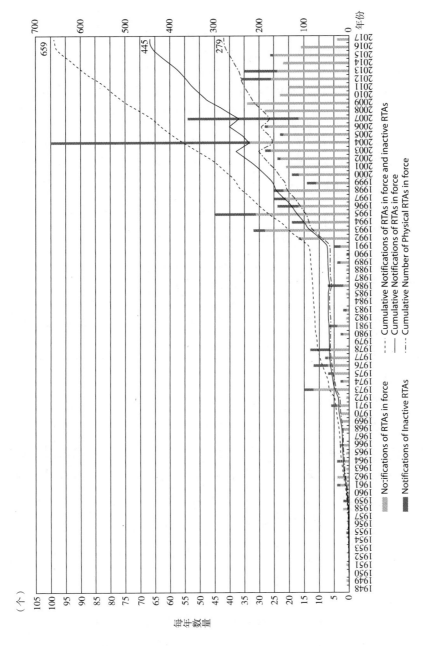

图 1-1　1948—2017 年世界区域贸易协定发展情况

来说，TPP 新标准的制定还存在着许多难以解决的问题。

表 1 - 1   **TPP 的主要特征**

特征	内容
全面市场准入	TPP 全方面撤销或者实质性削减了所有货物和服务贸易的关税及非关税壁垒，包括货物和服务的贸易与投资
区域性履约模式	TPP 有助于生产和供应链升级以及实现贸易无缝对接，提高生产效率，增加就业，提高生活水平，带动跨境经济一体化以及开放国内市场
应对贸易新挑战	通过正面回应数字经济的发展、国有企业的全球经济角色等新问题，TPP 寻求提升创新力、生产力、竞争力
包容性贸易	帮助中小企业理解协议条款，利用机会呼吁缔约国政府重视各种挑战。该协议还包括对于发展以及贸易能力建设的具体承诺
区域一体化平台	TPP 旨在为区域经济一体化提供平台，以吸纳亚太地区的其他经济体

1. 自由化程度高

TPP 要求各成员国在 10 年内实现自由贸易，农产品、纺织品、服务贸易零关税、电信全面准入等目标。现实情况则是 TPP 成员国之间经济发展水平很不平衡，对外开放的差距很大，各个地区的自由化程度不一致。例如越南是在 2007 年才加入世界贸易组织，在世界贸易组织框架下很多承诺都没有实现，TPP 所要求的更高标准、更多要求的贸易和投资的自由化的承诺对于这些国家来说更是天方夜谭。这势必会阻碍 TPP 新目标的实现。

2. 谈判成本高

根据 TPP 的相关规定，加入 TPP 必须与所有成员谈判。虽然成员国的数量并不是很多，但是，由于每个国家所关心的利益点不同，与所有成员国进行谈判所花费的时间、人力以及物力也不尽相同，这样，大大加重了谈判国家的各项成本，降低贸易效率。

3. 覆盖领域广

TPP 条款涉及 24 个领域，涵盖关税（相互取消关税，涉万种商品）、投资、竞争政策、技术贸易壁垒、食品安全、知识产权、政府采购以及绿色增长和劳工保护等多领域，既包括货物贸易、服务贸易、投资、原产地规则等传统的 FTA 条款，也包含知识产权、劳工、环境、临时入境、国有企业、政府采购、金融、发展、能力建设、监管一致性、透明度和反腐败等亚太地区绝大多数 FTA 尚未涉及或较少涉及的条款。TPP 倡导包容性贸易，加强成员国的合作和能力建设，帮助中小企业了解并利用好相关条款，以确保规模不同的经济体和企业均能够从中获益；同时，注重解决数字经济和国有企业带来的新的贸易挑战，促进创新能力、生产力和竞争力的提升。由于其覆盖的领域比较多，范围也超过以往任何自由贸易区协定，故管理起来比较困难，经营成本比较大。

4. 强调保护外资利益

国外投资者可"起诉"该国政府。自 20 世纪 90 年代以来，国际投资领域呈现出多样化的特征，一个国家既有可能是资本输入国，又有可能是资本输出国，资本输入国与输出国的地位不再是一成不变的，越来越多的国家兼具这双重身份，这就客观上促使在双边贸易投资协议中，对投资者和东道主国家的权利与义务做出更加平衡的规定。在 TPP 中，规定了一些核心的保护措施防止对投资者进行国别歧视，对投资不予赔偿的征收或征用，以及对投资和投资者予以公平合理的待遇、全面保护和安全义务相抵触的待遇。TPP 允许投资者就以上的核心保护措施进行投资者与成员国之间的仲裁，TPP 中包含大量的投资者—东道国之间仲裁相关的程序性条款，这些仲裁条款遵从现行的最佳实践，在有些方面也有创新，例如国外投资者受到不平衡待遇时可以对东道国政府进行起诉等。

5. 竞争中立政策

为了给私营企业和外国公司创造公平的竞争平台，澳大利亚和美国希望在投资和竞争政策中制定约束国企发展的条款，对 TPP 所有成员国的国有企业实行"竞争中立"的政策，以降低国企因享有竞争优势而导致的市场扭曲，但是，越南、马来西亚、新加坡、秘鲁和智利等国表示反对，其中越南的国有企业经济总量占国家经济总量的40%。该竞争中立的政策也不利于我国相关产业培育。竞争中性政策可能会对我国国有企业在获得补贴和融资支持等方面有一定约束，某种程度上不利于国有企业进行自主创新。

（二）TTIP

2013年6月，美国与欧盟正式启动TTIP的谈判，它的主要目标是建立一个覆盖8亿人口的自由贸易区，消除欧美间的商品关税，协调趋同技术标准和法律法规，有效削减非关税壁垒，统一双边贸易中的有关规则和监管的标准，加强美国与欧盟在国际贸易规则制定上的合作。美国推进的横跨太平洋的TPP和大西洋的TTIP，两大协议将覆盖全球经济总量七成的国家和地区，其规则也将成为全球通用的经贸规则，该协议所覆盖的国家的GDP总量占全球GDP总量的45%。

不同于TPP的搅局作用，跨大西洋贸易协定被称为"史上最大双边自贸协定"的TTIP在谈判的过程中产生了"意大利面条碗"的溢出效应，它对全球的贸易规则和标准产生了重要的影响，这也直接或间接地影响到了中国的比较竞争优势、市场准入以及国际话语权，尤其体现在以下三个方面。

1. 削减非关税壁垒

在第二次世界大战之后，贸易自由化战略主要集中在降低关税领域。欧美之间的关税水平已经很低了，即使降低关税水平也不会造成很大的影响，所以，TTIP的谈判首先集中在非关税壁垒上，包括进口配额、"购买美国货"等歧视性措施。据相关部门估计，非关税壁垒、规则问题或者"边境后"措施相当于10%—20%的关税，消除这一类的关税壁垒能大大降低跨国公司在开展跨大西洋业务的经济成本。

2. 限制国有企业

欧委会在欧美贸易谈判中试图为国有企业补贴的透明度以及规则设定全球标准，借TTIP谈判推动一项被长期搁置的目标，即将竞争政策纳入未来（尤其是与中国的）贸易协定当中。欧盟在与美国的自贸谈判中推动补贴、反垄断和并购有关的条款，正是试图将这些问题重新带回到全球贸易舞台。怎样避免政府补贴和其他对国有企业的优惠措施扭曲竞争并损害美欧企业，也是 TTIP 谈判的重要内容。欧盟认为，随着国有企业日益成为全球主要竞争者，很有必要明确相关问题，以使其不能逃避用于规范私有企业的反垄断和并购法律。有评论认为，此举明显针对中国的国有企业，最终目标是在全球范围内遵守同样原则，包括所有制透明、阻止非平等待遇、采取措施纠正扭曲性国家补贴等。政府还应保证国有企业按照市场规则运行，促进国有企业市场化。

3. 引入自由贸易新规则

欧美谈判的重点是规章制度的协同，尤其是在新技术方面，在新的制度框架下，人们能有效地解决当前和未来工业面临的问题。所以，美国同意将海洋贸易、金融服务、国防、烟草、政府采购等美国敏感行业全部纳入谈判，TTIP 谈判并将世界贸易组织谈判未涉及新领域作为谈判的内容，试图引领未来全球经济自由化。

（三）TISA

2008 年国际金融危机以来，在全球经济低迷的背景下，服务贸易逐渐成为世界各国改善国际收支状况和提高分工地位的重要手段。服务业在主要发达国家经济中地位重要，如美国服务业部门贡献了 75% 的国民经济产出，提供了 80% 的私人部门就业；服务业占澳大利亚经济活动的 70%，雇用了 80% 的劳动力，并在对外贸易中发挥了非常重要的作用，占总出口总额的 17%，加拿大的服务业发展也具有重要作用，服务业占经济总产值的 70%，提供近 80% 的就业岗位。自 2012 年年初以来，由美国、欧盟和澳大利亚主导的"服务业挚友"集团发起并进行着《服务贸易谈判》（TISA，全球服务贸易协定）谈判已经五年了，TISA 作为周边的，单独的服务贸易协定，谈判刚开始就确立以 GATS 多边化/最优区域化承诺为基础，做出"高水平"的市场开放承诺。TISA 贸易协定成员国和地区涉及 50 多个高收入国家以及极少数不发达国家，年贸易额超过 40 万亿美元（其中欧盟、美国、日本等全球 10 强国家除中国、俄罗斯外几乎全部参加，所有发达国家都在内），覆盖了全球大约80%的全球服务贸易和大市场。TI-SA 的目的是开拓市场和完善服务贸易规则，其领域包括空运、海运、包裹快递、电子商务、电信、会计、工程、咨询、医疗保健、民办教育、移民服务、金融服务等。TISA 谈判成员致力于服务贸易的进一步自由化，希望通过谈判来实现服务贸易规则的新突破。

TPP、TTIP、TISA 无疑是目前跨区域协定影响最大的三大谈判，这三大谈判旨在构建符合 21 世纪全球贸易规则新秩序。TPP 的目标是建立一个"面向 21 世纪、高标准、更全面的自由贸易平台"；TTIP 意图消灭美国与欧盟之间的贸易壁垒，建立美欧经济利益共同体，促进美欧双方经济增长、就业增加。而 TISA 则是在 GATS 的基础上达成全面覆盖服务贸易各领域、更高水平的协定，为全球服务贸易的发展制定新规则。这三大规则都是由美欧两大经济主体主导的，对于这两大经济体而言，TPP、TTIP、TISA 形成了其未来经济发展的"一体两翼"。但是，通过分析这三大协定的成员国我们可以发现，这些协定都巧妙地将俄罗斯、印度、巴西和南非这些"金砖国家"排除在外，这些"金砖国家"人口超过了全球近半数，对世界经济的发展有着重要作用，如若中国等"金砖国家"完全缺席 TPP 和 TISA 的谈判，在战略上而言极为不利，会对现有的世界贸易组织规则产生一定的冲击，不利于世界多极化趋势的发展。

三 经济呈现"新常态"，经济增速下降

（一）模仿型排浪式消费阶段结束，个性化多样化消费有待于培育

伴随着出国旅游的兴起和国外进口商品的大量涌入，在中高档的消费品中，国民更倾向于购买外国的商品，导致消费外流的现象比较明显。人们不再像过去那样集中、跟风地消费商品，个性化、多样式的消费时代已经来临。而如何将国内的消费需求转变为促进我国经济不断发展的动力这一问题值得我们深思。在消费市场上，同样的商品，在国内市场上可能出现销路不畅的问题，相反的是，进口商品却供销两旺。前几年一直出现这样的新闻：在"十一黄金周"的时候，有许多中国游客去日本抢购马桶盖，可是这些马桶盖其实是中国制造，难道我们只能一味地批评这些中国游客崇洋媚外吗？事实并非如

此，我们经过深思也可以发现，国内企业品牌做得还不够响亮，这些问题的关键之处是企业的创新能力不强。培育新的消费增长点，对企业创新来说有着重要的作用。以美国硅谷为例，为了满足客户日益多样化的需求，为客户提供更好的体验，企业必须与时俱进，不断创新。

（二）传统产业投资已经饱和，新技术、新产品、新业态亟待发展

改革开放以来，我国的各产业结构主要位于全球价值链的中低端，比较利益较低，制造业的发展速度也不断减缓。2013 年，我国第三产业增加值占 GDP 的 46.7%，首次超过了第二产业，如表1－2所示，2017 年，这一比例增加至 51.2%，这是一个非常好的结构优化的迹象。在经济进入新常态的背景下，产业结构由中低端向中高端换挡是主要任务，也是时代所赋予的必须完成的任务。通过大力推动战略性新兴产业、先进制造业的发展，优先发展生产性和生活性服务业，加快传统制造业的优化升级，鼓励发展"高、精、尖"产业，将能进一步提升我国产业在全球价值链中的地位，创造出属于中国自己的品牌，全力打造"中国效益"。

表 1－2　　　　　2010—2015 年三次产业增加值　　　　单位：%

年份	第一产业增加值	第二产业增加值	第三产业增加值
2010	9.5	46.4	44.1
2011	9.4	46.4	44.2
2012	9.4	45.3	45.3
2013	9.3	44	46.7
2014	9.1	43.1	47.8
2015	8.8	40.9	50.2

（三）从高速增长转为中高速增长，经济结构优化升级，从要素驱动、投资驱动转向创新驱动

中国经济在 1978—2011 年长达 32 年的时间里，保持了年均

9.87%的高增长速度，在如此之长的时间跨度上能保持接近两位数的经济增长速度，可以说是取得了举世瞩目的经济成就了。如图1-2所示，2012—2016年，经济增长开始回落，保持在7%的增长水平。然而，经济增长速度的放缓并不代表经济发展水平的降低，恰恰相反，这更能体现出我国经济增长的回稳趋势，经济增长的回落是一个客观的经济规律，当一个经济体达到中等收入水平之后普遍存在的一种现象。经济增长由高速转向中高速，我们要以平常心对待经济发展过程中的"换挡期"，使经济发展缓中趋稳、稳中向好。

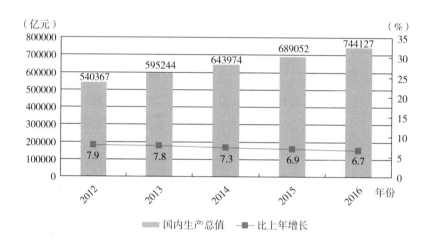

图1-2　2012—2016年国内生产总值及增长速度

诚然，如何使经济更加平稳地运行呢？改革开放40年来，我国经济增长主要是依靠劳动力、资本和资源三大传统的要素投入来拉动的，属于典型的要素驱动型经济。从目前的发展状况来看，我国的劳动力水平越来越高，人口因素的变动使劳动力的优势不断下降，可以利用资源的数量也在不断减少，以往拉动经济发展的三大要素都面临着发展的"瓶颈"约束，它们很难支撑今后中国经济的快速发展。面对着国际上新一轮科技创新和产业革命浪潮的冲击，我们也应该抓住时机，企业要牢固树立创新驱动发展战略，增强自主创新能力和水平。目前，我国经济正在逐步转换增长动力，逐渐转向创新驱动型的经济新常态，打造"中国质量"，真正实现增长速度"下台阶"，增长质量"上台阶"。

四 重塑竞争优势的需要

（一）出口需求下滑，新的比较优势还没有真正建立

如图 1 - 3 所示，近十年的出口总额可以分为三个阶段。第一阶段是从 2006—2008 年，随着改革开放政策的不断深入，国外对中国商品的需求量不断增加，所以出口总额呈现上升趋势。2008 年，由于国际金融危机的影响，全球经济处于波动状态，各国经济举步维艰，进出口贸易额骤降，而金融危机对中国的影响主要就体现在出口方面。因而在 2009 年，我国的出口贸易总值出现了下降的趋势，这就进入了出口需求的第二个阶段。国际金融危机爆发后，世界各个国家的经济处于萧条状态，虽然美国等其他国家的经济进入衰退期，即负增长，但是，由于中国的金融体系与美国的不同，故我国受到的金融风险远远小于美国经济所受到的冲击，经过国家的宏观调控措施，很快中国经济又恢复了生机，出口贸易额逐渐回升。直到 2014 年，全球经济下行压力加大，在新时期经济贸易结构开始升级转型，出口需求再次面临下降的压力，而我国出口的产品大部分是制造类中低端产品，技术含量较低，竞争优势不再凸显，新的比较优势没有形成，导致出口需求一直处于下降的状态。因此，我们需要一个新的贸易模式，促使出口需求成为拉动经济增长的重要力量。

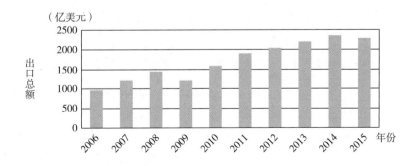

图 1 - 3　2006—2015 年我国出口情况

（二）实施自主创新战略，加快政府职能转变

从追赶到全面超越发达国家，实施自主创新战略，必须处理好政府与市场的关系，探索制度创新，推动政府职能转变。从世界上一些发达国家的经验来看，任何科技创新必须要以自我创新为主，单纯地依靠引进是无法完成从模仿到超越的。我国推行的"以市场换技术"并没有达到预期目标就能够证明这一点，长期推行这一战略，不仅达不到预期的效果，还会使我国让渡更多的市场给外国企业，甚至会让更多的本地企业依赖国外的技术，不利于我国民族产业的发展。所以，要想赶超发达国家，我们必须坚定不移地实施自主创新战略，不仅企业要提高技术研发水平，我国政府也应该创新制度发展模式，通过制度创新形成一个促进创新的制度环境，建立有利于自主创新的激励机制、完善市场机制以及建立适宜的创新支持和保护机制。这就要求国家必须处理好市场与政府的关系。随着社会主义市场化经济体制改革的不断深入，我国政府要完成职能的转变，要不断完善市场机制，逐渐放松对经济生活的管制，精简行政审批行为，增强市场经济主体的活力和创造力。

五 区域经济发展失衡亟须改善

近几年来，随着我国经济的不断发展，刘易斯拐点、库兹涅茨拐点逐渐显现，各区域之间经济发展的差距不断扩大，越来越趋于不平衡的状态，甚至有进一步扩大的趋势，我们从表 1－3 中可以看出，东部地区的生产总值远远大于中部和西部地区，所占国内生产总值的比重一直高达 50% 以上，并且有进一步上涨的趋势。在国内生产总值这一指标上，最高省份广东省是最低省份海南省的近 20 倍，东西部地区的指标相差 2.5 倍。虽然地区之间的差距在一定程度上可以促进全国经济的发展，但是，一旦这差距超过一定的数值，必然会造成畸形经济，影响经济的持续健康发展，还由此引发一系列的社会问题。中西部未能充分享受过去 40 年的改革开放红利，在经济和社会发展方面落后于东部地区，三大经济带内部经济发展差距较大，政府在新一轮改革开放中，必须更多地考虑区域经济均衡发展的战略需求。加之东部地区企业盈利空间的缩减、资源环境约束日益强化，之前享有

的低成本的比较优势逐渐消失。相反，中西部地区的基础设施基本完成，并在不断地加强完善，各类生产要素以及企业在市场机制的作用下开始逐渐在中西部汇集，为工业园区的建设做好了充分的准备。

表1-3　　　　　　　　各地区经济发展情况　　　　　单位：亿元、%

地区	2015 年		2014 年		2013 年		2012 年		2011 年	
	产值	比重	产值	比重	产值	比重	产值	比重	产值	比重
东部地区	418454.81	57.90	394400.35	57.63	366428.16	57.76	333773.57	57.89	305302.32	58.55
西部地区	128215.8	17.74	122426.9	17.89	112506.28	17.74	100869.7	17.50	88514.09	16.97
中部地区	176097.26	24.36	167522.17	24.48	155410.89	24.50	141908.57	24.61	127624.7	24.48

第四节　中国自由贸易试验区的战略目标

回顾中国经济崛起的过程，可以说中国已经找到了经济社会不断发展，实现现代化的强国之路——改革开放。自1978年中国改革开放以来，先是在1980年建立的深圳经济特区，为国外直接投资重新打开了大门。深圳特区模式在20世纪80年代中期后又被多个其他沿海城市所效仿。随后开放又进一步向内陆地区、沿边地区延伸。在80年代末经济陷入低谷，改革势头陷入停顿后，邓小平在1992年发表了重要的"南方谈话"，重申了中国政府对改革开放的承诺，中国迎来改革开放的又一轮高潮，上海浦东推出了一系列促进经济发展的政策，加大了对外资的开放力度。进入21世纪，中国加入世界贸易组织，改革开放进一步深化推动中国经济快速崛起，加速融入世界经济，经济全球化进程加快，跨国资本流动加速，服务贸易开放深化，新兴工业化经济体经济崛起，全球经济贸易竞争更加激烈。

随着2008年发源于最大的资本主义国家——美国次贷危机引发的国际金融危机的爆发，世界经济进入萧条。国际金融危机已经过去八年了，发达国家还在缓慢复苏，新兴经济体危机四伏，产油国随着油价的下降收入锐减，贸易保护主义抬头，贸易集团化进一步发展，美国通过 TTP 与 TTIP 主导世界贸易和投资规则的意图明显，新的世界贸易投资规则对未来的世界经济格局将产生重大影响，新产业革命蓄势待发，可以说支撑中国经济高速发展的外部环境已经发生深刻变化。从中国经济看，历经几十年的高速增长，人均 GDP 接近 8000 美元，进入中高收入国家行列，用工成本提高，劳动力成本低的比较优势逐渐失去，人民币进入升值通道，环境压力增大，出口下降，产能过剩加剧，促使经济转型和升级，中国经济进入"新常态"——经济中速增长不可避免。

目前，中国经济明显已经走到关键拐点，为推动中国经济持续、协调、平稳增长，新一届政府实施了"自由贸易试验区"战略和"一带一路"倡议，试图通过进一步深化开放，促进改革，化解中国经济发展内外困境，重拾中国经济增长的势头。自 2013 年 9 月 29 日上海自由贸易试验区成立后，2015 年，国务院又设立了广东、福建和天津自由贸易试验区。根据国务院印发的方案，上海自由贸易试验区将形成与国际投资贸易通行规则相衔接的制度创新体系；广东自由贸易试验区将建设成为粤港澳深度合作示范区、"21 世纪海上丝绸之路"重要枢纽和全国新一轮改革开放先行地；天津自由贸易试验区将努力成为京津冀协同发展高水平对外开放平台，面向世界的高水平自由贸易试验区；福建自由贸易试验区将率先推进与台湾地区投资贸易自由化进程，建设成为深化两岸经济合作的示范区。自由贸易试验区是改革开放的试验田，承载着中国经济未来的希望，具有重要的战略目标。

一　应对高标准国际经贸规则的挑战

通过小范围试点进行压力测试，风险相对可控。以外资开放为例，国务院不久前表示，将开放金融、电信、互联网等敏感行业，这些敏感领域的外资开放将先放到自由贸易试验区里进行压力测试，再推广至其他地区，中西部的自由贸易试验区为这些政策向全国推广提供了载体。高标准的国际经贸规则涉及投资、环境、劳工、竞争规则等。

（一）改革外商投资管理体制，促进贸易投资自由化

以投资规则为例，早期的国际投资规则呈碎片化状态。起初美国在《北美自由贸易协定》（NAFTA）中对投资者的保护相当宽泛，直到 2004 年双边投资协议（BIT）范本面世，才开始对全球投资所涉及的范围、投资者与东道国的争端解决机制等内容进行详细规定，并为此配备相关的法律制度和投资环境，以提升规则的执行力。2008 年国际金融危机后，全球经济低迷，投资环境恶化。以美欧为首的发达经济体广泛开展投资议题谈判，利用双边和区域渠道将资金自由汇兑、准入前国民待遇加负面清单、投资者可直接对东道国提起国际争端仲裁等新内容纳入国际经贸规则中，使投资规则更加系统化且更易于实施。相应地，2012 年，BIT 范本为保护东道国的金融规制权和国家利益，明确界定了金融审慎例外安排的具体内涵，同时将投资者的义务扩展到环境和劳工保护等方面。目前，我国已成为全球双向投资大国。2015 年，我国对外直接投资创下 1456.7 亿美元的历史新高，大批国内企业积极开拓海外市场，迫切需要国际投资协定的保驾护航。同时，我国也为外商直接投资提供了广阔市场，急需更为优质的外资进入。2016 年 10 月 8 日，商务部公布了《外商投资企业设立及变更备案管理暂行办法》。该办法将不涉及国家规定实施准入特别管理措施的外商投资企业设立及变更事项，由审批改为备案管理。这是对我国外商投资管理体制的一次重大变革，体现了"凡属重大改革都要于法有据"的精神，必将进一步扩大对外开放，完善我国法治化、国际化、便利化的营商环境。

（二）深化货物贸易便利化，重点放开服务贸易领域

贸易便利化旨在降低贸易成本，提高贸易效率，为各国开展国际贸易创造更加透明、公平、高效的环境。随着经济全球化与国际贸易的蓬勃发展，贸易便利化已成为当前各国关注的国际贸易新规则的重要议题，以促进贸易便利化为目标的经贸制度改革在全球范围内如火如荼地开展起来。中国作为世界贸易大国，正不断向贸易强国转型，由大到强，其中一项重要的影响因素便是在贸易新规则方面有所作为。鉴于此，中国在国际和国内两个层面同步进行贸易新规则的执行

与创新。在国际层面，中国积极拥护世界贸易组织在全球经贸治理的权威性，并推动世界贸易组织在全球经贸新规则领域有所突破，2013年12月，世界贸易组织巴厘部长级会议上通过了《贸易便利化协定》。2014年11月底，世界贸易组织通过有关议定书，交由各成员履行国内核准程序。经国务院批准，2015年9月，中国正式完成接受《贸易便利化协定》议定书的国内核准程序，成为接受议定书的成员国，2017年2月，世界贸易组织已有2/3的成员国接受《贸易便利化协定》，该协定正式生效。与此同时，中国也顺应世界经济发展趋势，通过区域性合作，在国际贸易新规则领域进行探索和尝试，2017年5月，中国同83个国家及国际组织签署了《"一带一路"贸易便利化协议》。在国内层面，中国通过自由贸易试验区、航空港实验区等试验田在制度创新、对接国际规则方面先行先试，在贸易便利化方面出台了一系列措施，并取得了显著成效。从全球来看，《贸易便利化协定》的生效和实施将便利各国贸易，降低交易成本，推动世界贸易和全球经济的增长。从自身发展来看，中国在国内外层面开展的贸易便利化举措不仅有助于中国口岸综合治理体系现代化，营造便捷的通关环境，并将有助于中国升级贸易功能，拓展贸易类型，延伸贸易业态。

（三）深化政府治理制度创新，推进营商环境的国际化

营商环境国际化的内涵，是指建立符合国际惯例和世界贸易规则的市场经济运行机制和体系。2017年7月17日召开的中央财经领导小组第十六次会议专门研究改善投资和市场环境、扩大对外开放问题。习近平总书记在讲话中强调要改善投资和市场环境，加快对外开放步伐，降低市场运行成本，营造稳定公平透明、可预期的营商环境，加快建设开放型经济新体制，推动我国经济持续健康发展。

（四）营造规范的法律环境

加快统一内外资法律法规，制定新的外资基础性法律。要清理涉及外资的法律、法规、规章和政策文件，凡是与国家对外开放大方向和大原则不符的法律法规或条款，要限期废止或修订。外资企业准入后，按照公司法依法经营，要做到法律上平等、政策上一致，实行国民待遇。

（五）优化企业开办环境

放宽市场准入，推行市场准入负面清单制度，凡是法律法规和国家有关政策未明确禁止的，一律允许各类市场主体进入；凡是已向外资开放或承诺开放的领域，一律向民间资本开放；凡是影响民间资本公平进入和竞争的各种障碍，一律予以清除。并制定社会资本进入垄断行业和特许经营领域管理办法。简化企业开办和注销程序，积极推进"多证合一、一照一码"改革，动态调整工商登记前置、后置审批事项目录。

（六）优化企业投资项目报建审批

对所有行政审批和服务事项，按项目立项、规划许可、施工许可、竣工验收四个阶段，实行"一口受理、并联审批、限时办结"。建立重大项目审批全程代办制度，实行"一站受理、全程代办、服务到底"。规范建设项目收费，严格建设项目报建规费管理，继续执行统一征收。建筑业企业除缴纳依法依规设立的投标保证金、履约保证金、工程质量保证金。

（七）优化政务服务环境

加强对权责清单和公共服务事项清单的动态管理，切实做到"法无授权不可为、法定职责必须为"。按照"互联网＋政务服务"要求，规范和统一行政许可审批流程、审批条件、申请材料、办理时限、裁量标准等。

（八）加强知识产权保护

完善知识产权保护相关法律法规，提高知识产权审查质量和审查效率。加快新兴领域和业态知识产权保护制度建设。加大知识产权侵权违法行为惩治力度，让侵权者付出沉重代价。调动拥有知识产权的自然人和法人的积极性和主动性，提升产权意识，自觉运用法律武器依法维权。

在社会诚信体系建设方面，打造诚信政府，坚持依法行政和政务公开，强化行政责任制和问责制，对已出台的政策加大落实力度，坚决兑现向群众和市场主体承诺的事项，进一步提升政府公信力。加强媒体监督，用问题牵引"倒逼"改革。联合惩戒失信企业，及时将对企业的行政处罚信息向社会公示，为社会各界广泛参与信用监督和失信惩戒提供服务支撑。建立健全失信企业联合惩戒机制，全面推行行业"黑名单"管理制度，让失信企业"一处失信，处处受制"。

二 自由贸易试验区探索新的增长方式

中国经济经过 30 多年高速增长后，我国成为世界第二大经济体。近年来，特别是国际金融危机后，中国传统经济增长模式弊端逐渐显现，产能过剩、消费需求不振、环境污染、技术创新乏力、传统比较优势逐步削弱、潜在经济增长率下滑等问题，成为中国经济可持续增长的障碍。出口产品仍处全球价值链低端，在国际分工价值链中，中国仍基本集中在中低端，获取的贸易利益比较少。出口产品主要依赖劳动力密集、技术含量较低、附加值不高的加工组装环节。多年来，中国对外贸易虽然规模增长快，但质量和效益不高，核心竞争力不强，"高投入、低收益"的局面难以长期持续经济增长需要对动力进行换挡升级。具体来说，需要实现"三个转变"。

（一）从主要依靠劳动力和资本投入作为经济扩张的动力转变为依靠知识和创新

赶超战略驱动的经济增长，人口大国的劳动力规模和低成本优势，再加上竞标赛制激励下的地方投资扩张，在过去 30 多年迅速改变了我国原有的经济状况。但是，资源配置的低效率问题也日益突出，提升资源配置效率成了未来发展要重点解决的问题。如何提升资源配置效率？从我国目前的经济现状看，依靠知识和创新来提升资源产出效率是明确的选择，但问题是如何真正来实现效率提升。利用市场机制是大家公认的选择，但在强化市场机制时，我们在现阶段又该从哪些方面来入手呢？从国际经验来看，改革政府对经济的管理方式、金融市场化（自由化）和经济国际化是行之有效的手段。

（二）从制造业推动转变为制造业和服务业并重

2010 年，中国已经成为世界最大的制造业国，当年中国占世界制造业产出的 19.8%，略高于美国的 9.4%。但随之而来的产能过剩、环境问题等也成了困扰我国经济增长的重要因素，我们也为此付出了高得惊人的代价。以传统制造业为基础的产业增长模式已经面临瓶

颈，继续扩张似难以为继（最高时，我国制造业占 GDP 比重高达
60%）。所以，我们必须对产业进行转型升级，进行产业结构调整。
从依据配第一克拉克定律所描述的产业演化规律和工业发达国产业结
构发展的历史来看，在制造业大力发展之后，转向制造业和服务业共
同发展应是现实和有效的选择。

（三）从依赖出口和投资推动转变为投资、出口、消费协调推动

传统经济增长模式是投资、出口导向型经济增长模式，但是，随
着投资的快速增长和投资规模的扩大，这种发展方式，尤其是对资
源、环境等方面造成的压力越来越大。部分行业已出现较严重的产能
过剩，产品市场竞争压力加大，也给经济增长的稳定性带来较大隐
患。在投融资体制不健全、建设项目监管不严格、不到位的情况下，
短期内投资的快速增长，容易形成投资冲动，造成低水平的重复建设
和产业结构的雷同单一，加剧区域内的行业竞争，带来产业结构的不
协调。生产的最终目的是为了消费，只有消费，才是社会再生产的终
点和新的起点，消费需求的规模扩大和结构升级才是经济增长的根本
动力。消费需求虽不如投资和出口需求变化活跃，但它是增长较为稳
定、对经济增长影响最大的部分，是国民经济稳定发展的重要保证。
同时，随着城乡居民收入水平的提高，居民消费行为和消费结构已发
生明显变化。这种变化，已经成为影响企业生产行为和投资行为的重
要力量。按照居民消费结构升级的市场需求配置资源，可以使消费需
求对经济结构调整发挥应有的导向作用。因此，扩大消费需求对于培
育经济内生性自主增长能力十分重要。中国的城市化、工业化还未完
成，投资的需求仍然旺盛，出口仍然是经济增长动力，还不能将消费
作为经济增长的主要动力，否则，中国经济有失速的风险，消费、投
资、出口协调拉动才能推动中国经济可持续增长，通过自由贸易试验
区试验探索在投资、出口、消费领域激发发展动力。

正式基于这样的背景，中国（上海）自由贸易试验区承载培育中
国面向全球的竞争新优势，构建与各国合作发展的新平台，拓展经济
增长的新空间，打造中国经济"升级版"的使命。在投资方面，更加
注重投资的质量，重点关注与新技术、新产品、新业态、新商业模式

相关投资领域，增强有效投资，拓宽融资渠道；在消费方面，促进新型流通模式发展，释放国内消费需求；在进出口方面，结合探索我国在工业4.0、跨境电商等新兴模式，生产性服务业等新兴领域、"一带一路"沿线等新兴市场的发展机会，寻找我国在国际价值链中的新定位。

三 促进区域经济均衡发展

长期以来，中国改革开放的前沿是东部沿海地区，制度创新和开放的红利促进沿海地区的快速发展，生产要素向发达地区流动，进一步制约了中西部地区的发展。通过自由贸易试验区的合理布点和定位，将使中西部与东部地区一同享有新一轮的改革开放红利，并改善城市群/经济带内部的发展不均衡状况（见表1-4）。

表1-4　　　　　国家区域发展战略的具体提出时间与内容

国家战略	提出时间	主要内容	主要目标
振兴东北	2004年8月	①优化经济结构，建立现代产业体系；②加快企业技术进步，全面提升自主创新能力；③加快发展现代农业，巩固农业基础地位；④加强基础设施建设，为全面振兴创造条件；⑤继续深化改革开放，增强经济社会发展活力	盘活东北制造业基础，进行产业升级转型
西部大开发	2001年3月	①加快基础设施建设；②切实加强生态环境的保护；③积极调整产业结构；④发展科技和教育	发展重大项目投资，拉动西部发展
三大战略	2013年	"一带一路"倡议、京津冀协同发展、长江经济带	促进各区域优势互补，实现伟大中国梦
中部崛起	2004年3月	①加强粮食生产地建设；②优化产业布局，精细加工；③强化交通枢纽地位；④发展循环经济；⑤大力发展教育事业	发挥区位优势，打造中国综合交通枢纽和内部开放通道

东北地区是全国重要老工业基地和欧亚大陆桥东部重要节点的区

位、交通、产业及人文等综合优势，通过辽宁自由贸易试验区，推进东北地区与"一带一路"沿线国家及日本、韩国、朝鲜等国开展国际产能和装备制造合作，构建双向投资促进合作新机制，通过自由贸易试验区与国际投资贸易通行规则相衔接的制度创新体系，营造法治化、国际化、便利化的营商环境，努力建成高端产业集聚、投资贸易便利、金融服务完善、监管高效便捷、法治环境规范的高水平高标准自由贸易试验区，引领东北地区转变经济发展方式，盘活东北制造业基础，进行产业升级转型，不断提高经济发展质量和水平。

中部地区是我国经济发展的腹地，由于地处内陆，相对封闭，其比较优势难以发挥，通过河南和湖北自由贸易试验区，发挥中原地区人口和市场规模优势，优化资源要素配置，培育形成我国经济增长新引擎，有利于提升内陆地区对外开放水平，构建全方位开放新格局，缩小区域与沿海地区经济发展差距，促进中部地区崛起、推进新型城镇化建设和拓展我国经济发展新空间，为"一带一路"建设提供内陆腹地战略支撑，有利于优化区域发展空间格局，推动经济增长空间由东向西梯次拓展，促进东中西协调发展，有序承接加工贸易产业转移。深化与长三角、珠三角等东部沿海地区合作，发挥区位优势，打造中国综合交通枢纽和内部开放通道，促进中部崛起。

西部地区经济较为落后，通过陕西自由贸易试验区和四川自由贸易试验区，落实中央关于更好发挥"一带一路"建设对西部大开发带动作用、加大西部地区门户城市开放力度的要求，打造内陆型改革开放新高地，探索内陆与"一带一路"沿线国家经济合作，带动西部地区区域开放型经济发展，推动区域共同创新，促进区域产业转型升级，推动西部大开发战略深入实施。

四　增长动力由投资驱动转向创新驱动

长期以来，主要依靠资源、资本、劳动力等要素投入支撑经济增长和规模扩张的方式已不可持续，中国发展正面临着动力转换、方式转变、结构调整的繁重任务。实施创新驱动发展战略，创新驱动发展是经济发展的一种崭新模式，即以科技创新为主要推动力的模式。创新驱动发展依靠知识资本、人力资本和激励创新制度等无形要素，创造了新的增长要素，是一种更高层次、更高水平的增长方式，对于优化产业结构、加快经济发展方式转变具有重要意义。

五　推进政府职能转变

早在 2013 年 3 月李克强在视察上海外高桥保税区时就提出建立上海自由贸易试验区的设想。他指出，"在中国遇到发展'瓶颈'的时候，需要找到一些新的改革和政策点，释放新的改革红利"；"上海自由贸易试验区将担当中国对内对外两面的发展试验任务"。

2013 年 8 月，上海自由贸易试验区成立之初，习近平同志就指出，"加快政府职能转变、积极探索管理模式创新、促进贸易和投资便利化，为全面深化改革和扩大开放探索新途径、积累新经验"。

在 2013 年国务院发布的《中国（上海）自由贸易试验区总体方案》中，明确指出，"在新形势下推进改革开放的重大举措，对加快政府职能转变、积极探索管理模式创新"；"深化行政审批制度改革，加快转变政府职能"；"使之成为推进改革和提高开放型经济水平的试验田"。国务院《进一步深化中国（上海）自由贸易试验区改革开放方案（2015）》中指出，"进一步解放思想，坚持先行先试，把制度创新作为核心任务"；"以开放促改革、促发展，加快政府职能转变，在更广领域和更大空间积极探索以制度创新推动全面深化改革的新路径"。

在 2017 年国务院发布的《全面深化中国（上海）自由贸易试验区改革开放方案》中指出，"更大力度转变政府职能，加快探索一级地方政府管理体制创新，全面提升政府治理能力"。

在 2015 年 4 月第二批广东自由贸易试验区总体方案中指出，"以制度创新为核心"，"为全面深化改革和扩大开放探索新途径"。

2017 年 3 月 15 日，在国务院批复的《中国（河南）自由贸易试验区总体方案》中，明确指出，"以制度创新为核心"，"全面改革开放试验田"。

总之，在各地自由贸易试验区的总体方案中，首要任务是政府职能转变。

第五节　中国自由贸易试验区
制度创新实践探索

一　主要制度创新：以上海为例

上海自由贸易试验区，是我国第一个自由贸易试验区，也是所有自由贸易试验区的先行者，上海自由贸易试验区在制度创新方面取得了举世瞩目的成果，上海自由贸易试验区通过制度创新吸引了海内外大量投资，带动了整个上海市经济的持续增长，自由贸易试验区实验的成功也增加了国家对于自由贸易试验区制度优越性的信心，参照上海自由贸易试验区，第二批、第三批自由贸易试验区为带动经济增长而建设起来，而上海自由贸易试验区无疑成了中国经济版图上的一颗明星。

表 1-5　　　　2016 年中国（上海）自由贸易试验区主要
经济指标及其增长速度

指标	单位	绝对值	比上年增长（％）
地方一般公共预算收入	亿元	559.38	23.7
外商直接投资实际到位金额	亿美元	61.79	28.2
全社会固定资产投资总额	亿元	607.93	9.4
工业总产值	亿元	4312.84	14.2
社会消费品零售额	亿元	1396.76	6.9
商品销售总额	亿元	33609.23	6.9
服务业营业收入	亿元	4167.59	7.0
外贸进出口总额	亿元	7836.80	5.9
出口额	亿元	2315.85	14.5
期末监管类金融机构数	个	815	7.5
新兴金融机构数	个	4651	11.9

资料来源：上海统计局统计公报。

上海自由贸易试验区进行了一系列制度改革，打造了一套完整的制度框架，具体表现在以下六个方面。

（一）以负面清单管理为核心的投资管理制度创新

1. 建立负面清单管理模式

借鉴国际惯例，实施"准入前国民待遇＋负面清单"的外商投资管理模式。准入前国民待遇是指在企业设立、取得、扩大等阶段给予外国投资者及其投资不低于本国投资者相同投资的待遇。正面清单管理是规定企业"只能做什么"。而负面清单则仅限定企业"不能做什么"，进一步深化"法无禁止即可为"的实施。2013 年 9 月，上海自由贸易试验区首次推出外商投资负面清单。2014 年 6 月，负面清单在原有的公开性和透明度基础上，将原来 190 项外商投资准入专项管理办法减至 139 项。为了解决自由贸易试验区负面清单的问题，国家就对相关的实验区进行了网上投资准入专项管理办法的简化。由此也逐渐地建立了负面清单模式，这一举措促进了外商投资企业对于备案形式的完善。同时，市场准入是重点工作还需要在国家的统一部署之下进行有效的试点工作。

2. 创新境外投资管理制度

上海自由贸易试验区积极推进外商投资管理改革，建立外商投资企业备案管理制度，由注册资本实缴制改为认缴制，放宽注册资本登记条件。除法律、行政法规以及国务院决定对特定行业注册资本最低限额另有规定的外，取消有限责任公司最低注册资本 3 万元、一人有限责任公司最低注册资本 10 万元、股份有限公司最低注册资本 500 万元的限制。

实行"三证合一"措施，工商营业执照、组织机构代码证、税务登记证，一次申请、合并核发，允许企业在获得相关许可证之前办理营业执照。完善服务业，推进海外投资平台建设，增加对外投资便利。目前，海外投资备案事项已列入自由贸易试验区验收，海外浦东新区投资项目接受到浦东新区验收，在相关的规定上需要确保这些投资项目，在三个工作日之内完成相关的备案。这些举措在促进海外投资方面发挥了重要作用，这一举措也逐渐让上海自由贸易试验区成为国内外企业走出去的"领头羊"。从这一决策建立到 2016 年 5 月，上海保税区的试验区就接收 1190 件相关的海外投资记录，这些投资记录涉及互联网信息技术、医药生物等多个领域，并鼓励海外股权投资。

2013—2015 年和 2017—2019 年三版负面清单比较见表 1 - 6 和表 1 - 7。

表 1 - 6　　　　　　　2013—2015 年三版负面清单比较

名称	《中国（上海）自由贸易试验区外商投资准入特别管理措施（负面清单）(2013 年)》	《中国（上海）自由贸易试验区外商投资准入特别管理措施（负面清单）(2014 年修订)》	《中国（上海）自由贸易试验区外商投资准入特别管理措施（负面清单）(2015 年修订)》
时间	2013 年 9 月 30 日	2014 年 6 月 30 日	2015 年 4 月 20 日
内容	18 个门类、190 项特别管理措施（89 个大类、106 个小类约占行业的 17.8%）（禁止类 38 项，限制类 152 项）	18 个门类、139 项特别管理措施（110 条限制性措施 + 29 条禁止性措施），第一产业 6 项、第二产业 66 项（其中制造业 46 项），第三产业 67 项	15 个门类、50 个条目、122 项特别管理措施（禁止性措施 85 条，禁止性措施 37 条）
适用地区	上海外高桥保税区、外高桥保税物流园区、洋山保税港区、浦东机场综合保税区	上海、天津、广东、福建 4 个自由贸易试验区	

资料来源：根据官方网站资料整理得到。

3. 加大服务业对外开放

在上海自由贸易试验区内，对投资者的资质要求进行了取消或暂停。为了更好地促进服务业的对外开放，自由贸易试验区还逐步地降低了经营范围、股权限制等一些准入限制。为了进一步细化相关的服务业开放措施，2013 年，就总体规划出了涉及金融服务、航运服务、商贸服务、专业服务、文化服务以及社会服务等 18 个行业的 23 项措施，并且建立了相应的监管制度和监管措施，目前已经有 283 个项目落地。到 2014 年 6 月，相关的开放措施，就已经扩大到了 31 项。除了商贸物流、会计审计、医疗等领域的服务业外，还涉及一般的制造业，具体包括服务业领域 14 条，制造业领域 14 条，采矿业领域 2 条，建筑业领域 1 条。随着其他项目的启动，船舶、工程设计、管理等行业都取得了明显的成效。在不久的将来，我们仍在争取能够进一步开放相关的权限。

表 1 - 7　　　　　　　　2017—2019 年三版负面清单比较

名称	《中国（上海）自由贸易试验区外商投资准入特别管理措施（负面清单）(2017)》	《中国（上海）自由贸易试验区外商投资准入特别管理措施（负面清单）(2018)	《中国（上海）自由贸易试验区外商投资准入特别管理措施（负面清单）(2019)
时间	2017 年 6 月	2018 年	2019 年 6 月
内容	15 个门类、40 个条目、95 项特别管理措施，其中禁止性措施 31 条	14 个门类、45 个条目，列入事项 151 项，其中禁止性措施 24 条	13 个门类、37 个条目，列入事项 131 项，其中禁止性措施 20 条
适用地区	自由贸易试验区		

资料来源：根据官方网站整理所得。

（二）以贸易便利化为重点的贸易监管制度创新

1. 建立国际贸易"单一窗口"

由于我国在相关的国际贸易上经验较少，为了更好地促进国际贸易的单一窗口化，自由贸易试验区应该借鉴国内外有关的先进经验，建立贸易、运输、加工、仓储等业务的跨部门综合管理服务平台。通过一体化服务贸易平台的建立，来逐步促进相关贸易的国际化。例如海关的全面电子化以及一体化平台，海关、安检、检验检疫部门全部一体化办公，包括边通关边卸货。几十年来，我国的国际贸易单一窗口平台已经从当初的 1.0 发展到兼具监管和服务功能、覆盖口岸通关全流程和贸易监管主要环节、可以跨区域申报的单一窗口 3.0 版，并且截至 2019 年已经联通 43 个单位，涉及 108 项口岸政务管理和贸易服务事项，有效地降低了企业的申报成本。

2. 实施货物状态分类监管

2014 年年底，上海自由贸易试验区开始实施货物分类监管，利用信息系统的不同模块，建立自由贸易试验区内企业多种账册管理体系，满足区内报税加工、报税物流和保税服务等多元化的业务发展需要，实施分类监管。建立信息系统的基本框架，实行从"物理围栏"到"电子围栏"的转变，大大降低了操作过程中的人力和物流成本。根据上海海关数据，2017 年 1—8 月，上海自由贸易试验区内货物状态分类监管改革试点运作票数突破 1 万票，对应货值 25.18 亿元，同比分别增长 47.6% 和 134%。上海自由贸易试验区货物状态分类监管改革启动以来，已累计完成国内货物进出区 2.4 万票、货值 59.08 亿元。与此同时，上海海关已完成 9 批次企业联合验收，货物状态分类监管业务试点企业增加至 53 家。上海自由贸易试验区还为区内企业开发了统一的仓储管理系统，各个企业只需自主布置硬件，就可以免费接入海关，实时查看不同状态货物种类的数据，以及货物进出的变动情况。

3. 优化贸易便利化监管制度

上海海关的通关便利化监管制度吸引了越来越多企业参与其中。据海关统计，"先进区、后报关"参与企业从自由贸易试验区成立初期的 7 家增至 519 家，在 2018 年 1—7 月共完成 5865 票，同比增长 1.9 倍。"自行运输"备案企业 70 家，占有需求企业的 94.6%，1—7 月共办理业务 2584 起，同比大幅增长 5.4 倍。而"批次进出、集中申报"吸引了 170 家企业参与，其中浦东机场综保区、洋山保税港区企业参与度分别达到 100% 和 60%。"统一备案清单"和"简化通关作业随附单证"两项制度亦也自由贸易试验区内 100% 推广，通关效率成倍提升。

截至 2018 年，上海自由贸易试验区通关作业无纸化率已从成立时的 8.4% 提升至 80% 以上，70% 以上的报关单由计算机自动验放，卡口智能化验放率超过 50%，物流运输能力提升 25%—50%。

4. 完善国际航运发展制度

开展国际中转集拼、沿海捎带业务，启运港退税等功能性政策试点，启动亚太示范电子口岸第一个试点示范项目，将国际船舶登记制度纳入《船舶登记办法》，实施中英航运人才"双认证"试点项目。上海市人大常委会通过并公布的《上海市推进国际航运中心建设条例》等都是完善国际航运制度。此外，航运物流体系是上海自由贸易试验区物流体系的关键，上海自由贸易试验区从航运服务、航运金融和船舶管理三个方面放宽限制。例如，允许中资拥有、控股的外国籍船舶在国内沿海港口和上海港之间的进出口集装箱捎带业务为扩展国际采购、分配配送等物流增值业务的发展。

5. 实行企业年度报告公示制度

企业信用方面上海自由贸易试验区实行企业年度报告公示制度，除涉及商业秘密外，年度报告应该公示，企业应对报告的真实、合法性负责。建立企业信用制度，通过对信息记录、公开、共享和使用，推动激励与惩戒联动机制。将企业年检制度改为年度报告公示制度，增强企业财务透明度；并且政府要建立经营异常企业名录制度，当企业的经营有以下几种情形时，将被列入异常名录：第一，未按规定期限向社会公示；第二，公示企业信息隐瞒真实情况、弄虚作假的；第三，通过登记的住所（经营场所）无法联系的。这些被记入异常名录的企业将面临在政府采购、工程招标、国有土地出让、银行信贷等方面被禁止或者限制。

6. 税收优惠政策

税收措施上，自由贸易试验区内融资租赁子公司进入融资租赁出口退税的试点范围。区内生产、加工企业销售到区外的货物按其进口料件或实际报验状态征收进口增值税、消费税。区内生产企业和生产性服务企业，除生活性服务企业和法律法规明确不予免税的，其进口所需的机器设备免税。完善启运港退税试点政策，适时扩大后运地、承运企业和运输工具等试点范围。

（三）以服务实体经济为发展的金融开放制度创新

1. 推进创新以自由贸易账户为核心的金融开放

一方面，建立自由贸易（FT）账户制度并使其运行。自由贸易账户通常可以提供跨境直接投资外汇结算、海外融资、利率互换、交叉环境贸易融资、跨国并购和跨境贷款等。上海已有 56 家金融机构通过分账核算系统验收，累计开立 13.6 万个账户，覆盖到全市符合条件的 4000 多家企业。此外，2018 年，上海自由贸易试验内跨境人民币结算总额为 2.55 万亿元，占全市的比重 35.3%；跨境双向人民币资金池收支总额 4826 亿元，同比增长 1.7 倍，而自政策发布以来，已累计有近 900 家企业开展跨境双向资金池业务，资金池收支总额约 1.5 万亿元。

另一方面，上自由贸易试验海区还搭建了支持金融创新、有效防范风险的金融监管协调机制。比如，上海成立了上海自由贸易试验区金融工作协调推进小组，建立了上海金融综合监管联席会议机制，积极开展金融综合监管试点，搭建了新型金融业态监测分析平台，加强监管联动，合力防范金融风险，努力探索功能监管模式。

2. 提高金融市场和金融服务开放度

一方面打造出面向国际的金融交易平台。保险交易所是全国首家具有国家级的创新型保险要素市场，并且能够依托上海市保险交易所的建立，逐步地打造出面向国际的交易平台。另一方面能够通过金融服务业对内对外的开放力度，来不断地吸引国内外的银行机构以及经营机构的落户。上海自由贸易试验区鼓励金融创新，并为金融创新创造良好宽松的金融开放条件，深化外汇管理体制改革，遵循"成熟一项、推出一项"原则，扩大对外开放，在银行金融机构"展业三原则"的基础上扩大人民币跨境使用，放开小额人民币存款利率上限，加大对自由贸易试验区建设的金融支持，为自由贸易试验区金融创新提供适宜宽松的环境。

3. 增强金融监管和风险的防控能力

通过建立自由贸易试验区金融工作推进小组，来不断地完善金融机构在市场运行中的防范机制。比如：可以通过跨境资金的分析以及应急协调机制的建立，来不断地促进销售流程的简化，不断地保护消费者的相关权益。从目前还是银行网点的发展状况来看，已经取得了相当高的成就，相关的举报投诉事件已经比往年下降了 10%。这一结果也逐渐证明了，加强金融监管和风险防控能力对于企业发展，尤其是面向国际化的企业发展更为重要。

4. 支持民营资本与外资设立合作机构

金融创新上支持民营资本与外资在自由贸易试验区内设立中外合作、中外合资及外商独资金融机构。推动自由贸易试验区机构发展人民币结算业务，实现人民币跨境贸易结算，减少汇率对贸易的影响。建立外汇管理体制，适应自由贸易试验区发展需求，促进贸易投资便利化。

（四）与开放型市场经济相适应的政府管理制度创新

1. 降低企业准入门槛

观察上海自由贸易试验区，明显地发现相关的审批环节相当冗杂，这些行政审批制度的设立无疑加大了企业的准入门槛。为了更好地放宽相关的政策审批力度，逐步地深化了事前登记制度，通过相关的改革来逐渐地对企业的审批环节进行优化。其次，可以通过注册资本认缴制改革的实行，不断推进上海市"三证合一，一照一码"的发展。最后，"设立单一窗口"制度。

2. 建立事中事后监管制度

近年来，事中事后监管制度得到了长足的进展与创新。第一，基本确立了"综合＋专业"监管体系。浦东新区率先整合工商、质监、食药监职能以推行"三加一"改革，市场监督局也在价格监督职能加入之后成立。第二，通过事中事后监管基础平台的设立，逐步地促进相关监管体系规模的扩大。互联网技术的进步启示了相关监管体系建立技术依托，能够通过电子信息技术促进繁杂的信息逐步地系统化，初步形成相关的协同监管信息查询等功能，促进各个部门之间的统一监管。第三，逐步促进企业年报公示制度。通过年报公示制度的建立，逐步地促进企业风险监管的进一步发展。可以通过相关的风险管理机制，通过对企业的年报信息进行抽查，根据相关的风险系数对相关的企业和行业进行监管对象程度的划分。第四，建立外资安全审查制度。通过审查对一个地方的引进，逐步地对安全审查范围进行扩大，加强审查制度对于企业发展的重大作用。具体措施如下：

（1）建立社会信用体系。上海自由贸易试验区逐渐搭建了信用平台，并且积极地推行以"三清单"覆盖"三阶段"的信用管理模式。平台中的信息以单位目录的方式进行整合，并且平台还能够具备查询信息的功能和联动监管等功能。在信用平台的基础上，进而开发了相关应用，应用基于市场和政府两个角度，支持自由贸易试验区各部门的信息查询，包括企业基本信息、银行金融信息等。建立社会信用体系，为事前示知与承诺、事中的各项评估分类和事后的联动赏罚提供了基础和依据。

（2）建立企业年报公示和经营异常名单。2013 年国家工商行政管理总局提出制定年度报告公示制度。这项制度要求企业要将年度报告上传至信息平台，公示其公司的存续情况和通信方式等。同时，自由贸易试验区实行了经营异常名录管理制度，这项制度实施后，由于监管透明的作用，企业及其管理者相较以前更加注意维护自身的声誉。是上述年报公示制度的有力保障，增强了企业的责任意识。因此，既节省了人力，又提高了效率。

（3）信息共享和综合执法制度。相互贯通、相互联系、共同分享的信息化平台，有利于推动政府管理部门进行联合监管。目前，上海自由贸易试验区已经实现了在投资领域相关部门准入的信息共享和涉及 34 个部门各类统计信息的共享，类型包括企业基础信息、管理信息、运营信息、综合统计信息。综合执法方面，上海自由贸易试验区建立了联动执法以及协调合作机制，建立了网上执法系统。明确了各个执法部门职责重叠的问题，使各个部门能够协调合作，提高执法效率，权责分明。

（4）建立市场竞争秩序监测体系。2015 年 11 月 9 日，福建省工商行政管理局发布了《福建省工商局关于印发市场竞争秩序检测体系工作实施方案的通知》，市场竞争秩序检测体系，是依托与大数据和互联网等现代化信息技术的体系，能够有效地整合工商机关履行市场准入许可、监督执法和为消费者维权等职能所产生的数据，包括其他监测点上报的数据以及一些市场秩序的束缚造成的影响。依托这些数据信息，设置科学的质变体系和预警系统，实现客观、快速地反映市场竞争秩序状况。市场竞争检测体系的建立，建立市场竞争测试体系，有助于打破区域封锁和行业垄断，促进市场主体之间的公平竞争，充分发挥竞争政策在市场监管中的作用。

（5）初步建立安全审查制度和反垄断制度。迄今为止，上海、天津、福建和广东4个自由贸易试验区都已经明确表示要依照国家的法律政策，执行国家安全审查制度和反垄断审查的有关职责。在中国吸引外资和实际利用外资的过程中，一直存在着"轻管理、轻规制"的问题，只要能吸引来外资，管理可以放松，优惠可以放大，尤其是对于那些已经获得准入的外商投资企业，很少有企业接受定期的监管和审核。以美国引进外资的情况为例，尽管美国对于外资一向采取开放自由的态度，但是，对于那些有可能触及国家安全和国民公共利益项目，会进行严苛的审查。所以，自由贸易试验区对安全审查的实践是一项重要的举措。反垄断制度同时也是非常必要的，一方面是对触及试验区内企业附条件准许的经营者，展开集中的情况检查，并将最后的调查结果上报至当地的市商务厅和商务部；另一方面是对区内企业的经营者集中进行依法反垄断相关调查以及对区内存在的没有达到申报标准从而没能申报的经营者展开集中的调查，上海自由贸易试验区在反垄断问题上，创建了全面有效的反垄断协助工作机制，推进成员间信息共享，合力监管。

（6）社会力量参与市场监督制度。自由贸易试验区建立的允许社会力量参与市场监督制度，大力培养和发展行业协会、中介组织等非政府力量，使其能够接管政府的部分监管职能。政府虽然是市场监管的主体，但是，中介组织和行业协会作为不可忽视的重要力量，可以充分发挥桥梁作用和专业知识，为政府监管决策提供有力支持。社会公众作为切实的消费者，应当有极大的监控动机，它们不仅仅可以监督市场主体，也可以监督监管者本身，与政府一起构成坚实且统一的监督阵线。

（7）知识产权管理和执法体制。知识产权是一个国度培养的战略性资源和提高国际竞争力的非常关键的要素，当前我国的技术创新水平还处于一个较低的阶段，对知识产权保护的力度也不尽如人意。广东自由贸易试验区关注到了这一问题，所以，在建立知识产权守信激励和失信惩戒机制以及知识产权申诉专员制度方面进行了自我升级创新。福建自由贸易试验区也适时建立了自由贸易试验区知识产权行政执法与海关保护协同协作机制。陕西自由贸易试验区也表示将在全国率先试点知识产权的管理改革。

3. 提升政府服务能力

通过"互联网＋政府服务"模式的建立，浦东新区再结合市场需求的基础上，促进了公共服务的外包，这一举措也使得服务质量、效率得到提升。一方面，表现在网上政务大厅中加入信息化技术，通过高新技术简化服务流程。这一方法在一定程度上提高了政府的办事效率，节约了操作成本。另一方面，政府通过购买性服务来，不断扩大相关的服务力度，从而提高了公共服务的质量。

（五）海关监管创新服务制度

上海自由贸易试验区自成立以来，为起到国家经济试验田的作用，建立出新的、可以与国际接轨的新型制度体系并形成可以在全国复制推广的经验，其始终积极尝试新的海关监管制度。在其成立之初，就创新设立了"一线放开、二线高效管住、区内自由"的监管制度。其中，"一线"是指试验区与境外之间的国境线，"二线"是指试验区与境内区外的连接线。根据原来的政策，在"一线"应该实行"先报关，后入区"的方式，而上海自由贸易试验区则根据一般保税区监管的相关办法，对于进出"一线"的货物进行备案制管理，实行了"先入区，再报关"等一系列的试点。在上海海关前期试点的基础上，上海海关在日后的探索中共推出了 31 项海关监管服务改革创新制度，其中共涉及贸易便利化、保税监管、功能拓展等 7 个类型，现选取 14 项可复制推广的海关监管创新服务制度简要介绍如下：

1. 先进区，后报关

该方式允许区内企业凭借进境货物舱单向海关进行简要申报，先行办理口岸提货以及货物进区的手续，货物需在 24 小时之内入区并在进境之后 14 天内正式办理进境备案，海关可依托监管信息化系统分析相关风险，以进行有效监管。这大大提升了口岸一线货物的入区速度，解决了企业因为未见实际货物而导致的申报错误，并且在一定程度上降低了企业通关、物流以及港口业务的成本。

2. 区内自行运输制度

该制度是指在自由贸易试验区之内，企业可以不必使用海关监管的车辆而可以使用海关备案的车辆进行自主运输。在未经海关准许的情况下，自主运输的车辆在途中不能擅自停留或者是进行货物的装卸。从而使企业的运输成本得到了降低并且有效地提升了物流流转效率。

3. 加工贸易工单式核销

该种核销制度取代了原来的单耗审核与备案的方式，海关同使用企业资源计划系统（BRP）的加工贸易企业进行联网，通过企业每天自动发送的工单数据以及进出库数据对企业生产进行实时监管，信息及时准确并且充分尊重了企业的生产规律，大大缩短了企业的核销时间，缩小了数据差异。

4. 保税展示交易制度

该制度指的是区内企业在满足相关条件并向海关提供足额的税款以作为担保的情况下，可在试验区外或者是区内的指定场所中开展保税展示和交易，在此期间发生内销的货物在销售后征税，并进行集中申报。该制度的实时使国内交易方可以就地看货，提升了便利程度。

5. 境内外维修制度

不限于境内或者是境外，也无论自产或是他产，只要是高技术、高附加值并且无污染的维修业务，区内企业均可开展。海关以信息化系统为依托，对于维修过程中货物地进、出、转、存、耗进行实时监管。该制度拓展并促进了区内的维修业务，有利于加工贸易的升级。

6. 期货保税交割制度

该制度使得期货保税交割业务品种由铜和铝扩展到了上市的全部商品品种，允许区内处于保税监管状态的货物作为企业期货交割地标的物来进行实物交割。有利于提升交割业务量，吸引周边相关货物进行异地交割。

7. 融资租赁制度

海关允许区内融资租赁业务的开展，对于区外的企业，在满足规定条件并提供保证书担保的情况下，分期缴纳租金，海关对融资租赁货物按照审查确定的分期缴纳的租金分期征收关税和增值税。有利于活跃融资租赁业务并增加地方税收。

8. 批次进出，集中申报

对于 B 级及以上企业，在其建立合规的信息管理系统的基础上，海关允许货物分批次进出贸易园区，并采用"多票一报"的形式在规定时限内集中报关。这使企业申报更为自主，有利于通关成本的降低及通关效率的提升。

9. 简化通关作业随附单证

一线进出境备案清单的随附单证在申报时可免予提交，在必要时再行向海关提交。

10. 简化统一备案清单

对于备案清单的格式进行规范，统一规定申报要素，推进试验区的一体化标准运作。

11. 内销选择性征税

对于经区内企业加工生产的产品在销往境内区外时，海关可根据企业的申请对其进口料件或按照实际报验状态进行关税的征收。该优惠制度可有效降低企业成本，利于区内加工制造业的发展。

12. 集中汇总纳税

区内企业在有效担保的基础上，可于规定的纳税期限内进行"分批报关，一次纳税"，简化了征税手续，提升了企业效率。

13. 保税物流联网监管

对于使用仓储管理系统（WMS）的企业，在与海关联网的基础上，海关对其采用"系统联网＋库位管理＋实时核注"的管理模式，实现了对于物流仓储企业的实时数据监管。

14. 智能化卡口验放管理

对于自由贸易试验区卡口，在原有基础设施上进行智能化升级，实现对于过卡车辆的自动比对、自动判别以及自动验放，提高通关效率。

（六）建立自由贸易试验区改革创新的法治保障制度

1. 以立法引领改革新局面

国家相关部门制定了一系列自由贸易实验区的法律法规。这些规章制度使服务业扩大开放、负面清单管理模式等多项改革措施的推行得到了保障。例如，上海市政府于 2013 年 9 月 22 日颁布《中国（上海）自由贸易试验区管理办法》，以促进相关金融、贸易、投资、管理的整体框架的监管，有力地保证了相关改革措施的实施。

2. 建立司法保障和争议解决机制

通过向发达国家学习其先进经验，上海自由贸易试验区逐步地形成了有效的争议解决机制，充分地发挥了法院的主要作用和仲裁协调的辅导作用。早在 2013 年上海浦东新区就成立了人民法院自由贸易试验区法庭，2014 年，《涉及中国（上海）自由贸易实验区案件审判引导》颁布，也对相关案件审理的准则进行了确立。2016 年以后，更是逐渐地形成了相关的自由贸易试验区法庭，由此我国的司法服务专业性得到了有效提高。随着新加坡等国在自由贸易试验区仲裁中心的设立，我国的仲裁机构的国际化程度得到了有效提高。

二　未来重点创新发展方向

上海自由贸易试验区虽然已经取得了成功，不仅推动了上海区域经济的发展，也为国家其他地区提供了可复制的模板，还在其他方面取得了不少的成果。随着时间、发展的推动，不断面临新的环境，出现新的问题，现有的制度措施等也面临着不够完善的局面，具体可从以下四个方面加强完善。

（一）加快构建高水平的自由贸易试验区制度创新体系

1. 进一步完善以负面清单管理为核心的投资管理制度

完善以负面清单管理为核心的投资管理制度，对于外商投资的行业的数量进行严格的限制。但形式上也应该促进我国标准与国际标准之间的对接，逐步地通过国际标准与我国标准之间的有效连接来促进相关核心要素的发展。同时还应该注意到负面清单变动程序透明度的问题，通过透明度的加大，不断加强社会对于该过程的监管，且在相关的实施过程中对所提出的意见进行答复。

2. 进一步完善以贸易便利化为重点的贸易监管制度

通过在国际贸易单窗口的设计，来逐步提高国际贸易的通关效率。建设"混合制、单窗口"。深化商品分类监管，兼顾商品来源和进出口流通等因素，促进商品合理分类。完善危险化学品行业监管。从国际经验方面来看，其他国家对于贸易监管制度有独到的见解，我国也应该适当地学习国际经验，从不同的方面促进各方面的监管，逐步地对信息和核查措施进行记录。

3. 加快建立符合国际惯例的税收制度

通过税收裁决制度的建立，不断完善企业的税收职能，能够在税收制度方面逐步为企业节省不必要付出的成本，将更多的资金运用到其他方面，提高实验区内的税收制度的竞争力。对两个离岸贸易企业按比例征收15%的所得税率。根据国际标准对转口贸易和离岸贸易实行低税率，并对外商投资者给予优惠的税收制度。

4. 进一步完善与开放型经济相适应的风险防控制度

加强相关部门合作，加强信息交流，协调审判，协助执法，建立完善的产业风险防控体系。通过行业预警信息的及时发布，更好地对金融风险防控体系进行完善，通过自由贸易试验区金融创新试验区监管机制的建立，不断地为今后的贸易区风险防控体系，进行良好的试点工作。

（二）加快建立适应人民币国际化和资本项目可兑换的金融开放创新体系

1. 进一步积极审慎推进金融开放创新

加强与国家外汇管理局、商务部等部门之间的沟通协调，来不断地落实好"金改40"的施行，并配合有关部门制定其实施的细则。扩大自由贸易的账户功能。自由贸易账户功能不断地整合国内外的相关业务，可以在今后国内外银行、证券、保险金融机构开展金融创新。扩大金融市场对外开放，加快构建国际金融交易平台。研究制定金融行业负面清单，并为国家对外谈判提供实践经验。

2. 进一步加大服务业对外开放

扩大服务业，进一步拓宽对外开放。建立跨境交付和贸易开放试点工作。并且在试点工作中需要做好相应的服务工作，对于第一服务业的开放，也应该对相关规则进行评估，并进一步规范。

(三) 依托自由贸易试验区和科创中心建设再造发展新动能

1. 进一步强化价值链升级的制度支撑

建设体系能够通过吸引来自全世界的各方面因素，来不断地推进技术、人才和资本走向世界。能够给跨国公司提供一定的便利，能够在自由贸易试验区设立自己的研发中心，能够不断地通过自己的创新与发展，首先发挥出自己的效应。也可以通过吸引跨国公司来不断地打造出两个有利于跨国组织制度的发展环境，能够通过制度环境的变化，来吸引跨国企业总部在自由贸易试验区的聚集，不断地促进贸易、物流、研发等功能的发展和完善，能够通过贸易的不断聚集将自由贸易试验区升级为亚太区总部。利用发展本土企业，并且支持其逐步发展跨国经营，逐步打造成具有全球价值的链条网络，将每一个经济体能够纳入全球价值的网络之内。在国际贸易方面能够通过减少贸易壁垒，不断简化企业的进出口流程，降低企业整体成本。逐步通过供应链融资，促进国内外企业外汇和转口贸易以及贸易便利化和离岸贸易的发展，逐步建立贸易形式的外汇管理体系。

2. 进一步以科创中心建设提升全球价值链高端竞争力

第一，要建立符合国际标准的科技创新体系。通过科技创新体系的建立，不断地促进高新技术产业以及服务行业的发展，企业可以在高新技术上加大管理措施，不断地进行科技创新，利用科技创新，不断地提升自身的科技创新能力，为企业建立公开上市的渠道。

第二，不断地加强国际上的创新与合作。随着全球化的发展，世界贸易体都逐步地形成了一体化，只有不断地通过国际上的合作与创新，才能够不断地促进跨境的研发，保证科技产业的发展。

第三，不断地完善科技创新融资体系。境内外投资在股权投资企业中的应用得到大力的推进，通过不断地鼓励商业银行为其他的企业提供自由贸易账户，促进境内外双向投资的发展。

（四）着力打造高效透明的现代政府治理体系

1. 推进简政放权向纵深发展

第一，放宽市场准入。开展负面清单制度，使所有类型的市场者都可以法无禁止即可为。

第二，继续深化商事登记制度改革的发展，通过对行政许可项目的消除和清理，逐步地落实相关的行政许可事项告知承诺，完善其事项的处理的透明度和可预测性。

2. 加强构建事中事后监管措施系统

监管措施系统的建立，一方面，能够加强各个监管部门之间的协调、认同，逐步地促进执法综合模式和市场监管的进一步统一。另一方面，能够通过不断完善相关的服务平台功能、企业的黑名单制度，将政府的监管信息平台建设成为具有更加强大能力的信息技术平台。与此同时，还要不断地发挥社会对于监督机制的重大作用，通过社会参与监督机制的建立，不断地加强社会众对于监督管理机制的重大作用。为了更好地发挥监管部门的作用，还可以通过加强与第三方征信平台的合作，不断地促进自由贸易试验区企业的自制以及发展。

3. 加大政府服务管理创新力度

一方面，可以借助信息技术促进政府对于服务管理工作的再造。互联网是今后的发展趋势，政府的服务管理工作也应该与互联网之间形成密切的合作模式，通过政府服务模式和互联网加的合作来不断地推行电子政务的发展。另一方面，通过社会资本在公益性事业运作当中的投资，来不断地提高公共服务的供给效率。

三　上海自由贸易试验区对河南自由贸易试验区建设的启发

河南自由贸易试验区应在学习借鉴上海自由贸易试验区的基础上进行创新发展。充分发挥自己的优势，发挥自身的特点，积极推动本地区经济的发展。

（一）建立管理制度

河南自由贸易试验区不仅可以建立投资管理制度，还可以建立政府管理制度。投资管理制度包括建立负面清单管理模式和外商投资管理制度等，降低准入限制，优化了行业管理，促进了外商投资企业对于备案形式的完善，并使得海外投资大幅度增长，还促进了服务业的对外开放。政府管理制度包括建立事中事后监管制度和建立"互联网+政府服务"，促进监管模式的扩大和各个部门之间的统一监管，提高政府的办事效率，提高公共服务的质量，节约成本。

（二）建立监管制度

河南自由贸易试验区可以建立贸易监管制度。建立国际贸易"单一窗口"、实地货物状态分类监管、优化贸易便利化监管制度和完善国际航运发展制度。这些贸易监管制度可以降低企业的申报成本、物流成本、出口成本，有利于促进建立一体化的服务平台和完善国际航运制度，共同促进贸易的国际化。

（三）建立开放制度

河南自由贸易试验区可以建立金融开放制度，包括建立自由贸易账户制度、外汇管理体制、打造面向国际的金融交易平台和成立自由贸易金融工作小组。这些措施有利于提高外贸交易金额，完善结售汇管理，简化经常项目外汇收支手续，促进对外贸易的投资，吸引国内外的银行机构以及经营机构落户，完善金融机构在市场中的防范机制，促进销售流程的简化，不断保护消费者的相关权益，促进企业的发展。

（四）建立保障制度

河南自由贸易试验区可以建立法制保障制度，制定适用河南自由贸易试验区的法律法规并建立司法保障和争议解决机制。这些措施可以促进相关金融、贸易、投资、管理的监管，推动改革的新局面，为很多措施的推行、实施提供保障，以利于提高我国的司法服务的专业性和仲裁机构的国际化程度。

（五）加强对人才、智库的重视

上海自由贸易试验区的成功离不开智库和人才的支持。上海保税区及实验区的建立、改革成果的复制、许多重要决策的诞生以及政策制定者的建议离不开高校"智囊团"和人才的重要力量。他们的"前瞻性"研究催生了自由贸易试验区。从上海自由贸易试验区上市的概念来看，仅运行6个月，但实际上很多内容与人才有关，智库前瞻性研究，为后续的长期奠定了基础。为制度创新提供重要支撑。而河南在高端人才的培养上资源不足，郑州大学是河南唯一一所 211 高校，重点高校少，致使本省高才生都选择别的省市，导致人才流失严重。还因河南省会郑州仅仅属于二线城市，吸引人才的能力相对较弱。并且河南自由贸易试验区的成立没有专业的智库作为后备军，没有集中重视高校、研究院等智库的人才。所以，河南自由贸易试验区的建立，政府一方面要注重人才的培养，积极引进高端经济人才，并利用河南自由贸易试验区的优惠政策吸引外资，加强与国外学校、企业等领域的交流，学习国外先进的经验与管理模式，提升河南的整体人才教育培养，提高社会竞争力。另一方面还可以加强对高校"智囊团"的重视，汇集他们的智慧，并及时对他们的建议归纳、分析，对合理有效的优质建议及时采纳。

第二章　临空经济的内涵与中国临空经济发展

第一节　临空经济的内涵

一　临空经济的概念

临空经济又称空港经济、机场经济。国内外学者对临空经济的概念进行了界定和阐述。临空经济的概念可追溯到 20 世纪 60 年代，美国著名航空专家麦金利·康威（Mckinley Conway）在其发表的论文中提出了机场综合体的概念：以机场为核心综合开发航空运输、物流、购物、休闲及工业开发等多功能为一体的大型机场综合体。1965 年，他发表名为"The Fly – in Concept"一文，首次提出临空经济的概念，认为临空经济的发展将对产业区和城市大都市的设置和规划产生重大影响。

国内外关于临空经济区的文献研究主要集中出现于 20 世纪 90 年代，从最初的宏观层面认识临空经济为一种新经济模式，基于现实对临空经济区进行描述与未来发展趋势的预测，逐步深入到临空经济产生机理、空间结构、演进模式、发展阶段等中观层面对临空经济区的研究，同时也出现了对临空经济区内企业的延伸研究。

2001 年，美国著名经济学家北卡罗来纳大学教授约翰·卡萨达（John Kasarda）将机场周边地区创新性地定义为航空大都市。航空大都市是一种新型的城市，它的空间范围可从机场向外延伸 20 千米，随着越来越多商业企业集聚在机场以及交通走廊周围，该地区已经承担起了如同都市圈中 CBD 的重任，它极大地吸引了就业、购物中心、会议中心和娱乐中心来此发展，并提出了著名的"五波理论"。

无独有偶，我国运输经济专家荣朝和的运输化发展阶段理论的观点与卡萨塔教授类似，荣朝和教授从工业化发展与运输方式变迁之间的关系进行论证，在工业化阶段后期进入了以航空运输为主流运输方式的时期。20 世纪 90 年代，我国经济快速发展，人民生活水平显著提高，相应地，对航空运输业提出了新的需求，航空运输开始走向大众化。这种现象引起了国内专家和学者的关注，并对其进行研究，取得了一系列研究成果。临空经济又称空港经济、机场经济，按照认识角度的不同，我们将其分为四类：

1. 区域概念

临空经济的载体区域必须以机场为依托，受机场的经济基础、规划发展、资源禀赋以及功能定位等因素的多重影响。国内最具代表性的学者是中国民航大学临空经济研究所所长、中国临空经济理论的首创者曹允春教授，他率先在国内解释了"临空经济"这一概念。曹允春（1999）认为，临空经济是指由于航空运输的巨大效应，促使生产、资本、技术、贸易、人口在航空港周围聚集，形成具备多功能的经济区域，这主要是从生产要素流动和聚集角度界定的临空经济。随着航空运输、仓储加工、综合贸易、会展服务、园艺农业等航空产业的兴起和发展，我国开始出现临空指向性的产业新城。

练振中博士则把临空经济定义为一种新型的区域经济形态。他给出的临空经济的概念是：临空经济是一个具有特定空间形态和产业结构，依托航空枢纽要素，与特定经济演进阶段相联系，在经济演进达到一定阶段之后，在机场周边地区发展起来的，依靠机场的吸引力和辐射力，促使资本、劳动力、技术、知识、管理等生产要素向机场及周边聚集，形成由航空运输业、航空运输服务业和具有航空指向性的产业组成的，具有巨大影响力的新型区域经济形态。

张军扩等从特定的产业结构和空间形态并且与经济发展阶段相关联角度，为临空经济下定义。他们认为，临空经济是交通运输方式变革和产业结构演变的产物，是指在经济发展达到一定阶段后，在大型机场（尤其是大型国际枢纽机场）的周边发展起来的，利用其吸引力和辐射力，形成的由直接服务及依托航空运输业的相关产业和具有明显航空枢纽指向性（可充分利用航空运输优势和便利）的有关产业组成的具有巨大影响力的区域经济体系。

2. 产业概念

李建（2005）从区域、产业和经济视角阐述临空经济概念，认为临空经济，首先是区域概念。临空经济的发展必须以机场为依托，发展可以是有形的，也可以是无形的，临空经济发展受到机场规划发展、功能定位、资源禀赋以及经济基础等因素的影响。其次，临空经济是产业概念，即临空产业。它是临空经济的内核，是指那些自身的开发发展与机场和航空运输直接相关的产业，具体包括：直接为航空服务的产业、航空保税产业、支柱产业和高新技术产业及其配套零部件产业、现代园艺产业、商务、旅游、生活服务业、出口加工业等。最后，临空经济从经济学意义上说是经济概念，被视为一种经济现象，具有经济概念的一般特点。又因为其是空港地区特有的一种经济现象，因而又具有独特特点。

3. 经济概念

从此角度出发对临空经济下定义，认为临空经济是一种经济发展模式。我国学者肖李春（2006）将临空经济定义为一种经济模式。其依托机场尤其是国际性、枢纽性大型机场对人流、物流的集散优势，积极发展航空物流业，打造航空物流园区，从而形成强大的资金流和信息流的聚集，推动区域经济社会发展。

4. 机场相关

随着机场规模扩大，客运、货运量快速增长，航线网络化逐步形成，机场的集聚效应、扩散效应对周边土地的影响作用不断加强。20世纪90年代，美国学者约翰·卡萨达提出了"第五波理论"，强调了全球供应链管理模式将越来越依赖于航空货运，从而使企业偏好发生改变，吸引企业向机场集聚。在此基础上，由航空产业吸附相关商务活动、休闲活动等协同发展，从而集聚人气形成城市新形态，即因为航空的带动将形成"航空大都市"。比如，依托于阿姆斯特丹斯基浦机场所形成的空港都市区，就是在原有航运相关业务基础上拓展了商业和房地产领域的业务来改变机场的功能，突出了机场的商业和娱乐功能，同时引起了机场周边数千米范围内用地模式的改变，形成了类似传统都市区的一个空港都市区。

有学者从以航空运输为指向的产业向机场周边聚集角度解释临空经济的内涵。国家发展改革委"临空经济发展战略研究"课题组（2006）把以航空货流和商务人流为支撑的经济称为临空经济。以航空运输（人流、物流）为指向的产业在经济发展中形成具有自我增强机制的聚集效应，不断引致周边产业的调整与趋同，这些产业在机场周边形成的经济发展走廊、临空型制造业产业集群以及各类与航空运输相关的产业集群，进而形成以临空指向产业为主导、多种产业有机关联的独特经济发展模式。

二　临空经济发展阶段及其基本特征

就临空经济形成的阶段而言，不同学者从不同的角度和侧重点进行分析整理归纳。曹允春从起主导作用的主体和要素将临空经济分为形成期、成长期和成熟期三个阶段；在形成阶段，起主导作用的是机场的驱动力；在成长阶段，机场的极化作用显现，临空偏好型企业在机场周边集聚；在临空经济成熟阶段，产业链和价值链已经形成，临空经济发展的主导因素为"创新机制"与"区域创新系统"。

杨友孝等在曹允春的基础上，将临空经济的发展阶段进一步细分为准备期、成长期、成熟期、瓶颈期和航空城开发期五个阶段。赵文持有与其类似的观点，根据产业类型的不同将临空经济的发展阶段分为起步阶段、快速发展阶段和成熟阶段：首先，在起步阶段，航空服务业和航空加工制造业为临空经济主导产业；其次，快速发展阶段，实现快速发展的产业是高附加值制造业航空枢纽指向性强的产业；最后，在成熟阶段，临空经济的主导产业将变为现代服务业及文化产业。王晓勇则根据临空经济对区域经济的影响方式，将其分为运输经济阶段、临空产业集聚阶段和城市经济阶段。

通过研究临空经济发展的历程和理论，我们认为，临空经济有以下四种基本特征：

1. 临空指向性及产业布局的"磁化"效应特征

临空经济产生的内核是机场，企业之所以在机场周边聚集，是受到机场的直接或间接影响。一般来说，因机场产生的"向心力"，对市场空间易达性和速达性方面要求较高的企业有临空布局的偏好，与其相关的上下游企业又会选择与其靠近或相邻。具有临空关联的产业容易在这一空间聚集，从而在机场及周边区域形成具有临空特色的产业链或临空经济区。

以临空产业为内核的临空经济在机场作为一"极"辐射的"磁场"作用影响下，与机场和航空运输直接或间接关联的产业将以机场为中心从内向外按照其"磁场"影响力递减效应，形成航空运输业、航空配套产业、空港餐饮业、交通运输和物流产业、高新技术产业和现代制造业等临空指向性依次衰减的临空产业空间布局结构。同时，被机场"磁化"的临空产业又与机场发展形成互相关联和互相依存的正向互动关系。

2. 空间相关性

临空产业区域布局模式具有高度的机场空间相关性特征。临空产业依托和利用机场资源在其周边一定区域范围内的集聚和布局，一般集中在机场周围5—30千米范围内，或在机场走廊沿线15分钟车程范围内，这一区域范围的经济发展受到机场的经济基础、区域资源禀赋、规划发展以及功能定位等因素的多重影响。

3. 规模经济特征

临空经济是在机场客流量和货流量达到一定规模（国际上普遍认为，机场年客流量达到1000万人次规模），机场周边区域经济达到一定的发展高度之后，才有可能出现的一种新型规模经济现象，并随着其规模的进一步扩大和发展，使这种新型规模经济从起步阶段向发展期中级阶段和成熟高级阶段逐步演进。这一特征也说明机场因素并非临空经济形成的充分必要条件，有机场的地区可能会有"航空现象"，但由于尚未达到一定的经济规模而难以形成"临空经济"。

4. 市场速达性及技术先导性

航空运输是目前世界上最便捷、效率最高的运输方式。在临空经济区布局的企业，可以利用航空运输这种快捷的运输方式，实现其产品快速到达市场，赢得竞争优势。

由于临空经济吸引的主要是高科技产业，在技术上是先进的，能够带动相关产业升级。临空产业通常是生产体积小、重量轻、货值高的产品的高科技产业；时效性强的时装、生物试剂、易腐变质的生鲜产品相关产业；需要频繁面对面接触和交流的现代服务业。因此，这一地区临空经济的发展会吸引高科技产业的集聚与发展，从而带动区域科技水平的提高。

三 临空经济区的空间特征与布局

（一）临空经济区的构成要素

从区域概念来看，临空经济是一个特殊的经济区域，主要发展具有明显临空指向性的产业集群。临空经济区的构成需要经济中心、经济腹地和经济网络三个方面的要素。

在经济区域范围内聚集着一定经济能量的节点我们称之为经济中心。对于临空经济区的发展来说，机场是其发展的经济核心，原因在于其特有的区位优势决定了其必将成为临空经济区发展的核心要素，临空经济区的成熟度也由其能量强度进行表征。机场作为临空经济区的中心引擎，它的功能辐射到与航空相关的房地产业、物流业、服务业、金融业和旅游业等，与它们结合，形成一个产业集群。以机场为核心构建的临空经济区，与机场配套的临空服务产业也会相继被拉动，金融业、服务业、物流业等相关企业也会被吸引，从而形成产业集群。因此，规划临空经济区发展的核心要务是做好机场的建设规划。

经济腹地是指经济中心辐射作用的范围。临空经济的腹地是指机场强大的能量辐射作用到的范围。临空经济区发展存在的基础是经济腹地，其显著特征是等级性，在其内产生的各种经济活动具有同一指向性，共同指向机场的空间聚集。临空经济区腹地必须与其发展中心相适应，在腹地的选择上更要因地制宜，结合产业结构和地区发展实际，尤其要注意与核心发展目标的相容性和可持续性。

在经济区域发展中，维系中心和腹地的有形或者无形的联系渠道我们称之为网络。机场对腹地辐射能量的各种网络体系即为临空经济区的网络，其主要包括交通运输系统、动力系统、给水排系统和通信系统等网络，这些网络也是临空经济区发展的基础设施。航空、公路、铁路、高铁和管道的线网、港站等设施构成交通运输网络；区内的雨水排放管网和污水排放的处理设施，以及供水的水源工程、输水管道以及自来水的生产和供应设施，构成了给水排水网络；动力系统网络包括电力生产及输变电设施，区域性的煤气、燃气和石油液化气的生产输配设施和热力生产供应设施；邮电通信系统网络包括邮电局所，各种通信手段收发和传输设施。

（二）临空经济区的空间结构布局特征

我们根据不同城市中机场的不同位置，可以将临空经济区的主要空间结构归为圈层式、轴带式和扇形式三类。

空间结构为圈层式结构布局的临空经济区的典型案例是泰国曼谷第二国际机场发展中，机场周边地区的规划在空间上呈现同心圆式的圈层结构。我们将临空经济在各个方向上都以相对均匀速度向外蔓延，并且表现为同心圆状的结构称为圈层式空间结构。

轴带式结构发展的典型案例是美国得克萨斯州的达拉斯机场临空经济区的建设。在市区与达拉斯机场之间综合开发了6000公顷的"绿之丘"，沿线建有住宅小区、大学、工厂、商务园区、商务中心以及办公楼等设施。这种沿交通干线的单向轴式扩展的建立临空经济区的方式我们称之为轴带式空间结构。以这种空间结构建立临空经济区，可以有效地解决交通运输问题，使中心城区与新开发的地区保持密切联系，充分发挥临空经济区的潜在经济性，这种空间结构的建设方式目前已成为临空经济区的主要建设形态。

另一种典型的临空经济区的构建方式是上海浦东国际机场地区，其在靠近机场的江镇、施湾、祝桥等镇形成一个扇面空间结构，从而形成发展临空经济的重点地区。扇形式空间结构指的是以机场为核心的辐射圈因地理等原因缺失了一角而形成。因为地理因素或经济发展滞后等原因，没有受到临空经济的影响或者影响较弱，因而成为残缺的一角。

在临空经济区的布局上，从不同的角度，可以划分为不同的区位类型。根据其内不同经济单元与机场之间的联系紧密程度不同，将机场周边分为空港区、紧邻空港区、空港相邻区和外围辐射区四个区。根据航空港对区域经济作用的时序性和空间层次性，我们又可以定义空港区、紧邻空港区、空港相邻区以及空港交通走廊沿线可达性地区、都会区或地区内的其他区位。根据航空枢纽的影响程度及相应的空间布局变化特征，可以将整个临空经济区依次分为机场区、空港区、临空经济区、临空经济经常影响区、临空经济偶发影响区等影响圈层。

四　临空产业分类

临空产业是临空经济的主体部分。临空产业不仅是临空经济的一部分，也是区域经济的重要组成部分。临空产业通常是生产体积小、重量轻、货值高的产品的高科技产业；时效性强的时装、生物试剂、易腐变质的生鲜产品相关产业；需要频繁面对面接触和交流的现代服务业。

临空产业，顾名思义，是依托机场设施而发展，与航空运输有直接或间接关联的产业。因此，我们可以将临空产业类型分为直接产业和间接产业。如表 2 - 1 所示，直接产业是临空产业的核心产业，其产业特征是为航空运输直接服务的产业，主要产业类型有航空飞行器维修业、航空食品业、航空物流业、商品零售业和保税仓储业等。另一类产业可称为相关产业，也可称为间接产业。按其作用机制不同，又可以分为对航空运输有较高的敏感性，主要根据航空港的口岸优势而发展起来的产业和根据航空港所在地的地区优势发展的产业。关联产业的特征主要是时效性较强、资金附加值高，具体的分类有技术和资金密集型高新技术型产业、邮件快递业、创汇农业、花卉农业等。引致产业主要为商务与贸易、旅游与会展、文化与娱乐、教育与科研等现代服务业。

通过阅读文献分析国内外临空产业的发展，我们可以将临空产业的发展模式分为航空产业带动模式、物流产业带动模式、临空产业链推动模式、产业集群模式以及产业园区发展模式。有的临空经济区以单一的模式发展，有的是几个模式混合发展。航空产业带动模式，是利用航空运输服务业的带动作用带动临空经济的发展模式。航空产业的核心是航空运输服务业和航空工业。

表 2 - 1　　　　　　　　　　航空产业分类

产业分类		产业特征	主要产业
直接产业	核心产业	为航空运输业直接服务的产业	航空飞行器维修业、航空食品业、航空物流业、商业零售业、保税仓储业等
相关产业	关联产业	对航空运输服务有较高的敏感性，主要根据航空港的口岸优势而发展起来的产业	时效性较强、附加值高的相关产业，如技术和资金密集型高新技术产业、邮件快递业、创汇农业、花卉农业等
	引致产业	根据航空港所在地的地区优势发展的产业	商务与贸易、旅游与会展、文化与娱乐、教育与科研等

资料来源：笔者根据相关文献整理。

第二节　中国临空经济发展现状

随着航空运输快速增长及相关产业在机场周边集聚，自 20 世纪 90 年代起，我国各地政府高度重视航空经济的发展，有意识地以机场为中心规划航空关联产业发展聚集区，并出台相应的政策措施，促进这些产业在机场周边发展，形成了航空经济蓬勃发展的趋势。北京市委六届四次全会通过的《中共北京市委关于制定北京市国民经济和社会发展第十一个五年规划的建议》中，把首都航空经济功能区列入首都六大高端功能区之一。滨海新区的开发开放已列为国家"十一五"发展战略布局。天津则将航空产业区列为滨海新区的七大功能区之一，重点发展地区。上海虹桥机场周边的长宁区 20 世纪 80 年代初提出了依托虹桥、发展长宁的思路，90年代初又提出了优化功能、争创优势的思路，现在是国内航空经济发展较为成熟的地区。重庆市政府提出重庆航空城构想，针对未来的重庆航空城作了详细规划，按照这个构想，未来的航空城将是重庆市对外开放的重要交通平台，是重庆市现代服务业和现代制造业以及同北部新区功能互补的重要基地。2012年，国务院发布了《关于促进民航业发展的若干意见》，明确指出，"选择部分地区开展航空经济示范区试点，加快形成珠三角、长三角、京津冀临空产业集聚区"。这标志着中国的航空经济发展进入科学布局的阶段。2013年，国务院正式批复《郑州航空港经济综合实验区发展规划（2013—2025年)》，成为全国首个上升为国家战略的航空经济发展先行区。全国各城市纷纷开展航空经济区发展规划，在全国乃至全球范围内吸引资源，发展高端产业，就是为了在国际分工体系中占据有利地位。

一　临空经济发展现状

改革开放以来，尤其是中国加入世界贸易组织以来，对外开放程度不断提升，中国航空经济得到了大力发展，航空业成为中国经济增长的最新前沿。中国正着眼于部件制造、材料生产、租赁商务、空中货运和机场运营等多个业态，希望在国内民用航空市场实现国内生产企业自我供给，提高国内企业竞争力。同时，中国还强调其他航空项目的发展。就航空客运、航空货运和飞机订单而言，中国都是一个蓬勃发展的超大市场。根据中国民航局统计，2019年，我国民航机场生产统计数据如下：

（一）通航城市和机场

2019年，我国境内运输机场（不含香港特区、澳门特区和台湾地区，下同）共有238个，其中定期航班通航机场237个，定期航班通航城市234个。年内定期航班新通航机场有：北京大兴国际机场、巴中恩阳机场、重庆巫山机场、甘孜格萨尔机场。年内定期航班新通航的城市有四川巴中。北京南苑机场停航，宜宾菜坝机场迁至宜宾五粮液机场。

（二）主要生产指标

2019 年，我国境内机场主要生产指标保持平稳增长。全年旅客吞吐量超过 13 亿人次，完成 135162.9 万人次，比上年增长 6.9%。分航线看，国内航线完成 121227.3 万人次，比上年增长 6.5%（其中内地至香港、澳门和台湾地区航线完成 2784.8 万人次，比 2018 年减少 3.1%）；国际航线完成 13935.5 万人次，比上年增长 10.4%。

2019 年，在货邮吞吐量上，完成货邮吞吐量 1710.0 万吨，比上年增长 2.1%。分航线看，国内航线完成 1064.3 万吨，比上年增长 3.3%（其中内地至香港、澳门和台湾地区航线完成 94.5 万吨，比上年减少 4.9%）；国际航线完成 645.7 万吨，比上年增长 0.4%。

2019 年，完成飞机起降 1166.0 万架次，比上年增长 5.2%（其中运输架次为 986.8 万架次，比上年增长 5.3%）。分航线看，国内航线完成 1066.4 万架次，比上年增长 5.0%（其中内地至香港、澳门和台湾地区航线完成 19.6 万架次，比上年减少 0.3%）；国际航线完成 99.6 万架次，比上年增长 6.8%。

（三）旅客吞吐量分布

2019 年，在各机场中，年旅客吞吐量 1000 万人次以上的机场达到 39 个，较上年净增 2 个（银川河东、烟台蓬莱机场），完成旅客吞吐量占全部境内机场旅客吞吐量的 83.3%，较上年降低 0.3 个百分点。首都机场旅客吞吐量超过 1 亿人次，北京、上海和广州三大城市机场旅客吞吐量占全部境内机场旅客吞吐量的 22.4%，较上年下降 0.9 个百分点。年旅客吞吐量 200 万—1000 万人次机场有 35 个（含北京南苑机场），较上年净增 6 个，完成旅客吞吐量占全部境内机场旅客吞吐量的 9.8%（含北京南苑机场），较上年提高 0.2 个百分点。年旅客吞吐量 200 万人次以下的机场有 165 个，较上年减少 4 个，完成旅客吞吐量占全部境内机场旅客吞吐量的 6.8%，较上年下降 0.1 个百分点。

京津冀机场群完成旅客吞吐量 14665.6 万人次，较上年增长 1.1%。长三角机场群完成旅客吞吐量 26557.2 万人次，较上年增长 7.0%。粤港澳大湾区机场群珠三角九市完成旅客吞吐量 14202.5 万人次，较上年增长 7.4%。成渝机场群完成旅客吞吐量 11040.1 万人次，较上年增长 8.2%。

国内各地区旅客吞吐量的分布情况是：华北地区占 14.4%，东北地区占 6.2%，华东地区占 29.5%，中南地区占 24.3%，西南地区占 16.3%，西北地区占 6.6%，新疆地区占 2.8%。

旅客吞吐量增速高于全国平均水平的 21 个省（区、市）中，中西部地区有 15 个省（区、市），分别是宁夏（19.2%）、青海（13.7%）、湖北（13.5%）、安徽（11.7%）、新疆（11.6%）、甘肃（11.3%）、湖南（11.2%）、山西（10.5%）、河南（9.9%）、四川（9.6%）、内蒙古（8.9%）、重庆（8.3%）、贵州（8.3%）、西藏（8.1%）和陕西（7.3%）。

表 2-2   2019 年中国民航机场旅客吞吐量及排名

机场	名次	本期完成	同比增速%
北京/首都	1	100013642	-1.0
上海/浦东	2	7613455	2.9
广州/白云	3	73378475	5.2
成都/双流	4	55858552	5.5
深圳/宝安	5	52931925	7.3
昆明/长水	6	48075978	2.1
西安/咸阳	7	47220547	5.7
上海/虹桥	8	45637882	4.6
重庆/江北	9	44786722	7.7
杭州/萧山	10	40108405	4.9
南京/禄口	11	30581685	7.0
郑州/新郑	12	29129328	6.6
厦门/高崎	13	27413368	3.2
武汉/天河	14	27150246	10.8
长沙/黄花	15	26911393	6.5
青岛/流亭	16	25556278	4.2
海口/美兰	17	24216552	0.4

续表

机场	名次	本期完成	同比增速%
乌鲁木齐/地窝堡	18	23963167	4.1
天津/滨海	19	23813318	0.9
贵阳/龙洞堡	20	21910911	9.0

资料来源：中国民航航空网站。

（四）机场货邮吞吐量分布

各机场中，年货邮吞吐量 1 万吨以上的机场有 59 个（含北京南苑机场），较上年净增 6 个，完成货邮吞吐量占全部境内机场货邮吞吐量的 98.4%（含北京南苑机场），与去年同期持平，其中北京、上海和广州三大城市机场货邮吞吐量占全部境内机场货邮吞吐量的 46.5%，较上年下降 2.3 个百分点。年货邮吞吐量 1 万吨以下的机场有 180 个，较上年净减少 2 个，完成货邮吞吐量占全部境内机场货邮吞吐量的 1.6%，与去年同期持平。

京津冀机场群完成货邮吞吐量 226.0 万吨，较上年减少 6.1%。长三角机场群完成货邮吞吐量 569.3 万吨，与去年同期持平。粤港澳大湾区机场群珠三角九市完成货邮吞吐量 326.4 万吨，较上年增长 3.2%。成渝机场群完成货邮吞吐量 110.7 万吨，较上年增长 3.9%。

国内各地区货邮吞吐量的分布情况是：华北地区占 14.1%，东北地区占 3.5%，华东地区占 40.0%，中南地区占 27.5%，西南地区占 10.2%，西北地区占 3.4%，新疆地区占 1.3%。

货邮吞吐量增速超过 10% 的 12 个省（区、市）中，中西部地区有 9 个省（区、市），分别是江西（42.1%）、青海（27.1%）、安徽（23.9%）、陕西（22.9%）、宁夏（21.2%）、甘肃（18.3%）、湖南（13.4%）、新疆（13.0%）和内蒙古（10.8%）。

2019 年中国民航机场旅客吞吐量及排名见表 2 - 3。

二 临空经济发展趋势

（一）航空经济成为经济增长的新引擎

航空业已经成为继公路、铁路之后拉动我国经济增长的重要引擎。航空机场的建设不但能提升机场的供给和盈利能力，同时也对完善区域综合交通体系，推动区域经济快速发展起到重要促进作用。一方面，通过新建、扩建，机场供给能力、机场容量将大幅提升。机场可容纳的旅客人数、航空公司企业、飞机起降架次、航线航班数量等都将在扩建中得到提升。而且随着机场扩建，其盈利空间、盈利潜力将有所提升。随着服务的提升、旅客和航线航班的增加，机场盈利能力将不断提升。另一方面，机场投资建设能够完善区域的交通体系，形成合理的、多层次的综合交通体系，实现公路、铁路、航空多种交通方式的协同发展。这不但能丰富居民出行交通工具的选择，同时也对区域的人流、物流起到一定的促进作用。机场建设不但能带动航空、物流等相关产业的发展，同时通过旅客、货物的集聚作用，实现促进区域经济发展的目的。

表 2 – 3　　　　　　2019 年中国民航机场旅客吞吐量及排名

机场	名次	本期完成	同比增速（%）
上海/浦东	1	3634230	– 3.6
北京/首都	2	1955286	– 5.7
广州/白云	3	1919927	1.6
深圳/宝安	4	1283386	5.3
杭州/萧山	5	690276	7.3
成都/双流	6	671904	1.0
郑州/新郑	7	522021	1.4
上海/虹桥	8	423615	4.0
昆明/长水	9	415776	– 2.9
重庆/江北	10	410929	7.5
西安/咸阳	11	381870	22.1
南京/禄口	12	374634	2.6
厦门/高崎	13	330512	– 4.3
青岛/流亭	14	256299	14.1
武汉/天河	15	243193	9.8
天津/滨海	16	226163	– 12.6

机场	名次	本期完成	同比增速（%）
沈阳/仙桃	17	192478	14.2
长沙/黄花	18	175725	13.0
海口/美兰	19	175566	4.1
大连/周水子	20	173534	7.2

资料来源：中国民航航空网站。

（二）航空经济的产业布局将呈现圈层结构

航空产业和机场关联度不同，在机场周边地区的产业布局将逐步形成圈层结构：空港运营区、紧邻空港区、空港相邻区和外围辐射区。空港运营区是指在机场周边1千米以内的范围内，是机场所在地区，包括机场的基础设施和空港运营相关的行业，如飞机后勤服务、旅客服务、航空货运服务等，以及航空公司的办事机构，是直接服务于机场各方面的功能区。紧邻空港区是指机场周边1—5千米范围内。紧邻空港区主要是空港商业的活动地区，主要布局有空港工业园区、空港物流园区以及出口加工区等。另外，航空从业人员的住宅生活服务设施也分布在这一区域。空港相邻区是指机场周边5—10千米范围内，或在空港交通走廊沿线15分钟车程范围内，主要发展航空公司总部、金融保险机构和高科技产业、会展中心、跨国公司的总部等。外围辐射区是指范围在机场周边10—15千米范围内。航空经济的影响在这一区间将逐步衰减收敛，形成航空经济区的空间边界。

（三）航空经济区将成为全球主导产业链的主导环节

经济全球化的过程，使跨国公司的企业更多地向发展中国家布局，就中国而言，机场能够更好地将中国跟国外城市相连，这种发展区域使航空经济区将成为全球产业链的一个主导环节。航空经济区发展的产业是国际化、信息化、高科技、高机动性、休闲化等倾向的产业，产业特性是高端、高效、高辐射力，这将对我国产业接轨全球产业链起到积极的作用。

第三章　内陆型自由贸易试验区与
临空经济区耦合发展机理

耦合（Coupling）是一个物理学概念，是指两个或两个以上的系统或运动方式之间，通过各种相互作用而彼此影响以及联合起来的现象，是在各子系统间的良性互动下，相互依赖、相互协调、相互促进的动态关联关系。耦合的内涵包括如下四个方面：一是耦合的关联性。参与耦合的各个系统的耦合元素是具有相互关联的，没有任何关联的封闭系统不具备耦合的条件。二是耦合的整体性。参与耦合的各个系统的耦合元素按照一定的需要进行重新组合，形成一个新的系统。三是耦合的多样性。参与耦合的各个系统的耦合元素具有自组织能力，耦合要素以自然关联和信息自由流动为原则，形成多种组合方式。四是耦合的协调性。参与耦合的各个系统的耦合元素能够突破原来的系统组合，形成一个新的各要素协同合作、优势互补的良性系统。耦合的关键是打破原有系统的界限，解除原有系统的束缚，以构成要素的自然关联和信息的自由流动为原则，将关联要素进行重新组合，形成具有自组织结构的、系统内各要素具有能动性的"活"的主体的系统。

第一节　自由贸易试验区与临空经济
耦合发展的关联性

一　发展目标耦合

自由贸易试验区和临空经济区两者都是改革开放的试验田。自由贸易试验区承担着先行先试、复制推广的任务，是我国改革开放的前沿阵地。郑州航空港经济综合实验区作为国内第一个临空经济试验区，作为内陆地区对外开放的重要门户，其目标是打造内陆开放高地。推进综合保税区、保税物流中心发展和陆空口岸建设，完善国际化营商环境，提升参与国际产业分工层次，构建开放型经济体系，是提升航空港开放门户功能和建设富有活力的开放新高地的重要举措。

二 促进贸易便利化

贸易便利化降低贸易交易成本，是提高我国贸易综合竞争优势的重要途径。自由贸易试验区将推进国际贸易"单一窗口"建设作为重要的试验内容，通过完善国际贸易"单一窗口"的货物进出口和运输工具进出境的应用功能，进一步优化口岸监管执法流程和通关流程，实现贸易许可、支付结算、资质登记等平台功能，将涉及贸易监管的部门逐步纳入"单一窗口"管理平台。

郑州航空港经济综合实验区作为国内第一个临空经济试验区也提出加快电子口岸平台建设，促进进出口货物通关无纸化改革。实行海关、商检、边检联动服务和 24 小时预约通关、预约查验。加快推进口岸与海关特殊监管区的"区港联动""区区联动"，积极推动"一次申报、一次查验、一次放行"的关检合作试点工作。加强与沿海及边境口岸合作，建立完善通关联络协调机制，构建互联互通、高效运转的对外开放通道。

三 完善具有国际竞争力的航运发展制度和运作模式

《中国（上海）自由贸易试验区建设方案》提出："建设具有较强服务功能和辐射能力的上海国际航运中心，不断提高全球航运资源配置能力。扩大国际中转集拼业务，拓展国际中转集拼业务试点范围，打造具有国际竞争力的拆、拼箱运作环境，实现洋山保税港区、外高桥保税物流园区集装箱国际中转集拼业务规模化运作；拓展浦东机场货邮中转业务，增加国际中转集拼航线和试点企业，在完善总运单拆分国际中转业务基础上，拓展分运单集拼国际中转业务；在符合国家规定前提下，发展航运运价衍生品交易业务；深化多港区联动机制，推进外高桥港、洋山深水港、浦东空港国际枢纽港联动发展。符合条件的地区可按规定申请实施境外旅客购物离境退税政策。"

上海自由贸易试验区形成了一套可复制的建设经验及方案,河南自由贸易试验区复制了上海自由贸易试验区的建设方案和制度,在此基础上推陈出新。郑州航空港经济综合实验区作为国内第一个临空经济试验区,提出建立国际航空物流中心,与自由贸易试验区的建设相辅相成。通过建设郑州国际航空货运机场,进一步发展连接世界重要枢纽机场和主要经济体的航空物流通道,完善陆空衔接的现代综合运输体系,提升货运中转和集疏能力,逐步发展成为全国重要的国际航空物流中心。以连通国际枢纽机场为重点,开辟航线、加密航班,打造轮辐式航线网络,积极发展全货机航班,构建联系全球的空中通道。

美洲方向,以安克雷奇、芝加哥、洛杉矶等枢纽机场为主要通航点,辐射美洲各主要机场。

欧洲方向,以莫斯科、阿姆斯特丹、法兰克福等枢纽机场为主要通航点,辐射欧洲各主要机场。

亚洲方向,以香港、迪拜、东京等枢纽机场为主要通航点,辐射亚洲,串飞其他机场。澳洲方向,以悉尼、墨尔本机场为主要通航点,辐射澳洲大陆。

非洲方向,以迪拜机场为中转点,连接非洲主要机场。完善国内航线网络,提高与国内枢纽机场和支线机场的通达性,发展联程联运,实现高效集疏。

四　产业结构耦合

推动贸易转型升级是建设自由贸易试验区和临空经济区的重要目标,两者都能深化贸易平台功能。自由贸易试验区建设方面,深化贸易平台功能体现在以下四个方面:首先,依法合规开展文化版权交易、艺术品交易、印刷品对外加工等贸易,大力发展知识产权专业服务业。其次,推动生物医药、软件信息等新兴服务贸易和技术贸易发展;同时,按照公平竞争原则,开展跨境电子商务业务,促进上海跨境电子商务公共服务平台与境内外各类企业直接对接。再次,统一内外资融资租赁企业准入标准、审批流程和事中事后监管制度,探索融资租赁物登记制度,在符合国家规定前提下开展租赁资产交易。最后，探索适合保理业务发展的境外融资管理新模式，稳妥推进外商投资典当行试点。而郑州航空港经济综合实验区则提出建设高端航空港经济产业体系——高端制造业、现代服务业集聚发展。

在高端制造业方面，一是包括航空设备制造及维修，引进国内外航空制造维修企业，引导本地装备制造和电子电气企业向航空制造领域拓展，重点发展机载设备加工、航空电子仪器、机场专用设备以及航空设备维修等产业，建设国内重要的航空航材制造维修基地。二是电子信息产业，发挥龙头企业带动作用，加强与全球领先的设计、研发及代工企业合作，吸引配套企业入驻，加快推进智能手机制造和电子部件全球采购、国际分拨中心建设，形成全球重要的智能手机生产基地。积极参与全球电子产品供应链的整合进程，重点发展智能终端、新型显示、计算机及网络设备、云计算、物联网、高端软件等新一代信息技术产业，打造国际电子信息产业基地。三是生物医药产业，承接国内外行业龙头企业，加快建设郑州生物国家高技术产业基地，重点发展附加值和技术含量较高的生物技术药物、现代中药、化学创新药产业，积极引进高端医疗设备、新型医疗器械等生物医学工程技术和产品，形成全国重要的生物医药产业基地。四是其他制造业，有重点地发展为航空制造业配套的新型合金材料、复合功能材料，建设以柔性化、智能化、轻型化为重点的精密机械产品生产基地，规模化发展珠宝饰品、高档服装、工艺美术制品等终端、高端产品。推动周边地区积极发展汽车电子、冷鲜食品、鲜切花等产业。

在高端服务业方面，一是专业会展，以专业化、品牌化、国际化为方向，高标准建设会展基础设施，加强与跨国制造商、贸易商和会展商的战略合作，创造条件积极筹办全球性的航材设备、机场装备、航空技术、通用航空等航空展会暨论坛，积极承办国际知名的电子信息、精密机械、高档服装等品牌产品发布会、博览会和展销会，打造具有国际影响力的高端航空及关联产业展会品牌。二是电子商务产业，开展跨境贸易电子商务综合改革试点，在进出口通关服务、结售汇等方面先行先试，加强与国内外知名电商的战略合作，搭建安全便捷的商业交易应用服务平台，建设全国重要的电子商务中心，研究探索建设跨境网购物品集散分拨中心。以电子商务推动传统商业模式创新，实现实体购销渠道和网络购销渠道互动发展，推动名牌名店商业街区建设。三是金融产业，重点发展与航空港经济密切相关的金融租赁、离岸结算、航运保险、贸易融资等业务。吸引跨国公司设立财务中心、结算中心，开展离岸结算等业务。支持金融机构围绕贸易融资需求开展金融创新，发展供应链融资和进出口贸易融资，拓展航空运输保险业务。四是引进和培育一批规模大、影响力强的租赁企业，发展飞机和大型设备租赁业务。

五　高端要素聚集耦合

高端要素是促进产业升级、贸易升级的基础，是航空、物流、金融、贸易、法律、智能终端、精密机械、生物医药、信息服务、会展、跨境电商等人才及各高端要素的聚集，是发挥自由贸易试验区和临空经济区功能的必要条件。自由贸易试验区和临空经济区两者都需要探索适应企业国际化发展需要的创新人才服务体系和国际人才流动通行制度。具体来说，完善创新人才集聚和培育机制，集聚高端人才，打造高水平技术研发队伍，设立高端制造业研发中心或研发总部，形成特色产业技术创新中心，支持中外合作人才培训项目发展，加大对海外人才服务力度，提高境内外人员出入境、外籍人员签证和居留、就业许可、驾照申领等事项办理的便利化程度。

六　区域经济均衡发展

自由贸易试验区对区域均衡发展的机制主要在于自由贸易试验区的辐射带动作用。自由贸易试验区的设立，通过强化园区的城市功能和辐射力，辐射带动周边区域整体的对外开放和转型升级。自由贸易试验区的核心就是自由贸易，跨到这个贸易区就相当于走进了国际市场，给周边地区的经济发展带来辐射和集聚效应。交通银行的首席经济学家连平认为，这将使中国经济进一步融入国际市场，给中国经济带来更多的活力。自由贸易试验区的创新制度将吸引更多高端人才的流入，同时带动知识和信息的流动，从而形成高端要素的自由流动。对周边地区而言，也就相当于把企业搬到了"家门口"，可以带来更多的就业机会。同时，这些要素自愿地集聚、溢出将给其他地区带来优化产业结构的契机、发展外贸出口的机遇和招商引资的好时机。自由贸易试验区内颠覆常规的政策、区位、配套等优势，也会对周边区域形成巨大的吸引力，拉动周边区域经济的发展，促进区域经济的一体化。

<h1 style="text-align:center">第二节　自由贸易试验区与临空经济
耦合发展机理</h1>

图 3-1 粗略描述了自由贸易试验区和临空经济区两者的相互依赖和相互影响机制，具体包括两个方面。

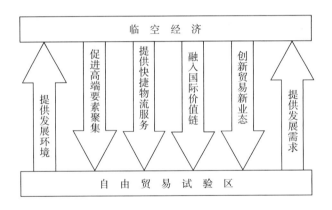

图 3-1　自由贸易试验区和临空经济耦合发展机理

一　自由贸易试验区对临空经济发展的促进作用

卡萨达指出，继海港、河流、铁路、高速公路之后，知识经济及全球化将催生空港、空港产业园区和航空城，使之成为推动世界最新交通枢纽暨经济重镇崛起的新浪潮。临空经济区依托大型机场巨大的集聚效应和扩散效应，围绕航空枢纽设施，其周边邻近区域将发展成为一个由航空运输服务关联产业以及具有明显航空枢纽指向的相关产业所组成的具有强大经济实力和带动力的区域实体空间。从世界上著名的临空经济区来看，航空港都依托自由贸易园区平台优势来发展临空经济，机场空港向国际航空枢纽方向发展，建设航空大都市。

（一）拉动临空经济的产业发展

服务领域扩大开放，将促进现代服务业产业呈现类型多元化趋势。区内实行投资贸易便利化、免受关税等相关政策，在浦东机场来自各国家的中转旅客可以享受 72 小时过境免签政策，简化了出入境手续，将给国际机场带来更多的旅客流量，为机场在将来发展成为国际客运枢纽打下良好基础。尤其是中转旅客的增加，将会充分利用国际、国内两个客源市场，促进机场客运稳定性，还有望给机场的餐饮、购物、旅游等非航空业务带来新的发展机遇。自由贸易试验区内零关税、快速简单的通关、检验检疫制度及其程序的简化，将有利于增加贸易活动和货物的快捷运输。金融领域的开放将打造自由、便利的商业和市场环境，极大地吸引了国内外企业来此投资贸易；将带动仓储贸易、加工制造等产业的发展。医疗器械制造业、高科技产业的入驻和发展，将会生产更多的高临空性产品，可以提供充足的航空货源，有利于进一步增大机场的货运流量。

（二）为临空经济发展提供国际化的营商平台

自由贸易试验区的建立将通过政府优惠政策的方式扩大对外开放，打造良好投资环境，吸引外资，扩大与国际知名企业交流。通过贸易平台建设，增强临空经济集聚效应，积极加入到经济全球化的浪潮。一是生物医药专业贸易平台。致力于完善便捷的进出口贸易服务链和规范专业的市场经营管理服务，以贸易便利化为服务核心，打造与生物医药相关的贸易服务平台，协助生物医药企业单位降低运营成本，通过聚焦专业服务贸易方面的功能提升，提高工作效率和扩大进出口贸易额，使综合保税区和自由贸易试验区等特殊监管区成为中部生物医药最主要的贸易集散地。二是贵金属专业贸易平台。促进国际贵金属低成本、高效率实现市场流通而建立专业性贸易服务平台。实现从期货交割向贵金属交易延伸，再向消费金属饰品交易延伸的发展模式。贵金属专业贸易平台是一个展示舞台，更是一个连贯的服务平台，为交易商提供保税展示、产品鉴定、产品推广、专业培训、产品发布、贸易洽谈、进口代理、物流配送、商务咨询等多项服务。三是文化产品专业贸易平台。利用特殊监管区政策功能和空港物流贸易的快捷运作模式，建立保税文化产品交易中心，服务于国内外各类文化企业，提供文化贸易产业链各个环节的服务，包括文化贸易金融服务、文化贸易代理服务、文化贸易物流服务、文化艺术会展服务、文化金融理财产品交易服务、进口文化保税设备租赁服务、保税艺术品拍卖服务等。同时，依托临空区域的仓储设施资源，设立大型艺术品保税仓库，建立"前店后库"贸易平台，为海内外各类艺术品交易机构、艺术品基金、金融机构、画廊、拍卖行、艺术家、收藏家等提供涵盖保税仓储、专业物流、鉴定评估、保税展示及交易、进出口代理和金融保险等全流程解决方案和服务。四是跨境电子商务平台。依托空港保税物流中心和空港国际快件中心，以中国智能骨干网项目为基础，打造相应的电子商务功能区，构建跨境电子商务综合信息服务平台。利用郑州航空港优势，积极引进国内外著名跨境电子平台商、贸易商、物流商、支付结算商构建门类齐全的电子商务产业链和创新集群，鼓励创新型电子商务企业集聚，推动电子商务技术创新、产品创新、应用模式创新。鼓励大型商贸流通企业成立网络销售机构，在采购、仓储、销售、配送及商品展示等各环节建立专业的网络平台。

（三）有利于打造国际物流中心

临空经济依赖于航空运输的发展，而自由贸易试验区能带动临空产业的发展，增强临空产业的集聚效应。自由贸易试验区的建立会使内陆与世界各地建立稳定合作关系，从而带动一系列临空相关产业的发展，自由贸易试验区设立检测维修服务区，有利于航空维修企业入区拓展国际业务，自由贸易试验区内便利化的制度安排，如料件进口豁免银行保函、器材进口环节税免除等，将有助于吸引海外企业在区内从事高技术、高附加值的维修业务，突出空港枢纽优势，成为国际物流中心。

（四）促进临空产业升级

自由贸易试验区在扩大对外开放，打造国际物流中心的同时，以交通发展带动临空新兴产业。新兴产业的发展将不再像传统产业那样依靠资源决定布局，而更多地依靠智力和交通，内陆型自由贸易试验区更要以便捷的航空交通为支持，形成新兴产业的聚集。半导体、集成电路、智能手机、微型电脑、生物制药工程等普遍依托空港布局。自由贸易试验区吸引国外企业进行产业转移，推动临空及其相关产业的发展，形成临空产业链，完成临空产业转型升级。河南自由贸易试验区的建立将带动航空港临空经济的发展，有利于实现内陆地区的开放，与"一带一路"经济带形成联动。自由贸易试验区与郑州航空港区、综合保税区、保税物流中心、航空物流区形成互补、互相融合，进而促进临空经济的发展。

二　临空经济对自由贸易试验区发展的促进作用

（一）为自由贸易试验区发展提供便捷的物流设施

自由贸易试验区实行"境内关外"的管理模式，基础设施先进，离岸业务条件优越，具有国际吸引力的规制环境和优惠政策，对国内经济带动力强，国际航空通道日益成为自由贸易试验区发展的重要依托。世界上成功的自由贸易园区都建立在临空经济区内，在速度经济时代，空港运输已经成为配置世界高端资源的最重要推动因素。空港的核心价值是通过降低区域乃至全球的空间和时间摩擦来产生"时效经济"，其枢纽功能可以提供更多可选择的航班和目的地，更频繁的服务和灵活的时间表，从而使本地资源更加有效地参与全球分工，本地货物贸易和服务贸易价值得到加速扩展。在一定程度上说，空港枢纽已经变得比规模经济和范围经济更具价值。自由贸易园区是参与全球分工的核心平台，与航空港的耦合发展，能够为企业步入速度经济时代，提供更好的发展空间和平台。

（二）增大贸易流量

国际航空货运巨头入驻，建立国际、地区级的航空物流中心，将促进电子元器件、产品零部件、医疗器械及高档商品的快速国际中转、国际集拼；航空总部、航空物流、航空培训、航空器维修检测等由于投资便利化、手续简化将获得更多跨国企业青睐，提升航空服务能级、培训和航空器维修检测服务的水平；吸引更多的高端商品、产品到机场综保区进行保税区仓储、贸易与展示。吸引境内外商贸主体来经营国内转口贸易，通过打造物流高地、降低物流成本、提高通关便利性，增大贸易流量。

（三）吸引全球高端产业聚集

在信息化时代，信息技术产品制造要求"按需生产"，需要全球采购、全球分销，配送时效严格，只有依靠空港及其分拨、集散等服务能力，才能限时送达全球，因而对空港"自由贸易"功能的需求日益增强。航空枢纽的国际货物集散地优势，有利于企业实现国际资源调配和生产要素的最佳结合，塑造自由贸易园区的核心竞争优势。

自由贸易试验区与临空经济融合的高级形式是自由贸易港。自由贸易港是在国家与地区境内、海关管理关卡之外的，允许境外货物、资金、人员自由进出的港口区。对进出港区的全部或大部分货物免征关税，并且准许在自由贸易港内，开展货物自由储存、展览、拆散、改装、重新包装、整理、加工和制造等业务活动。自由贸易港是目前全球开放水平最高的特殊经济功能区，是全球贸易枢纽中心，自由贸易港也是中国自由贸易试验区的"升级版"。

第四章　国外自由贸易园区与临空经济耦合发展实践及启示

第一节　爱尔兰香农国际航空港自由贸易园区

一　概况介绍

依托于航空港建立的香农国际航空港自由贸易园区，打破了以往自由贸易园区以海港为依托的模式。1942年香农国际机场建成，凭借便利的地理位置优势和政策支持，很快发展成为重要的航空运输枢纽。与此同时，也带动了香农地区航空服务业发展。1947年，世界首家机场免税商店在该机场开业，并在周围设立了世界上第一个免税工业区。1959年，建立了香农自由贸易园区，并成立了专业开发机构——香农开发公司，它主导着具体规划和建设，以免税和低成本优势吸引众多跨国企业进驻，实现了市场化开发与管理。20世纪90年代后，在政府引导和产学研合作推动下，逐步以发展服务业和知识型产业为主，香农自由贸易园区最终发展为国际航空港自由贸易园区。

香农依托便利的运输条件和巨大人流、物流，吸引国内外大量资金流入，在机场周边发展和聚集了空港配套服务业、临空型制造业、现代服务业等，形成了以临空产业为导向、多种产业联动发展的格局。目前，香农国际航空港自由贸易园区，内外商投资的制造业企业、航空服务企业、国际金融及财务服务性企业超过100家，吸收了大量人员就业，并成为爱尔兰重要的对外开放窗口。

二 发展历程

香农国际机场所在的香农地区原是爱尔兰中西部香农河河口湾北岸的落后地区，当地政府意识到依托空港发展地方经济的重要性之后，开始着手发展航空经济。

在喷气式飞机问世前，较长航程如美欧之间班机都需要通过地面燃料补给才可续航，而香农恰好处在北美和欧洲大陆的中轴线上，是横跨大西洋必经之路，且具有良好的避风性，因而成为爱尔兰修建机场的首选之地。1942 年，香农国际机场建成，位于爱尔兰利默里克市（Limerick）向西 20 千米。香农国际机场为往返于北美和欧洲航线的飞机补充燃料，提供航空配套服务，香农航空服务业得到迅速发展。1947 年，香农国际机场再次创新，在机场卖烟酒的小小柜台实施免税，开办了世界第一家机场免税商店。借助机场，香农从一个经济落后地区发展为欧洲、北美、中东地区航空线的重要航空中转站，成为爱尔兰对外开放的重要门户。香农镇发展成爱尔兰第二次世界大战后仅有的新兴城市。

然而，随着飞机制造技术的提升，续航能力大大增强，跨大西洋航线的飞机不再需要在香农国际机场停机加油，香农国际机场传统主营业务受创，优越地位受到威胁，依靠机场带动当地经济发展也陷入了困境。面对新的发展形势，爱尔兰政府决定转变发展模式，围绕机场全面进行香农地区的开发。1957 年，成立香农飞机场发展局；1959 年，成立了香农自由空港开发有限责任公司（Shannon Free Airport Development Company Limited），简称香农开发公司（Shannon Development），赋予其全面开发香农地区的职责。1960 年，香农开发公司在紧邻香农国际机场的地方建立了世界上第一个以出口加工业为主的自由贸易园区，占地 2.43 平方千米，以其免税优惠和低成本优势，吸引了大批外国企业，特别是美国企业的投资。依托机场建立自由贸易园区，这正是香农自由区与早期自由港的重要区别之一，也恰恰得益于自由贸易园区的建设，香农迅速从中西部贫穷落后的农业经济走向工业化，之后又从服务型经济步入知识经济时代，始终走在爱尔兰经济发展的前沿。

总体来说，香农国际航空港自由贸易园区的发展基本经历了以下四个阶段。

第一阶段：20 世纪 60 年代之前。香农地区属于农业型经济。1960 年，香农国际航空港自由贸易园区建立之后，香农开发公司职能不断扩大。1968 年，爱尔兰政府建立香农开发区，并授权香农开发公司统筹负责整个香农地区的工业、旅游业等全面经济开发。

第二阶段：20 世纪 70 年代到 80 年代初。香农国际航空港自由贸易园区是以加工生产型经济为主。70 年代，政府要求香农开发公司重点发展科技型工业，加大吸引外资力度。1972 年，利默里克大学建立，使香农开发区开始享有自己教育和科研服务机构，为科技型工业发展提供了智力支持，便于开发区的进一步发展。

第三阶段：20 世纪 80—90 年代。在该阶段，为推动本土企业科技水平的提高，香农国际航空港自由贸易园区建立了本土高技术公司的创新中心。随着世界知识经济的发展，爱尔兰利用其相对年轻和教育水平高的人力资源，发展知识密集型产业，为香农地区的发展注入新的活力。1984 年，香农开发公司在利默里克市附近投资建立了爱尔兰第一个国家科技园区——利默里克国家科技园（National Technology Park Limerick），在此基础上逐渐发展建立香农知识网络（Shannon Knowledge Network），带动整个开发区向高科技、知识型经济方面发展。依靠科技力量的支持，很快实现劳动密集型向技术密集型工业的转变。

第四阶段：20 世纪 90 年代至今。香农开发公司再次调整香农开发区发展方向，逐步使开发区转为以服务业为主，贸易区向知识经济型转变，其发展速度大大高于全国平均水平。在这几个阶段的经济转轨变型过程中，都贯穿一条主要手段，就是利用机场优势吸引外资，不断促进区内产业结构的优化。

三　区位条件

在区位条件方面，香农国际机场位于香农河右岸，地理位置优越，是欧洲西北通过北美洲航空站的中途站，与欧美联系紧密。香农国际机场在 2009 年成为继美国新海关及边境保护入境审查机构建造后，拥有美国全面入境审查服务的欧洲机场。也就是美国游客可在爱尔兰的香农国际机场进行预清关服务，通过后就相当于在美国国内飞行，抵达美国机场后无须再清关。

在基础设施方面，香农有着国际先进水准的基础设施，航空运输发达，陆运与海运交通便利。香农国际航空港自由贸易完善的办公场所与生产厂房等设施可供租赁或购买。水电能源供应充足，光纤通信与宽带网络联结欧美主要大城市。此外，香农旅游资源丰富，有着高效、健全的配套服务业体系。

四 管理机构

爱尔兰政府采用了政府主导但公司化运营的模式开发运营香农国际航空港自由贸易园区，由香农开发公司管理，它既是一个由政府控股的机构，受企业和贸易部的直接管辖，又是自负盈亏的有限责任公司，专业涉及金融、管理、科技和房地产等各个领域。全权负责香农地区的管理和经营，统筹香农地区的经济和社会管理，具体负责制定规划、园区开发、基础设施运营、招商引资、企业服务等（见图4-1）。根据爱尔兰政府决定，自2006年1月1日起，香农国际航空港自由贸易园区的对外招商引资工作以及扶持外资企业在区内入驻和发展的工作将统一由爱尔兰投资发展署负责，本土企业的扶持工作将由爱尔兰企业局负责，但区内的经营管理仍由香农开发公司具体负责实施，香农国际航空港自由贸易园区及在开发区的其他产权仍由该公司所有。这样，该公司将可集中精力实施其制定的香农开发区发展蓝图。

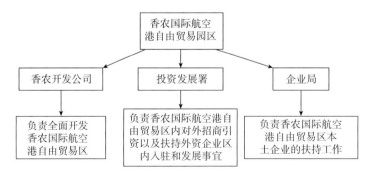

图4-1 香农国际航空港自由贸易园区组织结构图

为了进一步推进香农国际航空港自由贸易园区及其周边地区的发展，2012 年，爱尔兰政府宣布香农机场为一家独立的国有商业机场，2014 年，爱尔兰政府再一次通过政府主导的方法对香农发展公司进行重组，成立香农集团。香农集团拥有香农机场、国际航空服务中心、香农历史遗产和香农商业地产四大主要业务，这将成为爱尔兰经济增长新的重要贡献者，带领该区域发展成为国际航空服务中心，并建立起世界级的产业集群，帮助创造爱尔兰所需增长和就业，带动中西部地区发展。

五 优惠政策

为吸引更多优秀企业入驻香农国际航空港自由贸易园区，当地政府在投资、贸易领域出台了一系列优惠和鼓励政策。一方面是投资领域的优惠政策，目的在于引资；另一方面是贸易便利化政策，即根据欧盟有关的法律，如《现代化海关法典》《共同体海关法典》等对自由贸易园区的规定，在海关、检疫检验、物流等环境简化贸易程序和流程，从而为国际贸易开展提供便利。主要措施如表 4 - 1 所示。

表 4 - 1　　香农国际航空港自由贸易园区主要优惠政策

领域	主要措施
投资领域	允许来自非欧盟国家的商品延迟缴税，直至离港前往另一个非欧盟国家
	公司可免税从欧盟国家进口货物加工并再出口到非欧盟国家
	对进口欧盟国家的商品免税
	自由贸易园区内增值税为零
	可申请免除出口收益税及部分的固定资产税
	对进入自由贸易园区的物品的处理无时间限制
	提供建厂补助金，最高可达外资企业初期资本的 34.7%，仅次于意大利南部的自由贸易园区（意大利该项金额补助达 46%）
	享受较低的公司税，即 12.5% 的公司税，是欧盟内公司税最低的几个地区之一，欧盟大部分国家公司税达到 30%—50%
	较低的仓库、厂房租金，5 年以内租金享有优惠，减让不低于 50%
	无须扣赋税
	在爱尔兰获得专利并开发的产品免征所得税

领域	主要措施
投资领域	公司利润可以自由汇出爱尔兰
	向投资者出租或出售土地建设办公室及厂房
	对工厂、建筑和设备给予折旧补贴
	对获准的研究和发展计划给予津贴
	为投资者打造良好的生活环境，提供居住、教育、购物和生活的便利硬件设施及软件环境
	对劳动力培训和管理给予津贴
	给予就业补贴
贸易便利化领域	部分货物入境可免除报关手续
	利用信息化技术，建设电子海关系统，并在各有关部门间进行信息共享，加强部门协作，提高贸易系统的服务效力
	采用授权经营者制度，即在欧盟内符合条件的经营者，会得到欧盟授权经营者资格，并在欧盟内部所有国家有效

资料来源：根据相关文献资料整理。

六　人才与科研支持

随着世界知识经济的发展，香农开发公司逐步调整发展战略，大力发展科技型工业和知识密集型经济。1972 年，利默里克大学建立；1984 年香农开发公司在机场周边的利默里克市投资建立了爱尔兰第一个国家科技园区——利默里克国家科技园。随后，香农开发公司又陆续在机场周边投资建立了 4 个科技园，即凯里科技园、提帕拉里科技园、安尼斯科技园和波尔科技园，并在开发区内建立了香农和利默里克两个宽带网络，形成了独特的"香农知识网络"。这为香农国际航空港自由贸易园区的发展提供了强大的人才和研发基础。

这五个科技园具有以下共同点：

（一）科技园中都设立了企业孵化中心

香农开发公司在每个科技园都建立了企业孵化中心，名称为"创新工厂"。"创新工厂"不但为企业提供完善的"硬件"条件，重要的是为企业创造了良好的"软环境"。每个企业孵化中心都为扶植高科技和知识型企业的创业提供一系列咨询和资助服务。

(二) 国外高科技企业占主体

利默里克国家科技园占地650英亩，信息通信技术和电子商务是科技园的主体产业。园区内已进驻80多家外国和爱尔兰科技型企业以及研发服务机构，如 Cognizant Technologies、O2、Modus Media、Thomson NETg、Orygen、Computer PREP、QAD 等。这些公司占据了30多个建筑，建筑面积150万平方英尺，4750名员工在这些企业中工作。科技园里的自然植被丰盛，景观宜人。园区整体规划及严格的入园条件，确保它成为现代科技企业最好的家园。

(三) 依托高等教育机构，建立科技园

通过与高等院校密切合作，充分发挥其知识资源和科研设施方面的优势。利默里克国家科技园是由香农开发公司和利默里克大学共同建立及管理；凯里科技园于2001年建立，由香农开发公司和垂利理工学院共同管理；提帕拉里科技园建立于2000年10月，依托提帕拉里学院；波尔科技园成立于2003年5月，利用阿斯隆理工学院的人才和设施优势；安尼斯科技园目前尚未确立大学合作伙伴，但有可能与利默里克理工学院或高威大学形成伙伴关系。科学园与大学合作的优势很多。以利默里克国家科技园区为例。利默里克大学是爱尔兰七所国立大学之一，位于国家科技园区的中心。该大学由六个学院组成，每个学院都有研究中心，拥有广泛的研究项目成为企业创业项目可靠的来源。利默里克大学同国内外企业合作，使学生有机会在毕业前接触到真正的工作环境，有利于安置学生就业。各企业都认为，在大学期间参加过工作实践的学生更加成熟，拥有很多工作中必不可少的技能。在团队协作、沟通方面能力更强，并且对企业文化有一定的认识。对许多学生来说，这也是在他们在众多大学中选择利默里克大学的原因之一。利默里克大学的教育、研究与实验设备优势为科技园的发展带来便利，注入了活力。

七　产业发展

在政府引导下，在优越的科研基础支撑下，香农国际航空港自由贸易园区逐渐向航空产业升级，主要产业包括飞机维修，飞机零部件制造、供应、分销以及与之有关的咨询、培训、支持等业务。航空业的集群效应也促使香农周边地区形成了一系列会议中心、休闲中心和旅游点。国际金融及财务服务、工程技术设计和组装、信息通信技术、国际物流服务与管理等已成为香农临空经济的支柱产业，香农国际航空港自由贸易园区完成了自由贸易园区由劳动密集型向技术密集型、知识密集型经济的转型。

在产业发展方面，香农国际航空港自由贸易园区在信息技术领域久负盛名，其软件服务外包产业一直是成功的典范。而郑州属于服务外包试点城市，基于此，在本案例中将重点剖析爱尔兰香农国际航空港自由贸易园区服务外包的成功经验，以期对河南自由贸易试验区发展服务外包有所启示和借鉴。

（一）发展成绩

经过多年耕耘与建设，爱尔兰香农国际航空港自由贸易园区在服务外包领域取得了举世瞩目的成就。香农国际航空港自由贸易园区凭借自身区位和政策优势，成功吸收一大批跨国软件巨头进驻。园区现有国外公司 120 多家、国内公司 610 多家，英特尔、微软、汉莎技术、三星、GE、戴比尔斯、赛门铁克等 10 多家全球 500 强企业及知名公司均在园区内进行投资，积极开展信息技术服务外包。香农国际航空港自由贸易园区凭借雄厚的软件科研综合实力以及多年来构建的良好的商业环境先后让爱尔兰获得了"欧洲软件之都""欧洲硅谷"等全球公认的赞誉，爱尔兰发展成为全世界最重要的服务外包基地之一，源源不断地吸引承接着来自全球范围内的服务外包业务。

（二）发展历程

香农国际航空港自由贸易园区自 20 世纪 70 年代开始发展服务外包，80 年代后期开始崭露头角，90 年代中期进入快速发展阶段，走出了一条属于自己的独特道路，并成功进入全球自由贸易园区发展服务外包中的第一梯队。具体来讲，香农国际航空港自由贸易园区服务外包产业的发展轨迹大致经历了以下三个阶段。

第一阶段：20 世纪 70 年代到 80 年代中期是发展的萌芽和起步阶段。在这个阶段，爱尔兰政府主要利用自由贸易园区地缘区位优势、语言文化优势吸引国外优质软件投资者在园区内投资，尤其是美国的投资企业。该阶段香农国际航空港自由贸易园区主要是通过借助国外软件产品开展服务业务，与此同时，也开始研发一些产品，但是，这些产品的利润总体较低。

第二阶段：20世纪80年代中期至90年代中期。在这个阶段，经过前期发展和培育，爱尔兰国内软件产业已经逐步成长为一个新兴产业，并有步骤地向国际市场进军。在这一阶段的发展期内，随着软件产业蓬勃发展，香农国际航空港自由贸易园区内所有大的软件公司开始从进行软件服务和本地化向使用爱尔兰年轻人才进行自主软件开发工作过渡。同时，伴随着全球优秀跨国公司的入驻，结合政府各方面的激励机制和这些公司丰富的国际经验与先进理念，爱尔兰本土软件产业开始逐渐成熟起来。

第三阶段：20世纪90年代中期至今。在这个阶段，全球跨国公司大量进驻香农国际航空港自由贸易园区，国内本土企业也得到迅速成长。自由贸易园区萌芽发展阶段，香农国际航空港自由贸易园区内只有10家外资企业，每年雇用人数仅为580人左右。目前，100多家外商投资企业遍布香农国际航空港自由贸易园区内，其中，94%来自欧美国家，美国投资占57%，园区雇员总数飙升到7500人，每年出口额高达25亿欧元。

（三）政策和资金支持

爱尔兰政府出台了一系列政策和措施支持香农国际航空港自由贸易园区服务外包产业，为该产业快速健康发展提供了根本保障。

1. 国家发展计划方面

早在1970年，爱尔兰政府就将软件设计与开发等作为国家的重点发展行业。1981年，爱尔兰政府制订和实施了《国家服务业鼓励计划》，鼓励本国软件及信息服务业的出口，并且对出口企业免征出口关税，同时爱尔兰政府大力鼓励外国软件及信息服务企业到爱尔兰从事研发工作。20世纪80年代中期，电子信息、生物技术以及新型材料技术三个领域成为爱尔兰政府规划发展的重点领域，并在投入、人才培养等方面给予政策倾斜和优惠举措。

2. 资金支持方面

香农国际航空港自由贸易园区外包行业的发展也得到了多方资金来源和保障。①爱尔兰企业局和科学基金会等科技管理机构大力在资金方面对公共和大学研究机构及企业的研究进行资助、支持、协调和指导。②80 年代末期，爱尔兰凭借欧盟基金（以欧盟结构资金为代表）等资源和研究计划，投入大量经费进行科学研究，这些经费的数量是非常庞大的，最高时占到爱尔兰国内生产总值的 6%。1996 年，政府进一步加大对软件外包产业的扶持力度，设立"专项高科技产业风险资本基金"用来提高软件产业的国际竞争力。2000 年政府建立"技术前瞻基金"，金额高达 7.1 亿欧元，也对爱尔兰软件外包产业的发展起了极大推动作用。③除优惠的税收政策和专项资金支持外，爱尔兰政府对风险基金的支持也为软件服务外包企业提供了丰富的资金来源。

3. 法律法规方面

爱尔兰政府制定和颁布了多部有利于香农国际航空港自由贸易园区发展的法律法规，包括《知识产权法》《版权法》（2000）、《电子商务法》（2000）、《商标法》《专利法》和《隐私与数据保护法及其修正案》（2003）、《爱尔兰高新技术产业发展规划》《爱尔兰高新技术国际服务贸易业机遇》（2007）等。另外，为了使资本市场更加健康地运作，还就破产融资、收购与兼并等领域专门颁布了法律。

4. 其他优惠和支持政策方面

政府在土地、人才培训等方面采取了一系列措施。①1990 年，政府规划出大片土地进行软件园区建设重组，并制定了诸如为企业提供必要的中介及孵化服务等一系列优惠政策。②爱尔兰政府借助香农开发公司对自由贸易园区进行投资，与香农开发公司签订 100—130 年的长期租赁合同，这样，香农公司便能够以较低租金取得建设用地，进而以低价转租给自由贸易园区开展服务外包业务的公司，使自由贸易园区地价平稳又兼具竞争力。③爱尔兰政府给予自由贸易园区内资金技术密集型企业，有提升研发能力需求或者扩大经营规模的企业提供一定的财政补助。例如，如果公司员工超过 100 人，并且该公司经营状况比较好，便可获得最高达 100 万欧元的补贴。总之，爱尔兰政府借鉴并吸收跨国公司先进的管理经验和培训经验，并与政府激励机制有机结合，使香农国际航空港自由贸易园区的服务外包产业逐渐发展并壮大起来。

（四）机构设置

爱尔兰政府不断完善相应的机构设置，从而为服务外包政策的制定、实施以及监督提供保障。1991 年成立的"国家软件发展指导委员会"，对引导产业更好地发展起到了积极作用。爱尔兰香农开发公司是香农国际航空港自由贸易园区的运营主体，负责全面开发园区的职责，投资发展署主要职责是为本地软件企业发展和开拓海外市场提供政策及资金等各方面的扶持。企业局主要负责的是招商引资，一方面通过优质的服务吸引投资商入驻，另一方面努力说服海外优质的软件公司在香农国际航空港自由贸易园区成立公司。在行业协会层面，充分发挥龙头行业协会（ISA）的作用，一方面代表软件开发商向政府提供以维护行业健康发展为根本目标的前沿信息；另一方面在资金等方面对那些在爱尔兰举办的软件产业会议和软件产业销售活动进行赞助。在工会协调方面，摒弃传统工会工资谈判协调，强调工会与政府互动协调，尝试建立新劳资关系。随着多年的发展，香农国际航空港自由贸易园区的机构设置在不断完善和深化，这对香农国际航空港自由贸易园区服务外包的发展起到了积极作用。

八　爱尔兰香农与中国合作进展

（一）与上海合作

2016 年 4 月，上海自由贸易试验区与爱尔兰香农国际航空港自由贸易园区，在上海浦东新区人民政府签署战略合作。双方主要将在以下五个方面展开探索与合作，主要内容包括：

1. 飞机融资租赁合作

双方将协调推进香农飞机融资租赁业务的国际市场资源与上海自由贸易试验区发展环境优势的深入融合，支持企业在运用多样化的融资渠道开展飞机租赁业方面开展长期合作，深入交流业务经验。

2. 航空产业链合作

双方将支持、鼓励各自的企业围绕航空产业，着力打造多样化、定制化的航空延伸服务产业基地，推动形成航空检测维修、航空飞行培训、航材贸易等功能，从而推动航空产业链的全面发展等。

3. 促进跨境投资

双方将发挥自由贸易园区跨境投资平台作用，相互推荐成为本国企业境外投资注册地，并相互为对方企业提供必要服务。

4. 融资租赁配套产业合作

双方将在配套服务行业如会计、税务、法律咨询、资产评估、认证机构以及中介服务等领域推动企业开展交流，从而促进租赁市场配套产业的发展成熟。

5. 促进跨境电子商务

双方将推动本国企业开展以对方为目的地的跨境电子商务，将探讨制定特别海关措施的可能性。

（二）与广东合作

2016 年 5 月，广东机场集团与爱尔兰香农集团等企业签署战略合作备忘录，达成战略合作伙伴关系。双方将在广州共同设立中爱空港自由贸易示范园区，并将在跨境电商、跨境投资、飞机融资租赁、两地客货运通航、航空产业链、机场设施升级建设、免税、旅游等重点领域开展长期合作，主要合作内容如下：

第一，共同探讨在广州设立中爱空港自由贸易示范园区。深度挖掘爱尔兰食品饮料等行业优势，通过发展跨境电商加强两地的商贸交流，并充分发挥两地自由贸易园区跨境投资平台的作用，积极鼓励本地企业到对方国投资注册境外公司，以及探讨共同成立跨境投资基金开拓双方市场的可能性。

第二，积极筹划广州—香农客货运航线通航。充分利用爱尔兰作为欧盟国的先天条件，以及从爱尔兰到美国货物预清关的政策优势，促进广州白云国际机场与香农国际机场之间客运、货运或客货运结合的通航服务，同时也鼓励广州国际白云机场与香农国际机场之间的中转服务，加强两地机场的国际航空枢纽地位。

第三，飞机融资租赁及其配套行业的深入交流合作。共同运用多元化融资渠道开展飞机、公务机、发动机等业务的长期合作；香农集团还将协助机场集团旗下的天合国际融资租赁公司在爱尔兰开展具体业务。

第四，共同探索在香农国际机场或爱尔兰及欧洲其他机场开展机场跑道和设备等基础设施建设的合作机会。

第五，航空产业链的全面合作，在广东和广州开展商用航空和FBO建设、飞机拆解和航材集散中心以及飞行培训项目等业务合作。

第六，加强国际免税业务合作和两地旅游服务合作。

上海、广东自由贸易试验区与香农国际航空港自由贸易园区"牵手"，意义深远，作为全世界第一个自由贸易园区的香农地区对于上海和广东发展自由贸易试验区以及各机场空港经济区有着重要的学习和借鉴意义。

九　启示与借鉴

香农起初是由于其有利地理位置才建立爱尔兰香农国际机场，从而初步发展成为了航线枢纽。后来因飞行技术提高，中转站的地位下降，香农适时地转变发展方向，开设香农国际航空港自由贸易园区，并实行世界上首例免税政策，开始吸引外商投资，并取得很好的效果。从这一点来看，是成功地将自由贸易园区与国际机场结合起来的典例。其发展的成功经验可总结为以下六个方面。

(一)　区港联动发展

香农国际航空港自由贸易园区不再是以海港为基础建立的自由港模式，而是依托爱尔兰香农国际机场建立并得以扩展。从机场角度来说，香农国际机场临空经济的发展模式是由小规模的中转站，通过发展机场服务和航空公司的介入初步打造自身品牌，在政府的规划下合理吸引、利用外资，关注高新技术产业的发展，最终成为国际临空经济发展的经典案例之一。从自由贸易园区角度来说，我们又将该地区称为香农国际航空港自由贸易园区，因为从本质是来说，它是以香农航空港为特征的自由港的陆域拓展。而且在成立之初，自由贸易园区主要通过出口加工的免税优惠和低成本优势吸引了大批美国企业的投资。这正是香农国际航空港自由贸易园区与早期自由港的重要区别之一。也恰恰得益于自由贸易园区的建设，香农迅速从中西部贫穷落后的农业经济走向工业化，之后又从服务型经济步入知识经济时代。因此，综合来看，香农实现了航空港和自由贸易园区的联动发展，两者相得益彰，交叉影响，使国际香农航空港自由贸易园区效应得到最大限度的发挥。

（二）政策吸引外商

产业集聚、新兴业态发展的初期离不开良好的营商环境，香农在投资、贸易等方面提供的优惠政策，是香农国际航空港自由贸易园区得以成长壮大的环境基础。河南自由贸易试验区与郑州临空经济区未来发展需要政策引导与支持，但更重要的是要履行先行先试的权利与责任，在贸易、投资、政府职能等制度创新方面有所突破，打造更加透明、便利、高效的营销环境。

（三）培育高端人才

在研发与人才培养方面，当地政府并不仅仅满足与吸引外地人才，而是开始培养本地人才，建立有当地特色的"香农知识网络"。临空经济涉及的相关产业都十分需要高端人才，香农地区通过建立利默里克大学、科技园等措施，使区内科研机构专门负责相关研发，开发核心技术，培养高端人才。这一举措非常值得河南借鉴，因为与其他内陆省份相比，河南高校数量偏少，层次偏低，只有郑州大学一所双一流高校，在高端人才培育方面力量薄弱。未来航空港区规划，可效仿香农，在区内建立专业的研究机构，服务临空经济发展。

（四）产业形态升级

在产业发展方面，香农从一开始的小乡村，以农业经济为主，之后利用机场地理优势发展航空物流产业，提供航运中转服务，然后建立科研机构发展高科技产业、国际金融产业、信息通信产业、工程技术产业和国际物流产业等高技术、知识密集型产业。香农临空经济区采取从小到大、渐进式的发展模式，是临空经济阶段性特征最明显的机场。

（五）成立专业开发管理机构

在香农国际航空港自由贸易园区50多年的发展历程中，香农开发公司发挥了重要作用。香农开发公司既是一个由政府控股的机构，受企业和贸易部长直接管辖，同时又是自负盈亏的有限责任公司。香农开发公司全面负责当地一体化的多层次开发，避免了人力和物力的浪费。投资者不需要与政府各有关部门进行多头联系，大大简化了投资手续。香农开发公司在一定条件下保证借贷，并在投资项目中认购股份。同时，香农开发公司根据爱尔兰政府不同时期的战略规划，适时地调整园区发展战略，积极推动园区产业结构调整和转型。

（六）加强多种方式合作

目前，香农已经与上海、广东建立了战略合作伙伴关系，有利于国内自由贸易试验区、临空经济区对标国际规则，深入拓展国际合作领域，河南自由贸易试验区、郑州航空港区也应依托"一带一路"、"空中丝绸之路"等国际战略合作平台，积极探索并与世界领先地区实现国际化合作。

第二节　阿联酋迪拜自由贸易园区

迪拜酋长国面积4144平方千米，沿海岸线呈西南到东北的走向，长115千米，宽10余千米。截至2019年1月，迪拜常住居民人口310万，约占阿联酋总人口的37%，外来人口约占迪拜总人数的80%，来自200多个国家和地区。一谈到迪拜，人们的脑海中就浮现出那个沙漠上的梦幻之城，高耸入云的迪拜塔，规模巨大的人工岛，不断起降的繁忙机场，来回穿梭运输货物的海港，各种肤色的人们来往进入五光十色的酒店，而这一切是如何发生的？从迪拜的发展中又可以取得哪些可借鉴的经验呢？

一　迪拜发展历程

迪拜从一个荒芜沙漠之地和以靠海打鱼为生的贫瘠之地变成一个繁华之城，经过以下发展阶段：

（一）传统农牧业经济时期

迪拜是阿拉伯联合酋长国（United Arab Emirates）的一部分，阿联酋位于西亚阿拉伯半岛东部，濒临阿曼湾，1971年12月2日建国，由阿布扎比、迪拜、沙迦、哈伊马角、阿治曼、富查伊拉和乌姆盖万7个酋长国组成，面积8.36万平方千米（包括沿海岛屿）。早在公元650年，这里作为部落社会，迪拜已经成为海上贸易中心。公元1498年葡萄牙航海家达·伽马绕过好望角进入东非海岸，最终抵达了海湾，从此遭受殖民统治。1766年，荷兰人从海湾地区撤走，英国在海湾的控制权，随后沦为英国的"保护国"——酋长国，在英国保护期间的内政相对保持着独立。1839年，英国承认了迪拜作为独立酋长国的地位，1971年英国从海湾地区全面撤军。1971年12月2日，迪拜和其他6个酋长国（哈伊马角于1972年2月10日加入）建立阿拉伯联合酋长国。迪拜一直由马克图姆家族统治，20世纪70年代之前，农牧业经济占主导地位，经济原始落后，人们靠捕鱼、采珠、卖香料、卖佐料生活，以骆驼作为交通工具，过着传统的游牧生活。

（二）经济现代化初期阶段

阿联酋1966年发现石油，1969年首次开采石油，阿联酋石油与天然气的储量均居世界第五位，其中阿布扎比和迪拜石油与天然气储量最为丰富。70年代中期，迪拜的石油业全部实现了国有化，随着阿联酋加入阿拉伯石油输出国组织，迪拜的石油收入猛增。丰厚的石油美元为旅游、教育和保健、水电、通信、港口和机场等基础建设的提供了充足的资金，带动迪拜的国民经济实现跳跃式发展。20世纪80年代，为了进一步减少国家经济对石油收入的依赖迪拜出台了发展多样化经济政策：增加非石油收入在国内生产总值的比例、提高石油附加值产品比例、大力发展天然气行业、对外贸易、吸引外资和技术、发展金融和保险业，加快私有化进程等一系列经济多样化政策，促进了迪拜经济稳定发展。

（三）经济现代化快速发展阶段

20世纪80年代初，迪拜政府决定利用巨额石油美元创办自由贸易园区，旨在凭借本国优越地理位置发展外向型经济，吸引国内外资金和外国先进技术，并利用自由贸易园区繁荣本国的商业活动，使国民经济收入来源多样化。1979 年，阿里港开始运作，随后迪拜世贸中心开幕，1985 年杰贝阿里自由贸易园区投入运营，迪拜大规模投资会展业、旅游业和房地产行业，经济高速发展。

（四）债务危机阶段

从 2003 年起，迪拜以建设中东地区物流、休闲和金融枢纽为目标，推进了 3000 亿美元规模的建设项目。其中七星级酒店迪拜塔、迪拜世界地图岛项目规模巨大。世界地图岛由 300 多个小岛按照世界地图的形状建成，是世界最大人造海岛。这些岛上将设有酒店以及各种休闲旅游设施，整个工程项目的规模堪称现代"世界第八大奇迹"。"世界岛"项目用 3000 万吨岩石和 3 亿立方米的沙，没有任何人造或化学材料，岩石来自阿联酋各地的采石场，而沙子就取自迪拜。"世界岛"总面积将达 6000 万平方英尺（约合 557 万平方米），每座岛屿因大小和位置不同，售价从 350 万英镑到 2000 万英镑不等。岛屿之间相隔 50—100 米，只能通过直升机和海上交通上岛。但是 2008 年的经济危机令其难以为继。尽管 2008 年的时候，该项目 60% 的岛屿已被私人承包商购买，但是，大部分人都没有进行进一步的项目实施。国际金融危机对迪拜造成了直接打击，房地产价格上升幅度下跌、资金链条断裂、工程项目过多停工等多重因素最终引爆了债务危机。2009 年 11 月 25 日，迪拜政府宣布将重组旗下最大的主权投资公司迪拜世界，延迟 6 个月偿还即将到期的约 600 亿美元债务，其中包括迪拜世界下属地产巨头纳西勒公司即将于 12 月到期的 35 亿美元伊斯兰债券。估计迪拜债务约为 800 亿美元。不得已迪拜从阿布扎比借入资金，以缓和危机。

（五）经济复苏阶段

2000—2005 年，迪拜实际 GDP 的年复合增长率为 13%，2007 年为 9.2%，而 2011 年已降为 3.4%。根据迪拜统计中心公布的数据，2015 年，迪拜 GDP 为 3665 亿迪拉姆（以不变价格计算，约合 998 亿美元），同比增长 4.1%，2016 年迪拜 GDP 达到 1103 亿美元。2012

年，迪拜政府因此提出"迪拜3.0"发展计划①。该计划拟在迪拜建设"穆罕默德·本·拉希德"新城。迪拜政府将该新城定位为阿拉伯世界的文化、艺术、旅游和创业中心，其标志性项目将包括比伦敦海德公园大30%的穆罕默德·本·拉希德公园、世界最大商场"世界购物广场"、中东最大的家庭娱乐中心和配套齐全的创业园。"迪拜3.0"发展计划基于迪拜2030年远景规划而提出，迪拜政府未提及具体投资数额，但表示该计划将由迪拜控股和迪拜伊玛尔地产共同实施，并鼓励来自阿拉伯世界及印度、中国的私人资本参与。

2019年，迪拜GDP增长2.1%，经济将继续依赖房地产作为其主要增长动力，占3.65%；其次是物流和运输业，占3.1%；旅游业占2.8%；金融服务业占4%；批发和零售贸易占1.9%。2018年，迪拜吸引了385亿迪拉姆的外国直接投资，同比增长41%。此外，在2019年年初，商业活动增加了6700多家新公司，发放的经营许可证同比增长29%；迪拜金融市场吸引了6.8亿迪拉姆的净外国投资。

2019年上半年，迪拜非石油对外贸易总量实现了创纪录的增长，货物贸易数量达到5600万吨，同比增长31%，对外贸易额达6760亿迪拉姆（约1842亿美元），同比增长5%，和十年前相比，增长了87%（2009年）。

出口是迪拜对外贸易增长最快部分，出口货物量1000万吨，增长46%，出口额760亿迪拉姆（约207亿美元），同比增长17%；转口货物量900万吨，同比增长39%，转口额2100亿迪拉姆（约572亿美元），同比增长3%；进口货物量3800万吨，同比增长26%，进口额3900亿迪拉姆（约1063亿美元），同比增长4%。

从贸易伙伴看，中国是迪拜第一大非石油贸易伙伴，双边贸易额710亿迪拉姆（约193亿美元），同比增长4%；其次是印度、美国、

---

① 迪拜将1979—1999年以迪拜湾为中心，以七星级帆船酒店、迪拜世界贸易中心和杰布阿里自由区等为地标项目的发展阶段称为"迪拜1.0"计划；以2000—2012年期间世界第一高楼哈利法塔、迪拜购物中心、棕榈岛和迪拜地铁等为地标项目的发展阶段称为"迪拜2.0"计划。有专家指出，近期迪拜房地产出现局部复苏迹象，迪拜经济也逐步向好，迪拜政府因此提出"迪拜3.0"发展计划。

沙特（同时也是迪拜在阿拉伯国家和海湾的第一大贸易伙伴）和瑞士。

二　迪拜自由贸易园区和空港发展情况

迪拜自由贸易园区在推动迪拜经济中发挥着重要作用。2019 年上半年，迪拜自由贸易园区对外贸易额超过 780 亿迪拉姆（约 212.5 亿美元），同比增长 8%，占迪拜贸易总额 12%。其中，转口贸易 450 亿迪拉姆，同比增长 11%，占迪拜转口总额 21%。DAFZA 连续两年实现半年贸易顺差，今年上半年顺差 110 亿迪拉姆，同比增长 35%。

从运输方式看，空运贸易额 3110 亿迪拉姆（约 847 亿美元），同比增长 3%；海运贸易额 2520 亿迪拉姆（约 687 亿美元），同比增长 6%；陆运贸易额 1140 亿迪拉姆（约 311 亿美元），同比增长 8%。凸显出迪拜通过提供完善的基础设施。高质量的后勤服务。海陆空运输网联通以及资本自由出入境政策等成功利用自由贸易园区吸引外资，且迪拜政治稳定页加强了吸引外资的竞争力。

（一）杰贝阿里自由贸易园区

1. 基本情况

杰贝阿里自由贸易园区（JAFZA）位于迪拜市西南 50 千米处，总面积达 48 平方千米，是阿联酋最大的自由贸易园区，也是中东地区最大的自由贸易园区。自由贸易园区于 1985 年由迪拜政府发起建立，是全球第一个通过 ISO 9000 国际认证的自由贸易园区。目前，杰贝阿里自由贸易园区已成为阿联酋最受欢迎的投资目的地之一。作为迪拜乃至阿联酋经济增长的发动机，杰贝阿里自由贸易园区近年来发展势头良好。2005—2010 年，自由贸易园区注册企业数增长 60%，企业营业额年均增长 34%，对迪拜 GDP 贡献率达 25%，占迪拜出口总额的 50%，占迪拜吸收外国直接投资总额的 20%，并为阿联酋创造了约 16 万个工作岗位。2010 年，杰贝阿里自由贸易园区贸易总额为 2200 亿迪拉姆（约合 603 亿美元）。2011 年 1—5 月，自由贸易园区贸易额为 1020 亿迪拉姆（约合 280 亿美元），同比增长 8%，约占迪拜同期贸易总额的 25% 及出口额的 42%。

2. 杰贝阿里自由贸易园区主要优势

第一，区位优势。自由贸易园区毗邻世界最大的人工港——杰贝阿里港（67 个泊位，码头长 15 千米，世界第 7 大集装箱港口），距离迪拜国际机场约 30 分钟车程，距离正在建设中的马克图姆国际机场（预计年客运能力达 1.6 亿人，货物吞吐量 1200 万吨）仅 15 分钟车程，海陆空运输中转方便，能够快速将货物运送至中东周边、非洲和欧洲等各大消费市场。此外，迪拜政府正在筹划连接港口、自由贸易园区、物流城、机场的"物流绿色通道"，货物从港口到机场只需10 分钟。

表 4 - 2　　　　　　　　迪拜自由贸易园区基本情况

类别	自由贸易园区名称
工业和物流	杰贝阿里自由贸易园区、迪拜机场自由贸易园区、迪拜世界中心、迪拜多种商品交易中心和迪拜朱美拉湖塔自由贸易园区
传媒	迪拜科技与媒体自由贸易园区、迪拜媒体城、国际媒体出版自由贸易园区和迪拜影视城
信息与通信技术	迪拜网络城、迪拜外包城和迪拜硅谷
金融	迪拜国际金融中心和迪拜珠宝城
航空	迪拜世界中心和迪拜机场自由贸易园区
教育	迪拜国际学术领域和迪拜知识村
科技	迪拜生物科技园和能源与环境园
其他	迪拜国际人道援救城、迪拜保健城和迪拜美丹自由贸易园区

资料来源：综合整理相关文献。

第二，设施优势。迪拜政府在自由贸易园区的基础设施方面进行了大量的投入，包括道路、通信、能源供应和高速数据传输，员工住宅区、超市、药店、银行、保险和休闲场所等配套设施也一应俱全。自由贸易园区内除有空地可供出让外，还可出租已建成的办公室、厂房、仓库。众多大型物流公司的入驻，也为园区企业提供了便利的物流服务。

第三，管理优势。自由贸易园区的管理机构是自由贸易园区管局，是由港口、海关和自由贸易园区组成的联合体。自由贸易园区管理局可以直接向投资者颁发营业执照，同时提供行政管理、工程、能源供应和投资咨询等多种高效和简便的"一站式"服务。自由贸易园区管理局还定期为园区企业组织商务配对活动，为入驻企业创造更多的商业机会。

第四，政策优势。自由贸易园区企业可拥有100%的所有权，无须当地保人，并可免交公司所得税和个人所得税。企业生产所需的原材料和设备免税进口，货物转口零关税。企业雇工没有当地用工限制。此外，自由贸易园区无外汇管制措施，对园区企业利润和资本的调拨回国不加限制。

全球企业入驻自由贸易园区情况：在自由贸易园区内可设立两种企业。一种是独资企业，只由一个股东组成，股东可以是自然人或者公司，注册资本为100万迪拉姆（约合27.4万美元）；另一种是合资企业，一般由2—5个股东组成，每个股东最低出资10万迪拉姆，注册资本为50万迪拉姆（约合13.7万美元）。自由贸易园区成立之初，企业数量仅19家，2000年后开始吸引大量企业入驻。中国是杰贝阿里自由贸易园区第一大贸易伙伴地位，2016年，贸易额达113亿美元；沙特居次，贸易额70亿美元；其后分别为越南、美国，贸易额分别为43亿美元、37亿美元。中国有超过170家从事于石油、天然气、电子、电器、汽车和重型机械等行业的中国企业在区内设立了总部。杰贝阿里自由贸易园区与中国的贸易总额约达125亿美元，接近60%的中国贸易总额途经阿联酋进行再出口。

迪拜杰贝阿里自由贸易园区2016年非石油贸易量2790万吨，同比增长17%；贸易总额802亿美元。从贸易对象来看，机械、电子和电器产品排名靠前，该三类产品占杰贝阿里自由贸易园区贸易总量的49%；石化、油气类产品占16%；食品占8%；服装纺织类产品占7%；汽车及零部件占6%。从地域来看，亚太地区贸易额324亿美元；中东地区贸易额272亿美元；欧洲、美洲、非洲分别为99亿美元、55亿美元、50亿美元。

（二）富查伊拉自由贸易园区

1. 发展概况

富查伊拉是阿联酋东海岸唯一的酋长国，这一独特的战略位置成为富查伊拉酋长国经济发展的关键。富查伊拉总面积 1450 平方千米，人口约 25 万。现任酋长是哈迈德·本·穆罕默德·沙基（Sheikh Hamed Bin Mohammed Al Sharqi）。

2. 基础设施

（1）富查伊拉港。富查伊拉港毗邻自由贸易园区，地理位置优越，每周都有船舶驶往阿拉伯湾所有港口、红海港口、伊朗、印度和巴基斯坦。主干航线通往英国、北欧、地中海沿岸、远东及北美。其中，通往远东的船舶每周两班，其他航线每周一班。富查伊拉港拥有诸如 800 米深水码头、龙门起重机和橡胶轮胎移动吊车等许多现代化设施，除能够容纳普通集装箱船之外，还能容纳散装干货船和大型重载滚装船。

（2）富查伊拉国际机场。富查伊拉国际机场是海湾航空、印度航空、埃及航空和独联体航空以及几家货运代理的沿途停靠机场。作为阿联酋东海岸和阿曼北部唯一的机场，富查伊拉机场配备了最先进最优质的现代飞机和空中货运操控技术。因机场毗邻富查伊拉海港，与港口共用海关设施，海运和空运转换作业十分快捷。

（3）富查伊拉海关。富查伊拉海关可为自由贸易园区内的企业提供货物报关、货物转船、船舶清关证明、船员变更审查、保税仓库进出货物和船运等各项服务。富查伊拉海关对入驻自由贸易园区的企业免收所有进口货物的关税，对自由贸易园区企业从阿联酋出口和转口的制成品免收出口关税。富查伊拉自由贸易园区企业不必支付用于生产的工厂设备或原材料的关税，企业可以使用阿联酋任何一个港口和机场用于商业货物进出口，并且依然免税。

（4）富查伊拉管委会。富查伊拉管委会可通过联邦政府向投资者和雇员提供驾照申请、车辆注册、法律文件公证、入境许可、居住签证、中转和访问签证服务，并可提供各种水平的雇员招聘服务。

（5）企业执照。富查伊拉自由贸易园区允许投资者获得 100% 的企业经营所有权，根据与管委会签订的租赁协议，投资者可申请获得贸易/一般贸易执照、仓库执照和生产执照三种类型的执照。贸易/一般贸易执照：获得此类执照的企业可以在自由贸易园区内和阿联酋境外开展协议货物的进出口和转口贸易活动，自由贸易园区管委会可以在相关政府部门许可的情况下为自由贸易园区企业的分销活动提供特殊的"一站式"服务。自由贸易园区内的办公室设施齐全，可为从事贸易活动的投资者提供租赁服务，办公室最小面积为 35 平方米，并配有秘书协助办公。仓库执照：获得此类执照的企业可以租用仓库设施，投资者可利用仓库作为货物分拨、货物储存和商品包装的集散地。自由贸易园区内的产品分拨和仓储设施齐备，投资者可以非常低廉的价格租用仓库内的仓储和包装设备。生产执照：获得此类执照的企业可以在自由贸易园区内开发项目，所有的项目包括人力和机器都必须使用全额保险，获取生产执照必须提供土地证明、水电和人力证明和项目环保证明。自由贸易园区内配备有已建好的单元房，投资者可以租用或者是按照自己的要求在空地上建造用于生产的建筑物。

（6）其他服务。银行：自由贸易园区的投资者在阿联酋境内任何一家银行开户必须提供富查伊拉管委会的介绍信、富查伊拉自由贸易园区执照复印件、商会注册证明复印件、委任书复印件和公司注册证明。商业俱乐部：商业俱乐部占地面积 1000 平方米，拥有会议室、礼堂、娱乐室、装修好的办公室和餐厅，能够满足投资者的基本需要。

（三）杰贝阿里自由贸易港

20 世纪 70 年代末，迪拜政府提出了建造杰贝阿里自由贸易港的愿景。从 1984 年开始人工填海至今，杰贝阿里港已是世界第一大人造港，而杰贝阿里自由贸易园区也已成为中东地区最大的自由贸易园区，隶属于迪拜世界——迪拜政府三大主权投资集团之一。在中东地区，按照法律，外国人设立公司须遵循保人制度，即必须由当地人作保，持股至少占 51% 甚至 100%。由于这种特殊条件的限制，很多国际公司担心政治风险不愿进入。而周边国家的战事、传统的阿拉伯习俗，也给这里蒙上了一层神秘面纱。

为鼓励贸易和外国公司进入，迪拜政府推行了自由贸易园区政策，推出外资可以100%独资、可享受50年免除所得税、期满后可再延长15年的免税期、无个人所得税、进口完全免税、资本和利润可自由汇出等政策性优惠，也就是说，自由贸易园区为外国公司充当了最大的保人。企业可以选择成立海外分公司、独资和合资三种类型在杰贝阿里注册，需支付50万迪拉姆或100万迪拉姆的注册资本金。其政策是：不出售土地，但出租的土地可以由企业自主建筑厂房或仓库，一旦企业决定退出，遗留的厂房等或拍卖或转租，尽量不拆除。土地、办公室、仓库等硬件设施租金构成了杰贝阿里主要的收入来源。以办公室为例，目前杰贝阿里的租金价格约为一年每平方米1700—2500迪拉姆，约合2900—4300元人民币。

目前人造港杰贝阿里自由贸易港是世界第三大码头，拥有1450万标准集装箱的吞吐能力，可完成110万标准集装箱的运输，预期到2014年将达到1900万标准集装箱的吞吐，其在中国的天津、烟台、青岛都有合作项目。一座正在建设的新机场正在向杰贝阿里自由贸易港南方的沙漠中延展。一条航道已经投入使用，几年后，这里将建成全世界最大的机场，占地面积140平方千米，还会有一座桥梁架成迪拜物流走廊，连接机场、杰贝阿里自由贸易港和自由贸易园区，最快将在3个小时内完成货物通关和转运。

（四）迪拜机场自由贸易园区

迪拜航空Flydubai是一家成立于2009年的廉价航空公司。截至2014年，已覆盖90多个城市，单独开通了59条航线，仅2014年即开通了23条新航线。Flydubai目前拥有48架飞机，将于今年10月接手其订购的第50架波音737，并将于未来两年内再新增11架。2008年，Flydubai一口气订购了50架波音737，由于当时油价较高，且金融危机导致了产能过剩，Flydubai的这一举动在当时被认为是一场豪赌。Flydubai大规模选用波音737，一方面由于该机型重量较轻，有利于降低燃油消耗；另一方面也因为该机型的乘客装载量更大、飞行距离更长。目前，波音737已成为Flydubai的核心机型，为其降低经营成本、获取竞争优势发挥了重要作用。

迪拜机场自由贸易园区位于迪拜国际机场的边界，于1996年成立，是迪拜政府制定的投资驱动型经济战略规划的一部分，也是该地区增长速度最快的优质自由贸易园区之一。迪拜机场自由贸易园区提供如下优惠政策：进出口完全免税；公司所得税全免；无个人所得税；外资100%独资；资本和利润可自由汇出，不受任何限制；货币可自由兑换，不受限制等。

迪拜机场自由贸易园区发布公告称，2012年该园区共有企业超过1600家，包括航空、货运与物流、IT与电信、医药、工程、食品和饮料、珠宝以及化妆品行业；2012年该园区进出口贸易额高达1640亿迪拉姆（约合448亿美元），比2011年的950亿迪拉姆增长近73%，增长势头显著。2012年，迪拜机场自由贸易园区被《金融时报》集团旗下的《外国直接投资（FDI）》杂志评为2012—2013年度全球自由贸易园区奖第一名，从2011年的第二名跃至榜首。该奖项彰显出该自由贸易园区成功的管理策略，即服务于投资者及合作伙伴，实施区域贸易便利化。另外，还获得美国2012—2013年度理查德·古德曼战略规划奖，全球质量、完美和理想绩效奖等。

（五）迪拜多种商品交易中心和朱美拉湖塔自由贸易园区

迪拜多种商品交易中心和朱美拉湖塔自由贸易园区属同一个自由贸易园区，由同一个部门管理，不过是两种不同的执照。区别在于，前者许可商品和相关贸易/服务，后者许可非商品贸易。

迪拜多种商品交易中心建立于2002年，属于迪拜政府的战略倡导计划，目标是在迪拜建立全球商品交易市场。除建立强大的有色宝石交易平台外，还承担了复兴阿拉伯珍珠文化的责任。为了满足这方面的需求，2007年自由贸易园区成立了专门的有色宝石和珍珠部门，不仅为买卖双方提供增加市场份额的服务，还搭建了国际贸易和业内服务的平台等。

该自由贸易园区主要商品交易包括贵重商品（黄金、珠宝、钻石、贵金属）、能源（LNG、油气开发设施、塑料、减排设施）、钢铁、农产品（茶叶、棉花等）四大领域。

在该自由贸易园区注册成立公司可享受的优惠政策和服务有：外

国企业拥有 100% 的所有权；无须缴纳个人和公司所得税；可汇回 100% 的资金，没有货币限制；一个或一个以上的股东；独特的产业集群和专门建设的基础设施；优质的不动产，可按有竞争力的费率出售或出租的商业和住宅地产；各式商业、零售、住宅和工业区域；全面的客户关系管理为收集和处理所有文件和发放证照提供快速高效的服务。

该自由贸易园区主席阿迈德·本·苏莱耶姆（Ahmed bin Sulayem）于 2013 年 9 月称，该区已超过杰贝阿里自由贸易园区，成为阿联酋最大的自由贸易园区。2013 年 1—9 月，平均每月约有 200 家新公司加入自由贸易园区，且其中 95% 是新入驻的。该自由贸易园区现已有注册企业超过 7330 家，入驻率达 94%。自由贸易园园区的最新扩张计划包括建设商业园区以及全球最高的商业大楼，以容纳更多的大公司和国际集团，目标是争取在 2015 年吸引超过 10000 家企业入驻。

（六）迪拜商业城自由贸易园区

迪拜商城（Commer City）自由贸易园区于近年正式成立。该自由贸易园区总投资 27 亿迪拉姆（约合 7.4 亿美元），地处 Umm Ramool 区，占地 210 万平方尺，由迪拜机场自由贸易园区（DAFZA）和 Wasl 资产管理集团共同出资成立。该自由贸易园区是迪拜首个以电子商务为主题的自由贸易园区，旨在推动中东北非地区电子商务发展，巩固迪拜在国际电子商务领域中的领导地位，促进迪拜经济多元化发展。据预测，到 2020 年 GCC① 国家电子商务市场规模将增至 200 亿美元。同时，迪拜商城自由贸易园区也将努力促进地区内的私人投资，特别是在电子商务、信息技术、网络服务等方面，而阿联酋在这些领域已成为地区之首。预计未来五年内，电子商务将占迪拜零售业的 10%，2017 年年底达到 545 亿美元。DAFZA 主席艾哈迈德亲王表示，迪拜商城自由贸易园区将为迪拜商业增加新的维度，并有助于吸

---

① GCC 是海湾阿拉伯国家合作委员会的英文缩写，英文全称是 Gulf Cooperation Council。海湾合作委员会于 1981 年 5 月 25 日在阿联酋阿布扎比成立。其成员国为沙特阿拉伯、科威特、阿拉伯联合酋长国、卡塔尔、阿曼苏丹王国、巴林王国和也门 7 国。

引外国直接投资。自由贸易园区距迪拜国际机场较近，有助于电子商务经营者直接进入中东北非和南亚市场。

（七）迪拜世界中心自由贸易园区

迪拜世界中心（Dubai World Centre，DWC）是一个以马克图姆机场为中心的宏大的航空城计划，位于杰布阿里自由贸易港及杰布阿里自由贸易园区南部，总占地面积 140 平方千米。建设迪拜世界中心是迪拜政府的一个战略举措，目的是依托迪拜重要的战略位置，建设港口—自由贸易园区—机场的物流走廊，打造世界一流的基础设施，强化迪拜作为地区贸易、航空、物流中心的地位，推动迪拜经济发展向着更高的高度、更宽的领域发展。

迪拜世界中心总体规划为 8 个功能区，分别是物流园区、航空区、马克图姆国际机场区、人道主义区、配套生活区、商业园区、休闲娱乐区和商业会展区。马克图姆国际机场处于迪拜世界中心的中心，规划建设六条机场跑道，其中一条机场跑道目前已建成并投入运营。其他功能区按各功能需求分布在机场周边，商业园区、物流园区、人道主义区和航空区毗邻航空通道，建成后能充分利用机场的客流与物流优势。展览区也靠近机场，能大大提高展览效率并降低运营成本。机场周边的配套生活区、商业园区和休闲娱乐区，能够为在迪拜世界中心工作及出差的人员提供住宿、办公、休闲娱乐等配套服务。

马克图姆国际机场区。马克图姆国际机场位于迪拜世界中心的中心，规划建设 6 条机场跑道及配套设施。机场的设计标准是：能够满足四条跑道同时完成巨型飞机（如空客 A380）3 类盲降标准的起降动作，并能满足 24 小时运营需要。新机场完工后年货运能力 1200 万吨，客运能力 1.6 亿人次。目前机场一期项目已完工并投入运营，年货运能力 60 万吨，已建成的一条跑道全长 4.5 千米，可起降 A380 机型。其他已建成的附属设施包括 64 个停机位、采用最新技术修建的航空管制塔台、消防中心、外勤维修服务中心、航空燃料库和一个面积为 6.6 万平方米的单层航站楼。机场二期项目将建设两座自动化机场航站楼和一座非自动化机场航站楼。项目目前已启动，完工后年货运能力可达 140 万吨。此外，迪拜航空展永久展馆也设在机场区，

2013年迪拜航空展首次在此举办。

航空区。航空区占地面积6.7平方千米，毗邻马克图姆国际机场，是依据现代航空业务需求而设计的战略生态区，汇集了现代先进航空产业所有要素的智能化设计。随着马克图姆国际机场的客运、货运和日常航空活动逐渐增加，航空区内与航空活动相关的维护、维修与运营（MRO）业务正在快速发展。未来航空区还将鼓励与航空产业供应链相关的轻工业、服务业和商业机构进驻，有助于提高马克图姆国际机场的运营与服务效率。航空区内还提供航空业相关的培训与教育设施，为整个产业园区提供人力资源保障。

商业园区。商业园区位于迪拜世界中心入口处，由11栋写字楼组成，其中，中间为总部大楼，两翼为东区和西区侧楼。总部大楼的办公室为精装修办公室，可供租户即刻入住；两翼的办公楼只提供毛坯房，租户可根据公司需要自行设计装修。这些毛坯房还可以根据客户需求进行隔层，装修成连排的办公室，或直接装修成大空间的商业用房。这种开放式空间的特殊设计，使办公楼能满足各种类型入驻企业的特殊需求。商业园区的设计以商业便利化理念为宗旨，有从公司设立到航空、物流、配套等全方位配套服务。

物流园区。迪拜世界中心物流园区紧邻马克图姆世界机场，拥有完善的基础设施、物流仓储空间和便利化配套设施。目前物流园区能提供的配套设施和服务包括：共用仓库和货物转运装卸专区；物流企业预留地；综合配套设施预留地，包括轻工业预留地；供出租的写字楼和商业地产零税率、资金自由转移和100%控股的自由贸易园区政策。园区通过快速物流通道与杰布阿里自由贸易港和杰布阿里自由贸易园区相连，从而形成一个总面积约200平方千米的免关税自由区。目前区内已入驻6400多家企业，其中包括120家世界前500强企业。物流园区直通迪拜两条国家高速公路，未来还将与阿提哈德铁路网、杰贝阿里自由贸易港和马克图姆国际机场相连，为物流园搭建了海陆空全方位的立体交通网。入驻物流企业可通过全方位立体物流通道实现高效物流模式，辐射范围遍及中东、东南欧、独联体、印度次大陆国家和非洲市场。目前已有一些知名物流公司，如安迈世、德迅、泛亚班拿、INL、RSA、海尔曼等，已在使用迪拜世界中心物流园提供的基础设施和配套服务。

（八）迪拜国际金融中心

迪拜国际金融中心（DIFC）① 建立原因。30 年前，迪拜除一座小港口、酋长王宫以外，一无所有，而且以走私之都闻名于海湾地区。即使有这些坏名声，迪拜还有许多方面值得尊重。马克图姆的前辈早在 20 世纪 60 年代就开凿运河，大建港口、机场，发展物流，为构建自由港创造条件。后来，又不失时机地建数码城，积极参与全球信息革命，促进产业升级，并向服务业转移。目前，非石油产业占迪拜GDP 的 95% 以上，摆脱了中东国家依赖石油的发展之路，掀起了过去极端保守的阿拉伯世界的经济革命，为迪拜构建金融中心创造了很好的先决条件。迪拜的经济模式更像由开明独裁者领导的家族企业，王国政府更多的是干预，而不是盲目地反对。更重要的是，马克图姆家族本身就是商人起家，他们一贯奉行"自由贸易"政策，这个传统政策被一代代承袭下来。正是在开明君主的领导下，迪拜才能够一枝独秀。统治着迪拜的马克图姆家族不仅具有商业上的远见，在政治上也相当成熟。这使历来动荡的中东似乎与迪拜没有什么关联，反而成为油价上涨的最大受益者。自 1995 年以来，政府加大经济多元化的力度，其中建立迪拜国际金融中心也是经济多元化的主导政策之一。

迪拜将香港自由经济政策与新加坡政府治理城市的优点很好地结合起来。这也是其能在短时间内建国际金融中心——酋长国双塔，并快速成立诸如商品期货交易所、证券交易所等多个交易市场的关键所在。2004 年 9 月，迪拜政府决定设立 DIFC，使其成为迪拜 10 多个自由贸易园区中的一个。DIFC 占地面积 110 公顷。正是看到了迪拜的独特性，各国投资机构加速进入这个"聚宝盆"。迄今为止，已有200 多家来自世界各国的公司进驻，德意志银行、瑞士信贷最早在金融中心挂牌营业。摩根士丹利、美林等都陆续设立了分部。

---

① 迪拜国际金融中心（Dubai International Financial Center，DIFC），是根据阿拉伯联合酋长国联邦法律和迪拜酋长国法律设立的联邦金融自由贸易园区。

DIFC 负责人 Kazim 表示，到 2024 年，DIFC 将入驻 1000 多家活跃的金融企业，并将有 5 万名各行业专家。Kazim 表示，如同中国香港、新加坡和伦敦分别是中国、东南亚和欧洲的金融门户，DIFC 和迪拜已成为中东、非洲和南亚（MEASA）地区的金融门户。MEASA 地区目前拥有 30 亿人口，GDP 总额高达 7.4 万亿美元。越来越多的企业将 DIFC 作为地区总部，仅以中国为例，四大行在 DIFC 的总资产就达到 250 亿美元。迪拜国际金融中心 2017 年上半年业绩总结显示，在 DIFC 注册公司数量达到 1750 家，实现增长 6.2%，其中 463 家金融服务公司。

（1）DIFC 主要业务。包括银行服务（投资银行、合作银行业、私人银行业）、资本市场（证券化、债务工具）、资产管理、基金管理、保险和再保险、伊斯兰金融以及专业金融服务。DIFC 由迪拜政府倡导设立，完全按照世界的标准来运行，其特点是：完整、透明、高效。

（2）DIFC 特点及优势。DIFC 自 2004 年设立后，就体现出了其在政策上和制度上的巨大不同，使得其极具吸引力。相比于迪拜境内的其他企业，其主要优势在于：100% 外资；零所得税和营业税；无外汇管制；资本及利润可 100% 汇回；美元为主的交易体制；高标准、透明的操作环境；对洗钱进行严格监管；现代的办公设施、高效率的基础设施、安全的客户资料保护、专业的服务与所在国无缝连接。不同于离岸金融中心，迪拜完全是陆地金融中心，与纽约、伦敦、香港无异。

填补中西市场的"金融真空"。作为一个新兴市场，DIFC 与开曼群岛等所谓的"避税天堂"最根本的区别在于，"避税天堂"是"离岸"金融中心，而 DIFC 是"岸上"金融中心。确实，从税收效率来说，DIFC 与所谓的避税天堂很相似，因为 DIFC 实行的零税收策略是它最大的吸引力。离岸金融中心允许你在书面上成立一个公司，但公司的运营可以在其他地方展开，如果确实存在"其他地方"的话。但是，在 DIFC，公司运营也必须位于迪拜国际金融中心内部，必须存在一个实体公司。更为重要的是，DIFC 的地理位置和时区也得天独厚，它位于亚洲和西方国家的中间，与伦敦有 4 个小时的时差，与北京也是 4 个小时的时差，一天之内可以覆盖东、西两个市场，刚好填补中国和西方交易市场上的"金融真空"。同时，它还可以向中西方之间的 25 个国家提供金融服务。包括海湾国家、中东国家、伊朗和中亚国家，总人口约 16 亿，国内生产总值目前已超过 1 万亿美元，是一个巨大的资本市场。据不完全统计，国际上进入迪拜的热钱已超过了 8000 亿美元。这些因素无疑将进一步促使迪拜加速成为国际金融市场和资本链上的重要一环，这一地位也是其他国际金融中心所无法取代的。

（3）DIFC 的运营模式。DIFC 是由政府设立的，迪拜市政府为了促进迪拜的经济和金融发展，设立了迪拜国际金融中心，因此，在属性上，它是政府机关，是政府的一个附属机构。但是，在运营上，它是完全独立的，DIFC 有自己的董事会、管理层，董事长，当然也有自己的主席。如果你看一下伦敦以及其他的金融机构，它们最终都会与政府挂钩，DIFC 也一样。如果你到 DIFC 网站上去看看，就会发现，DIFC 网站包含投资者需要知道的所有知识，所有的规章制度。这与伦敦及其他金融机构相似，最终都会与政府挂钩。它沿用英国的金融监管体系来规范金融中心的运作。

出于反洗钱等考虑，联邦政府对 DIFC 融资活动有一定干预。按照阿联酋法律，内阁做出的决议须经七位酋长组成的联邦最高委员会审批，该委员会通过后再由总统颁布命令予以批准。此外，迪拜还请来前英国金融界的权威人物菲利普·索普来规范市场，利用欧洲的金融监管标准，建立迪拜金融中心的游戏规则。新规则保证，迪拜金融业务都是在透明的情况下运作。在打造迪拜国际金融中心的道路上，阿联酋政府也给予了大力支持。2007 年 7 月，阿联酋宣布于年底允许外商在一些服务业领域拥有 100% 的所有权。此举将结束该国数十年来为确保本地企业占主导地位而实施的限制。据该国经济计划部长鲁卜娜介绍，这部期待已久的公司法将允许外资最大限度地参与其他领域，尤其是在增长迅速的金融服务业。

DIFC 是一个非常大的社区，你甚至可以说它是一个自给自足的小型国家，是一个"国中国"。整个 DIFC 的建筑占地 110 公顷万平方米，要很多很多的银行来填充这片土地。虽然主要业务还是金融业，主要目标还是银行，实行英国普通法系，法规平台对中东一些想要在 DIFC 设立总部的大型企业也很有吸引力，因为这些法律会给它们提供很多优惠，这些企业可能和"金融企业"的概念一点都不沾边。DIFC 欢迎各种企业进驻，因为这些企业也可以成为 DIFC 的银行客户的客户。而且为什么说 DIFC 像一个自给自足的小国家，因为按照 DIFC 的构想，今后的 DIFC 允许人们在里面居住、工作、娱乐、享受生活，DIFC 不仅提供金融服务，还要有宾馆、公寓、娱乐设施、文化，DIFC 会提供让人能够在这 110 公顷的土地上每天度过 24 小时的所有必要条件。实际上，非金融服务类企业进驻 DIFC 的手续更加简便，只需到这里注册就可以了。而金融类企业就要相对烦琐一点。因为 DIFC 的定位就是金融中心，进驻的金融企业要提供金融服务，所以就要接受 DIFC 的监管，金融服务企业必须满足 DIFC 的监管条件才能进驻。

（4）DIFC 所面临的挑战。DIFC 面临的挑战在于它是一个新兴的金融中心，因此，需要一段时间来建立有案可查的良好记录以便在投资者中建立信任。目前，DIFC 自身已具备了所有要素，只是在等待时间的考验，只有时间能告诉你 DIFC 到底是不是能够切实执行所有的规章制度。迪拜国际金融中心发布的 2019 年报告显示，在 DIFC 注册公司数量达到 2437 家，实现增长 14%，其中，737 家金融服务公司，员工总数量已增至 25600 人。

（5）DIFC 与中国的合作前景。一旦迪拜成为 24 小时交易平台的重要一环，必将吸引越来越多中国企业的关注和驻足。目前，中国大陆还没有企业进驻 DIFC，但是，中国香港第一东方投资公司旗下的第一东方投资银行获得授权许可。中国香港第一东方投资公司旗下的第一东方投资银行，于 2007 年 1 月底成为在迪拜和中东地区的第一家中国投资银行。允许外资 100% 控股的消息，无论对于怀揣国际金融中心梦想的迪拜，还是跃跃欲试中东市场的中国企业而言，都将是个重大利好。正如 DIFC 主席苏莱曼所言："重振中东和'中国巨人'

之间的'新丝绸之路'的条件已经成熟。"他表示，中东国家重视在亚洲，特别是在中国的投资，预计未来五年内，中东国家将在亚洲投资 2500 亿美元。苏莱曼表示，正在与中国的银行协商，希望在今年至少有一家银行能够进来，然后未来会有更多的银行跟进来。这是一个"认识"的问题，人们要认识到迪拜的潜力。事实上，中国银行业也早就认识到了迪拜的重要性。2007 年 8 月，中国工商银行杨凯生行长率团出席在迪拜召开的欧洲货币年会，与 DIFC 进行了会谈和接触之后，中国工商银行决定在 DIFC 设立分支机构。这在中国银行业进军中东的步伐上具有战略意义。

三　迪拜发展的经验

迪拜从一个贫瘠的沙漠之国变成一个全球著名的自由贸易港，自由贸易园区和空港融合发展，相互促进。其发展的经验有以下五个方面。

（一）得天独厚的地理位置

迪拜位于阿拉伯半岛中部，阿拉伯湾南岸，与南亚次大陆隔海相望，是出入波斯湾霍尔木兹海湾的咽喉地带。迪拜是一个连接远东和欧洲、非洲、独联体国家的一个轴心时区桥，是进入这些地区广阔市场的门户，市场辐射面广，迪拜与覆盖 15 亿人口的周边地区早已建立了良好的贸易联系，迪拜目前是世界上继中国香港、新加坡之后的第三大出口和转口中心。阿联酋能够作为核心节点的主要原因是能够在周边动荡地区保持稳定，吸引多国投资，企业将迪拜作为管理中东、非洲市场的总部。

（二）税收优惠政策

税收低，一般进商品执行 5% 低关税，多项生活必需品零关税，生产企业所需设备或原材料免关税。迪拜生产的产品出口到 GCC（海湾合作委员会）国家免关税，无企业所得税（金融业除外），无个人所得税。无外汇管制，利润和资本可自由汇出。自由贸易园区内外资企业可拥有 100% 股权。外国人市场进入限制，外国人在迪拜自由贸易园区外注册企业，必须和阿联酋本国人合资，外资股比例不得超过 49%。

（三）世界一流的基础设施和服务

迪拜在交通、通信、能源和工业基础设施方面的积极投资政策使其拥有世界一流的基础设施，这也很大程度上促进了迪拜持续的繁荣和其对国际投资商的吸引力。迪拜拥有两个世界级的海运港口，经过多次扩建、不断提高现代化设施和管理水平的迪拜国际机场——西亚、非洲地区最大的国际机场和货运村，迪拜与世界各地有 120 多条国际航运线路和 90 条航空线路，通达超过 130 个国家，迪拜机场则是世界第七大繁忙的机场。7 个工业区域和 19 个建成和在建的自由贸易园区，并有先进的通信网络和可靠的水电供应。拥有几十幢高层楼房的朱梅拉住宅区、迪拜水下酒店、迪拜游乐园、世界最大的包括一个巨型滑雪场在内的综合性商城、世界最高的迪拜塔、迪拜国际金融中心、在科技园区内的多媒体城、互联网城、知识城、硅谷绿洲工程、投资园、医学城、航海城、拉希德科技园等。这些基础设施都为迪拜的发展奠定了基础并发挥了巨大的作用。迪拜机场则是世界第七大繁忙的机场。

（四）高质量的生活和良好的居住条件

迪拜私有业主在包括酒店、住宅和商业网点、娱乐设施等房地产行业投资巨大。另外，其他很多因素也促成了迪拜高质量的生活和优越的居住条件。这包括良好的基础设施、较低的犯罪率、清洁的环境、当地阿拉伯人服务贸易也为投资商提供了较好的软配套。如迪拜有国际或区域知名的货运代理商、船公司、酒店、保险公司、银行和财务公司、律师事务所、会计师事务所、咨询公司和广告公司，世界顶级的会展场馆和高质量的写字楼和公寓楼，还有一流的购物中心和娱乐设施等。开放宽容的社会氛围、文化多样性、大都市生活方式、现代的公共管理、丰富多彩的消费品和服务产品，还有温和的冬季和迷人的沙滩。

（五）良好的投资环境

当地的商人有着久远的经商传统并熟悉国际通用的商业惯例。当地企业家也积累了与国外大公司通过合资、合作或特许经营等方式开展投资合作的丰富经验。迪拜优越的地理条件、前卫的发展理念、宽松的经济政策、良好的投资环境、祥和的社会氛围吸引了众多商人到这里投资，使各国一流人才在这里得到了重用。世界银行发布的 2018 年经商便利度报告，阿联酋位列全球第 21 位，较之前上升 5 位，并连续五年蝉联中东地区之首。此外，阿联酋在几项指标中位列全球前十，分别是税负（全球第一）、电力（全球第一）、建筑许可（全球第二）、资产注册（全球第十）。

第三节　韩国仁川自由贸易园区案例分析与启示

一　仁川港口发展现状

仁川港位于韩国西北沿海汉江出海口南岸，濒临江华湾的东侧，是韩国西海岸的最大港口，也是韩国第二大港，是首尔的外港。仁川港市为韩国最大的经济中心，经营者为韩国政府。一方面，仁川港设有出口加工区，并且拥有规模广大的产业经济腹地，主要有炼钢、机械、汽车、造船、化工、电子、车辆制造、金属加工、石油及纺织等。另一方面，仁川交通发达，除京仁高速公路外，还有电气化铁路等多条线路。因此，仁川港又是韩国北部进出口贸易中心。

（一）仁川港拥有得天独厚的地理优势

首先，在国内，它与首都首尔相邻，其相距 40 千米。其次，在国际上，仁川港是韩国最接近中国的港口，2007 年，中国货物在仁川港吞吐总量中的份额已经高达 65.8%，而在釜山港的货物份额仅仅为 23%。仁川港与中国大连，青岛和天津港口都有合作，出台多种对华优惠政策，吸引大量的中国进出口集装箱到仁川转口。中国是仁川港最大的贸易伙伴，为港口货量增加贡献巨大。据统计，从 2016 年 1 月 1 日至 12 月 15 日，同中国的贸易量达到了 150 万标准集装箱（TEU），同比增加 10%。仁川港的货运量在 2016 年达到 268 万 TEU 的水平。由此可见，中国与仁川港的贸易量占仁川港总量的一半以上。可以说，没有中国进出口贸易的发展，就没有仁川港的今天。一方面，2015 年，仁川新港开始运营，新港的建成使货运服务范围得以扩大，开始提供冷链运输，提供新鲜食品货物的处理。另一方面，仁川港除维持与中国的贸易伙伴关系以外，也将进一步扩大同美国、亚洲国家以及中东地区的贸易往来。2016 年 6 月，仁川港至中东航线开通，中东地区添加了 6 条航线服务到仁川港。目前，该港口至美国、中东和非洲的服务共计 45 条航线。与此同时，仁川港同越南的贸易也同比增加 25.2%，达到 22 万 TEU。同中国台湾、美国和伊朗的贸易分别为 96000TEU、19000TEU 和 9000TEU。

（二）仁川机场

仁川国际机场在 2001 年年初正式启用，它的建成取代了旧有金浦国际机场的国际航空枢纽地位。目前，金浦机场现在除飞往东京国际机场（羽田机场）和上海虹桥国际机场的航班外，主要供国内航班使用。仁川机场是国际客运、货运航空枢纽。仁川国际机场发展迅速，2008 年，机场客运吞吐量已达 3000 万人次，货物吞吐量达 250 万吨，跻身全球前 30 个最繁忙机场和世界第五大最繁忙货运机场行列。目前各国在仁川机场共有 70 家航空公司运营，连接城市 169 个，年航班起降量达 41 万架次。据国际机场协会（ACI）2006 年和 2007 年调查，仁川机场连续两年获得"全球服务最佳机场"第一名。仁川机场是目前亚洲设计容量最大的机场，2020 年机场建设全部竣工，将成为全年处理飞机 53 万架次、旅客 1 亿人次及货物 700 万吨的世界超级规模机场。2003 年，机场旅客吞吐量达 1978.9 万人次，货邮吞吐总量为 213.3 万吨。仁川机场旅客中转量占总旅客吞吐量的 13%，货运中转量占货邮吞吐量的 46%，意味着仁川机场有非常大的潜力成为货运枢纽机场。韩国仁川国际机场同样凭借其完善的服务设施、人性化的服务理念、最短的换乘时间及独具韩国文化特色的演出等使其成为"全世界向往的机场"，具有巨大的客运中转换乘量。其出入境时间是全球最快的，入境时间为 12 分钟，出境时间为 19 分钟。

（三）永宗航空都市城

韩国仁川空港经济区主要由永宗岛、松岛和青萝组成，而空港位于永宗岛。永宗岛，除发展基本的航空物流外，还大力开发休闲娱乐及旅游产业。同时，在机场周边建设有大型休闲旅游项目，如航空城公园、水上运动公园以及梦幻主题公园、时装主题公园。填海而造的松岛新城不仅建有一座100英亩仿照纽约中央公园设计的绿洲公园，而且还吸引了思科、三星、IBM等知名企业入驻，2013年四家联合国机构也正式入驻。另外，松岛新城还致力于构建"智慧互联城市"，并着力打造舒适宜居、绿色环保的生活环境。青萝建有公寓区、体育及休闲设施、主题公园、国际金融园区、国际学校和国际医院等。

　　航空都市城具有显著的服务机场和利用机场的特征及注重突出以人为核心的时代特色，作为航空中转枢纽自然会出现大量的中转旅客，其在转机滞留期间，要进行休闲和消费活动。发展临空经济，推进新型城镇化建设，除航空运输服务外，还要挖掘其购物、休闲等衍生功能，提升周边居民及周转旅客的生活质量。以航兴区、以区促航、产城融合打造绿色宜居的生活环境、集约有序的城市综合服务区，从而形成空港、产业、居住、生态功能区共同支撑的航空都市城。而且通过创新临空经济发展模式，打造航空都市城，还可带动所在区域新型城镇化、新型工业化、农业现代化和信息化的协调发展。

二　仁川自由贸易园区发展优势分析

（一）空港物流

　　仁川机场在投入运营的十几年间，迅速成为世界顶级航空中转站，得益于三方面的优势。

　　第一，作为唯一一个由韩国官方管理的机场，在航线开辟、代码共享和航权协议等相关事宜上，仁川机场跳过了由航空公司为谈判起点的环节，直接由政府谈判，大大减少了谈判成本。相较于毗邻的日本机场，仁川机场的起降费仅为其1/3，吸引了更多的航空公司，新航线的不断开辟，使客货流不断增加，促进了航空物流的发展。

　　第二，韩亚航空公司和大韩航空公司作为仁川机场的合作伙伴，极力配合保证了仁川机场的客货吞吐量。两家航空公司利用已有的关系网络，为仁川航空搭建了通向欧美及东亚的桥梁。

　　第三，优异的管理为仁川机场的运行带来了高效率。为解决主楼至卫星走廊间距离较长的问题，仁川机场借助场内捷运系统，实现了内部交通的便捷，锁定中国—日本、东南亚—北美航线为目标的网络布局，早、中、晚航班"三进三出"高效合理，吸引了通航亚洲国家的航班飞往仁川机场，使其成为东亚地区名副其实的重要航空枢纽。

（二）航空都市城建设与机场发展相辅相成

多元化经济模式的定位加速了仁川成为国际化自由贸易园区的进程。仁川机场周边永宗航空城的规划包括娱乐、物流、服装、医疗、旅游等基地，形成了较完整的产业链条。一方面，各项目的实施为航空经济城的发展提供了基础设施；另一方面，项目也带动了就业，在扩大内需等方面起着不可估量的作用。同时，航空城的多元化发展为机场带来更多的客流量，机场的发展为旅游城市仁川提供了更为便利的交通条件，两者相辅相成，实现共赢。仁川空港由永宗、松岛和青萝三个岛屿组成。永宗岛是机场枢纽所在地，结合该岛海水环绕的优越环境，在发展航空物流的基础上，重点开发休闲、旅游产业。松岛以国际商务、研发、教育、文化、居住等功能为特色，目的是把其打造成韩国最大的尖端商务城市，并计划投资 300 亿美元，建设高科技园区、金融中心等；青萝重点建设外籍员工居住区及相应的休闲娱乐配套设施。为了增加机场的货运服务功能，满足货主的需求，机场内建立了近 300 万平方米的自由贸易园区，吸引有实力的物流公司和企业进驻。三星和 LG 集团都在仁川机场设有专属物流中心。2011 年，仁川机场的旅客人数为 3506 万人，货物吞吐量 254 万吨，货运量全球排名第五，亚洲排名第三。

（三）仁川发展的目标

发展目标：一是利用机场及港口成为东北亚物流中心；二是以松岛新城市为中心建设新技术产业基地；三是建立国际商务中心成为东北亚商务中心；四是充分利用旅游资源成为海洋观光城市。航空都市城是仁川自由贸易园区三大组成区域之一，其以机场为核心，结合海港，与其他区域有机联动发展，共同打造仁川成为知识型经济城市。

（四）政策优势

根据韩国《税收特别法案》《关税法》和《地方税收特别法》等，外国投资者在自由贸易园区内可以享受减免税收、放宽管制、现金补助等待遇。对于投资规模达到一定规模以上的制造业、高科技产业、物流业、旅游业、医疗产业等给予减免法人税、所得税等优惠政策。比如，外国投资企业在达到一定投资金额要求后最多可以享受七年的减免税收优惠，其中前五年100%减免法人税和所得税，后两年减免50%。在自由贸易园区进口的生产资料前五年也可免收关税。在地方税方面，可以减免15年契税和至少7年的财产税。但是，韩国在税收优惠政策上，与新加坡、中国香港、中国上海浦东新区等其他亚洲主要经济特区相比，仍处于高位水平，竞争优势不明显。根据《经济自由贸易园区特别法》第16条规定，对自由贸易园区的外国投资者，可减免土地租赁费用，并对医疗设备、教育设施、研究机构、住宅等与外国投资者相关的设施建设和运营给予资金支持。仁川自由贸易园区内，外国投资者可以租赁政府和公有土地50年，50年之后可以再续租50年，租金只为地价的1%。其中，100万美元以上的高新技术企业，外资金额在2000万美元以上，每天雇用人员超过300人的企业，或总生产量的50%以上实现出口，100%使用韩国国产零部件和原材料的企业，或生产产品全部出口的企业给予100%减免租金。外资投资金额在1000万—2000万美元的企业；或每日平均雇用人员在200—300人的企业；总生产量的50%实现出口，产品零部件75%—100%为韩国生产的企业；或是总生产量75%—100%实现出口的企业，给予减免75%的租金。外资投资金额在500万—1000万美元的企业；日平均雇用人员在100—200人；50%以上的产品实现出口，50% 75%使用韩国国产零部件的企业；50%—75%的产品实现出口的企业，给予减免50%的租金。

三　仁川自由贸易园区发展的经验和启示

（一）加快郑州航空港配套航空产业发展

仁川在发展自由贸易园区时，采用的是空港和海港相结合的发展模式。由于仁川得天独厚的区位优势，其海港是离中国最近的港口，中国许多货物在此转口。仁川机场是大韩航空和韩亚航空的主要枢纽，又是国际空运和货运的主要枢纽，是亚洲第六位最繁忙的机场。仁川机场相应的配套基础设施齐全，包括金融服务、通信服务、交通服务、酒店服务、医疗服务以及会展服务等第三产业。完善的基础服务设施，便利化的机场服务，使仁川机场成为亚洲重要的航空枢纽之一，也连续六年被评为"全球服务最佳机场"第一名。郑州航空港在发展过程中，航空产业的配套设施建立无法与仁川机场媲美，金融服务和会展服务发展还不够完善。根据河南省统计局统计资料，运用数据包分析的 DEA 模型对郑州航空港经济综合实验区的行业发展效率进行测算。测算结果显示，实验区 72 个行业的综合效率平均值为0.27，纯技术效率均值为 0.47，规模效率均值为 0.63，除规模效率略占优势以外，综合效率与纯技术效率值均偏低。说明郑州航空港经济综合实验区相关产业发展效率不高，资源要素配置效率不够优化，尤其在第三产业方面，金融业、物流业、电子信息行业仍处于发展阶段，无法适应航空大都市的城市竞争要求。同时，作为实验区支柱产业——工业发展虽然较为突出，但主要还是以加工业为主，富士康等企业甚至呈现"一极独大"的趋势，自身蕴含的技术含量不高，所以，工业方面综合发展效率也偏低。郑州航空港和自由贸易试验区建设过程中，应该将产业结构进行调整。首先，应该完善航空配套产业，在航空港内，金融服务业和电子信息产业还不够发达完善，无法有效地带动第三产业的发展。其次，对于第二产业，应提高工业企业的创新能力，发展高新技术产业，提高产品的技术含量。目前，航空港主要的电子信息产业是以富士康为主的手机加工制造业，不利于工业发展效率的提高。

（二）进一步推进航空物流的发展

仁川港是韩国第二大港口，仁川的物流模式为航运 + 海运，充分利用区位优势，将仁川打造成亚洲货运的枢纽站。郑州航空港属于内陆型空港，虽然没有海运优势，但是，郑州素有"铁路心脏"之称，铁路货运一直为郑州主要的物流运输方式。在航空物流发展上，一方面，可以借鉴仁川发展的经验模式，探索多式联运模式，推动空铁无缝衔接。另一方面，临空基础产业作为临空经济区重要的先导产业，主要是与机场对接的现代综合交通运输体系，包括机场综合交通换乘中心、中原城市群城际枢纽站、高速铁路、城际铁路、城市轨道交通、高速公路等。总体布局城际铁路网、公路集疏网，尤其是空港主体区内的"三纵两横"高速公路网、"五纵六横"快速通道网，以及以郑州为中心的"米"字形铁路网，实现陆空对接、多式联运、内捷外畅，客运"零距离换乘"和货运"无缝衔接"。临空基础产业越完善，以空港为中心的放射状陆路交通越便捷，就越有利于优化其他临空产业的发展环境。

目前，在物流运输上，航运成本较高，运输效率却是运输方式中最高。海运成本最低，但其效率也最低，适合密度较大，体积较大的设备远洋运输。铁路运输相比之下，成本比航运少，效率比海运高，是运输方式中最受欢迎的方式。郑州航空港在物流业发展上，提出多式联运的发展模式，建立相关的国际物流园区。但是，航空港物流企业的发展仍然较为落后，物流运输效率仍需要进一步提高。

（三）发展多元化经济

仁川在经济发展上，已不单单依靠传统的自由贸易园区理论发展，将现代服务业与传统出口加工业并存发展。仁川机场周边永宗航空城的规划包括娱乐、物流、服装、医疗、旅游等基地，形成了较完整的产业链条。与之相比，郑州航空港现代服务业发展还不够完善，服务业基础设施的建立无法有效推动经济发展。在郑州航空港经济区内，主要产业增加值来自第二产业中的加工制造业，第三产业增加值虽然在逐年增加，但其占比仍然较低。借助仁川发展经验，航空港应围绕临空经济发展临空产业，实现航空港枢纽的集聚与辐射。河南应建设高端临空经济产业体系，大力发展航空物流业，集聚发展航空航材制造与维修，建设超级计算机和超级计算应用基地、智能产业研发与应用基地、智能手机生产与研发基地、生物医药生产与研发基地，并全面发展现代服务业。

郑州位于河南中心，是河南省会城市，也是中国八大枢纽城市之一，"米"字形铁路网的建设使郑州逐渐成为人们出行的中转站和货运的转口站。因此，出行中所需的酒店服务、医疗服务、金融服务以及会展服务必不可少。郑州航空基础设施建设还不够完善，尤其高端服务业发展远远无法吸引游客的驻足。首先，航空港经济区内星际酒店进驻和加盟的数量不足，没有设立集酒店、餐饮、休闲、购物和娱乐等消费功能于一体的生活性服务中心来满足高端消费群体的多样化需求。其次，经济区没有充分考虑航空旅客对机场周边配套服务的需求，航空旅客服务链条延伸不够，机场品牌型酒店的入驻不足以满足普通旅客的需求。最后，公寓式酒店的发展数量，无法满足机场、航空公司及周边园区中高层次人员住宿需求。借助国际上临空经济区建设经验，应以郑州新郑国际机场为中心，形成具有当地特色的餐饮品牌连锁店、品牌经济型酒店、酒店式公寓环形分布格局，构建集成化生活性服务业体系。

第四节　巴西马瑙斯自由贸易园区案例分析与启示

自从世界上第一个境内关外型自由贸易园区——乌拉圭自由贸易园区成立后，越来越多的国家或地区效仿建立自由贸易园区。1967年，巴西政府在亚马孙州的马瑙斯市也设立自由贸易园区（以下简称马瑙斯自由贸易园区）。截至目前，马瑙斯自由贸易园区通过实行特殊的优惠政策，引进了先进技术，吸引了大量外资，已经发展成为一个规模宏大、效益显著、别具一格的自由贸易园区。马瑙斯自由贸易园区的发展不仅对巴西的经济产生了较大的影响，甚至对整个世界来说都有很深远的学习意义。因此，本小节拟通过对马瑙斯自由贸易园区的发展过程进行分析，探讨其发展的成功经验，并结合河南省自由贸易试验区的发展做出简单的讨论，并提出相关的政策建议。

一　马瑙斯自由贸易园区发展的历程

马瑙斯市位于巴西北部的亚马孙平原，是亚马孙州的首府，距离亚马孙河入河口1000英里。由于亚马孙热带雨林是世界上最大的原始森林，因此，该地区有着无尽的自然资源。在历史上，马瑙斯市有着"黑金之都"的美誉，这里说的"黑金"是指其丰厚的橡胶资源。在19世纪末到第一次世界大战之前的一段时间里，马瑙斯市就是当时的橡胶集散地。但由于深居内陆腹地，导致该地区经济发展模式比较单一。而那时橡胶采集业的发展，吸引了大量的东北部的移民，即使在 19 世纪末橡胶工业技术得到提升以及世界市场上对汽车轮胎的需求量大增，但是，由于该地区基础设施薄弱，交通不发达，尤其位于西部内陆的亚马孙热带雨林的中心，不具备区位的比较优势，运费成本相对较高。再加上后期东南亚天然橡胶的竞争压力增大，导致该地区的橡胶产业逐渐衰退，失去了主要经济来源。橡胶集散地的衰败也使马瑙斯渐渐地变得冷清起来。

　　1957 年，巴西联邦议员弗朗西斯科·佩雷拉·达西尔瓦提出，要在亚马孙州首府马瑙斯建立自由贸易园区，旨在挽救经济，克服当地严重的经济危机。然而，那时的马瑙斯人口只有 20 多万，优惠的进出口政策并没有取得太大的实质性进展。1967 年，巴西政府又颁布出第 288 号法令，以立法的形式正式建立马瑙斯自由贸易园区，并设置了直属中央管理的自由贸易园区管理委员会，该机构拥有较大的财政自主权和行政自主权力，也享有自己独立的司法当局和资产管理权，自由贸易园区在该机构的管理下有步骤、有计划地发展。由于马瑙斯的地理位置比较偏僻，离圣保罗、里约热内卢等中心城市比较远，政府便决定将自由贸易园区定位于"两头在外、兼顾国内市场，发展对外贸易"。贸易自由贸易园区内实行的政策不同于区外贸易，凡是在自由贸易园区内消费的物资、为加工再出口或在区内筹办企业而购买的机器设备，都不需要进口许可证，并免除进口税。外国商品再出口也不需要缴纳出口关税，而产品运往巴西其他地区却不适用该政策。为鼓励工业生产，区内的产品不管是运往国内还是区内消费，一律不征收工业产品税。政府以低于其他地区的价格来建设基础设施和农牧业用地，从而促进自由贸易园区的发展。

　　1968 年，巴西政府又决定将马瑙斯自由贸易园区的贸易优惠政策扩展到整个西亚马孙地区，包括亚马孙、帕拉、郎多尼亚以及罗赖马等地区，其面积覆盖 200 多万平方千米，相当于委内瑞拉和秘鲁的面积总和，占巴西领土总面积的 1/4，成为世界上最大的自由贸易园区。在自由贸易园区内，有着世界上最辽阔的水网，通航河流可以达到

2.3 万千米，亚马孙这条黄金水道可使万吨远洋巨轮直接到达这里。

　　由于采取了许多税收优惠政策和财政支持，国内外一些举世闻名的大公司都纷至沓来。例如夏普、菲尔柯、东芝、索尼、菲利普等。这些公司在马瑙斯自由贸易园区内设立分公司或经销处，这些外商企业的进驻不仅能够带来大量的资金，还带来了先进的技术和管理经验。在 20 世纪 80 年代，很多日资企业进入马瑙斯自由贸易园区，逐渐成为自由贸易园区内居于主导地位的外资企业。随后在 90 年代，韩国三星公司也投入到自由贸易园区内，与 LG 共同生产三星的显像管，马瑙斯自由贸易园区还引进了英国著名的加勒得唱片制造公司的技术，使巴西格拉迪恩特公司的唱片机成为世界唱片机的高端品牌。1983 年，华西木材公司入驻自由贸易园区的农业园，成为入驻该园区最早的中国企业。近年来，随着中国企业走出去战略的实施，包括格力、嘉陵等企业在自由贸易园区工业园开始大规模投资，建立主要的海外生产基地。拉丁美洲通讯社曾经报道说："马瑙斯自由贸易园区的出现，对于巴西外来技术的发展来说提供了一个一本万利的好机会，并且在几乎没有花本国一分钱的情况下，就实现了电子工业、光学仪器以及电子手表业的飞速崛起。"

二　马瑙斯自由贸易园区发展的特点

　　经过几十年的发展，作为巴西唯一的经济特区，马瑙斯自由贸易园区的范围从早期的 1 万平方千米逐步辐射到了整个西亚马孙地区。在这些企业带来的资金、技术以及管理经验下，马瑙斯自由贸易园区的经济实现了跨越式的发展，该地区的人均收入增速连续多年稳居各州第一位，使这一地区彻彻底底地摆脱了长期依靠联邦政府财政补贴的落后局面。目前，马瑙斯自由贸易园区在世界上 2000 多个自由贸易园区中最为成功的 5 个自由贸易园区，也成为整个南美地区中经济发展最为成功的地区。2017 年马瑙斯自由贸易园区成立 50 周年，巴西玛瑙斯自由贸易园区占地面积 221 万平方千米，占全国领土面积的 26%，园区自成立以来，成功吸引了大批企业进驻，入驻企业提供了 12 万个就业岗位，创造了 320 亿美元的利润。园区内总投资 10.7 亿美元，广告收入 56210 亿美元。马瑙斯自由贸易园区也从一个西北不知名的小城发展成拥有 200 多万人口的国际性贸易区。现如今的马瑙斯自由贸易园区已经是一个特色鲜明、规模宏大的经济区。经过实践的检验，马瑙斯自由贸易园区取得的成就主要有以下三个方面。

（一）内向型向外向型转变

世界上大部分贸易区是出口导向型的，进口导向型自由贸易园区却很少见，而一直以来马瑙斯自由贸易园区都是进口额大于出口额。1979 年，马瑙斯自由贸易园区的出口总额大约为 0.6 亿美元，而进口总额却达到 2.31 亿美元，远远高于出口总额。马瑙斯自由贸易园区企业所生产的各种产品大多数都是运往国内市场，满足国内的消费者需要，以电子产业为例，电视产品中有 90%、其他电子产品有 80% 都是销往巴西本国境内。而零部件、材料原料等却是进口其他国家或地区，这势必会造成一定的贸易逆差，这种贸易逆差大部分是由国家的外汇来进行平衡，进口导向型贸易方式在一定程度上能够利用其他国家的技术和资金，来生产能够满足国内需要的进口替代品，能够促进马瑙斯工业经济的发展。但是，长期维持这种情况会给国家带来沉重的债务负担。因此，在 80 年代的时候，马瑙斯自由贸易园区管理局提出要进一步改善经营方针，不仅要考虑到国内市场，同时也要兼顾国际市场，采取各种优惠政策鼓励出口，改善现有的出口结构，对进口市场也进行严格的控制，做好统筹工作，在近几年也取得很明显的效果，贸易逆差也在不断地缩小，马瑙斯自由贸易园区管理局和外贸研究中心的专家也不断探究，及时根据世界经济发展形势，拉动出口市场的进一步扩大，使自由贸易园区的国际市场处于相对平衡状态，从而促进马瑙斯自由贸易园区建立以出口为主的外向型经济中心。

（二）基础设施更加完善

要想吸引越来越多的企业加入自由贸易园区，除本地的资源优势以外，当地政府也要加强基础设施的建设。在基础设施建设方面，政府尽量采取向中北部地区倾斜的政策。经过几十年的建设，现在已经逐步形成了以马瑙斯为中心的地区交通网络。马瑙斯地区并没有四通八达的铁路，可是，马瑙斯自由贸易园区管理局却利用该地区靠近的四条公路，使马瑙斯自由贸易园区公路网与整个巴西的公路网相连，从而便利园区的产品销往国内各个地区。并且自由贸易园区管理局利用马瑙斯机场大力发展临空经济，也和国际上多个机场合作，完善与世界各国的航线建设，从而为马瑙斯自由贸易园区的产品走向世界、为该地区的经济转型奠定了基础。马瑙斯是亚马孙河沿岸重要的河港之一，建有世界上最大的浮动码头，马瑙斯自由贸易园区从公路、航空和河运三方面入手，不断扩展服务范围，基础设施更加完善，销售市场更加广阔。同时，外国企业的不断进驻也间接地促进了基础设施的建设。各国投资设厂，必定会带来母国的资金和技术，为了生产相应的产品，各个企业需要建设与本产品相配套的设施。因此，马瑙斯自由贸易园区发展50年来，在基础设施方面取得了重大的成就，这也是该地区经济发展突飞猛进的重要原因。

（三）零部件国产化程度加深

在马瑙斯自由贸易园区最初建立的十年中，巴西本国的元件工业，特别是电子元件工业远远不能满足自由贸易园区的需求，所以，在初期建立的工厂大多数都是凭借免税的优惠条件进口国外的零配件进行组装的装配厂。随着自由贸易园区内工业经济的发展，从1975年起，马瑙斯自由贸易园区管理局开始强调在工业区内实行产品国产化的政策。区内的工业企业要不断提高制成品国产化的比重，每进口一美元的零部件，在国内市场上必须有价值3美元的制成品，这一目标在1989年得以实现。由于这一政策的颁布，推动了自由贸易园区内的工业企业与其他地区的企业有了直接联系，也促进了自由贸易园区外的企业不断向自由贸易园区内提供生产零部件，这也间接地增加了自由贸易园区外人员的就业机会，拉动当地经济的增长。法律还规定，国内其他一些企业对自由贸易园区内企业提供制成品中国产零部件的比例越高，国家对该企业进口设备所获得减免税收的优惠力度就越大。与此同时，马瑙斯自由贸易园区管理局还根据国内外经济形势，每年都确定一次进口所需要的外汇总额，并将总限额分配给各个部门和企业，这既能保证企业所要进口原料、零部件以及扩大再生产所需要的外汇，也能促使企业重视产品国产化，节约外汇，发展本民族的经济。根据相关资料，截至 2016 年年底，马瑙斯自由贸易园区生产的产品 89% 已经实现了国产化，工业区内的大部分企业只进口不能从本国生产的或者生产数量很少的元配件。

三　马瑙斯自由贸易园区的成功经验

（一）税收优惠政策

巴西税收种类比较繁多复杂，各种捐税共有 58 种，按行政可以分为联邦税、州税和市税三种。正是因为这样，巴西大部分企业的成本支出中有很大一部分都是花费在税收上面。马瑙斯自由贸易园区管委会就从巴西当地企业进口税的实际情况出发，首先围绕税收政策采取一系列的行动。

第一，在进口税方面，在马瑙斯自由贸易园区内消费的所有进口商品都免除，凡是在西亚马逊地区消费使用的并且在第 300 号列出来的商品全部免除进口税，而且用于在马瑙斯工业区内组装加工的进口原料、辅材料以及部件、组装件，其最终产品在运往巴西其他地区时，虽然不是免税，但只要审批通过，便可享受 88% 的进口税减免。

第二，在工业产品税方面，所有的在马瑙斯自由贸易园区生产出来的成品都免征产品税；进入马瑙斯工业区和西亚马逊地区的其他地区的国产商品免征产品税；在西亚马逊地区利用当地林业和农业资源为原料生产出来的产品也不征收商品税。

第三，所有在马瑙斯工业区生产的产品都免除出口税。

第四，州流通税退税根据产品不同，退税比例为 55%—100%。

第五，减免法人所得税。在巴西法人所得税税率高达 75%，对于巴西企业法人来说是很沉重的赋税，而对于马瑙斯自由贸易园区的企业，从开始盈利年度的 10 年之内减免 100%。根据巴西《经济价值报》的报道，巴西总统罗塞夫宣布马瑙斯自由贸易园区的税收优惠政策由 2013 年延长到 2023 年的基础上，再次将免税区优惠年限延长 50 年，并将优惠的地域范围扩大至马瑙斯大都市圈，从而为西亚马孙地区创造更多的机会，实现该地区的可持续发展。

（二）综合型的产业结构

马瑙斯自由贸易园区面积共 1 万多平方千米，以马瑙斯市为中心，由工业区、商业区和农牧区三部分组成。马瑙斯市为主要的商业中心，商业区在自由贸易园区建立初期发挥了巨大的作用。而工业区则位于距离市中心 5 千米的区域。在工业区内，通过入驻企业带来的资金和技术，现如今已经形成了大约 50 个产业部门，电子、化工、信息和热塑材料等行业又相对集中成各个部门中心，其中包括具有国际竞争力的四大主导产业，即电子工业、两轮工业、钟表工业和眼镜工业。而马瑙斯的电子工业中心是整个拉美地区最大的园区，世界上几乎 95% 的知名品牌电视机公司都在马瑙斯自由贸易园区建立了大型生产基地。在 BR174 号公路两旁，有个 60 公顷的现代化的农牧业区，农牧区于 1976 年建立，主要有橡胶、蔬菜、可可树、果树种植等，而其腹地西亚马孙地区则成为巴西的战略性食品生产中心，生产出的产品主要用来满足区内的市场需求，有时也会用于出口。在马瑙斯自由贸易园区内，工业、商业、农业、牧业都综合发展，促进了马瑙斯自由贸易园区的进一步繁荣。全市人口由 1970 年的 30 万人增加到现如今的 120 多万人，如今的马瑙斯自由贸易园区高楼林立，车水马龙，新区住宅、大学、银行、医院、港口、国际机场等基础设施应有尽有。巴西人自己曾骄傲地认为，马瑙斯自由贸易园区是世界自由贸易园区的楷模，认为世界上没有一个自由贸易园区像它这样拥有贸易、工业和农牧业三个部门。

（三）充分利用区位优势

马瑙斯自由贸易园区的选址位置与其他自由贸易园区与众不同，大部分自由贸易园区都选择沿海沿江地区，而马瑙斯自由贸易园区则位于巴西的西北部，处于内陆腹地，周围没有很大的沿海港口。在巴西，由于东部和东南沿海地区殖民入侵的时间早，工业基础较好，所以很快发展成发达地区。然而，马瑙斯所在的巴西西北部开发得比较晚，在过去其经济水平远远落后于东部沿海地区。但是，马瑙斯自由贸易园区有着浩瀚的原始森林资源，丰厚的农矿资源和丰富而廉价的劳动力，可利用的自然资源比较多，开发的潜力很大。虽然处于内陆地区，可是交通条件却很好。在公路交通上，马瑙斯保税区位于靠近公路 BR174，连接马瑙斯北部的博阿维斯塔岛。这条公路提供了通往委内瑞拉和其他邻国的重要通道，319 公路桥也将马瑙斯和波多韦柳的南部连接起来；在海运方面，马瑙斯自由贸易园区靠近奥内格罗港口，这个港口通过其广阔的水域使马瑙斯和国内其他地区联系起来，甚至马瑙斯还可以通往太平洋和大西洋；在航运方面：爱德华戈麦斯国际机场就临近马瑙斯自由贸易园区，按货运量统计，它是巴西第三大机场，这个机场有两个客运站和三个货运站，并且和多家航空公司合作提供定期航班路线。马瑙斯自治管理局实地考察后，深入分析了该地区的自然区位优势，并使这些优势成为服务经济的强有力的动力，使马瑙斯自由贸易园区经济取得更大的进步。

（四）自治管理的职能

为了更好地管理马瑙斯自由贸易园区，巴西政府在 1967 年颁布法令，法律规定在自由贸易园区内设置总管理局，该管理局具有立法、行政、财政的自主管理权，直属于联邦内务部领导，实际上是一个自治机构。它不仅负责研究制定自由贸易园区发展的各项方针和政策，分析和审批发展项目和进口计划，分配进出口配额，而且该管理局也要负责统筹规划整个西亚马逊地区的发展，及时与国家有关部门保持联系，执行实施必要的法律措施。马瑙斯自治管理局在亚马孙州、阿克里州、郎多尼亚州以及罗赖马地区都设立了办事处。总管理局的领导委员会由局长主持，其任命由内务部长提名推举，经总统批准以后生效。管理局下设两个专门负责工农业发展的机构，即工业研究与工艺革新基金会和促进农牧业经济发展基金会，前者主要用来在区内兴建工业企业，引进先进生产技术和科技密集型的生产线，提高企业生产制成品的国产化的比重，促进出口企业的发展。而后者的主要任务在于在自由贸易园区内发展农牧企业，提高农牧业的生产效率，推广先进的养殖技术，发展仓储业务和农产品业务。自治管理局领导委员会组成表如表 4－3 所示。

自治管理局的财政资金来源主要有两个方面：一是联邦政府拨款；二是自由贸易园区内征收的仓储税。仓储税就是指货物从港口、机场等地卸下之后存在自由贸易园区的仓库中超过一定的期限所要缴纳一定比例的税款。马瑙斯自由贸易园区管理局根据各地发展的实际情况，将管理局的资金分拨给 3 个州和 1 个地区使用，并联系国内外专家为该地区的项目提供技术和理论指导，促进项目的实施和推进，从而拉动整个西亚马孙地区经济的发展。由此可知，该管理局既不同于传统的政府部门，也不属于各种形式的现代企业，它可以被当成企业和政府的综合体，在很大程度上拥有着自主管理权。

表 4 - 3 马瑙斯自治管理局领导委员会组成情况

派出委员机构	名额
内务部	2
计划秘书处	1
工商部	1
财政部	1
农业部	1
亚马孙企业界	1
国家亚马孙考察协会	1

资料来源：综合相关文献整理得出。

（五）坚持环保先行

提起巴西，大家首先想到的就是热带雨林。在马瑙斯成立自由贸易园区之前，很多学者都比较担心经济发展和环境保护的矛盾，如果经济得到了发展可是环境保护被落下，这样的发展模式有些得不偿失。马瑙斯自治管理局也考虑到这个问题，并一直奉行把环境保护放在企业生产活动之前的政策，所有进驻到马瑙斯自由贸易园区的项目，都必须严格遵照自由贸易园区内的相关规定进行操作，这些企业必须经过管理当局严格的审查，当局只批准没有环境污染以及不破坏生态平衡的建设项目，凡是造成污染、破坏生态环境的企业全部都禁止进入园区。进入自由贸易园区的企业虽然可以享受到优惠的税收政策，但这并不是"免费的馅饼"，这是因为所有进入自由贸易园区的企业必须同时申请环保建设许可证和环保运营许可证，并且每年还要在环保部门进行登记、更新证书，才能够享受到相应的优惠政策，否则就会就会受到相应惩罚，甚至吊销入驻资格。马瑙斯自由贸易园区管理局提倡企业走节能环保的可持续发展道路，对于在自由贸易园区内建立的工业企业，管理局要求该企业农业用地占总面积的50%，从而作为维护生态环境的保障。如果进入园区的企业是农牧企业，管理局则要求50%的面积用来农业生产，其余50%的面积用于保护原来热带雨林的面貌。在马瑙斯自由贸易园区管理局和当地企业的共同努力下，巴西马瑙斯自由贸易园区不仅推动了西亚马逊地区经济的发展，缩小了东西部之间的发展差距，也使原始雨林的生态环境得到了保障，保护了该地区生物的多样性，还成为经济发展和环境保护的国际典范，受到许多国家和地区的重视，为其他国家或地区经济的发展提供借鉴。

（六）大力发展人才事业

马瑙斯自由贸易园区除利用联邦政府和州政府的财政支持来兴办亚马逊大学和州立亚马逊职业技术学校外，还积极地在工业区内建立人才训练中心，经常向企业职工传授专业知识和技能，及时掌握先进的生产技术，在当地培育出专业化的劳动力，增强劳动力的素质。为响应国家号召，大力发展人才事业，吸引更多精英加入到自由贸易园区的建设，当地政府加大了人才培养资助的规模。马瑙斯市政府改革职称体系及薪酬福利制度，通过设立高额奖学金与津贴，鼓励高科研人才参与国内研发，设立"博士扎根特别计划"，重点资助生物、信息、农业等领域的博士及高级研究人员。巴西政府还改革移民制度，为吸引国际人才和海外巴西人才回国，巴西政府于1995年宣布承认双重国籍。在此基础上，自2002年开始向具有专业技能的国外移民颁发人才签证，并对在巴西高校就读的国外留学生给予申请巴西国籍方面的优惠政策。与此同时，马瑙斯自由贸易园区管理局还创立了工业共同基金会，这个基金会由一些工业企业自愿捐助一部分的利润，主要用于当地科学教育、卫生事业和儿童福利设施的建设。在生产不断发展的基础上，当地企业可以自己筹集资金来发展社会福利事业以及教育事业，而不是依靠政府的补助，这种办法值得各个国家和地区学习借鉴。

四 马瑙斯自由贸易园区发展面临的主要问题

虽然马瑙斯自由贸易园区是一个很成功的典范，但是，在其发展的过程中依然也存在一些问题，这些问题值得我们预防并解决。在马瑙斯自由贸易园区内并没有直接运往市场的运输工具，它往往需要借助周围的公路、海运以及机场进行产品的输送，运距太远是长期以来阻碍马区工业发展的最主要的原因。近年来，由于世界经济全球化趋势不断增强，伴随着马瑙斯自由贸易园区的日渐开放，马瑙斯的产量普遍下降，产品的优势竞争力也下降。在自由贸易园区建立的初期，联邦政府预计通过发放低息贷款、免费分配土地等措施来吸引外资对农牧业的投资，但是市场上有大批的投机者趁机盘下大片的土地，并向银行以低息借贷大量的资金，然而，这些投机者并没有将这些优惠政策应用到原先政府部门规定的农牧业发展上。此后，这些投机者又以政府开放政策导致的亏损为由要求银行赦免其还款。所以在园区内的农业项目，如人工养鱼、天然橡胶、水果种植等仍然处于比较落后的状态。马瑙斯自由贸易园区的商业区在最初的时候发挥了巨大的作用，但是，由于近些年来巴西进口市场全面打开，免税商业区的优势日渐衰弱。

五 马瑙斯自由贸易园区的借鉴价值

（一）完善法律体系

立法是规范建设与管理的保障，在自由贸易园区的前期建设和后续的管理中均要涉及诸多的对外关系，通过制定一系列法律法规使自由贸易园区的建设与管理更加法制化和科学化。巴西联邦政府为了使自由贸易园区顺利发展，先后颁布了 20 多项法令、决定等，一方面，对引进外国资金和先进技术采取保护、鼓励和积极引进的优惠条件；另一方面，又保障了民族工商业的发展，有助于实现"巴西化"的经济目标。同样，河南自由贸易试验区的建立也需要确定一系列完备的、系统的、精确的法律条文作为发展的基础。从立法的制定、执行到实施需要经过很长的一段时间，从开展基本的法律法规到形成完备的法律体系，需要我们国家政府不断根据实际情况进行适当的调整，从而构建出良好的动态协调机制，保证自由贸易试验区内经济能够平稳地运行。

河南自由贸易试验区的建设正处于起步阶段，不管是现在的初步建设阶段还是到未来的持续稳定发展阶段，都建立在有完善的法律基础之上。不断加强立法保障，健全相关的法律法规就显得尤为重要。河南省应该正式颁布自由贸易试验区基本法，逐步形成具有河南特色的、适合河南省情的、具有权威性的法律法规体系。借鉴巴西马瑙斯自由贸易园区、美国芝加哥自由贸易园区和韩国釜山·镇海自由贸易园区的先进法律规定，明确在自由贸易试验区的经营管理中所涉及的权责关系，以及各个经济利益相关者的相关权益，让制度为自由贸易试验区内的经济发展保驾护航，充分发掘河南自由贸易试验区的发展潜力，提高企业经济的运行效率，从而保障河南自由贸易试验区的可持续发展。

（二）创新海关监管制度模式

海关是进行对外贸易所有环节中最重要的部分，对马瑙斯自由贸易园区而言，其税收优惠政策就是马瑙斯自由贸易园区管理局和海关部门协调一致的成果。在企业的出口退税方面，海关必须和税务部门合理规划，将区内的企业视为境外企业，使得出口退税得以落实。海关对自由贸易园区内的经营行为进行监管，主要通过实施经营人管理记录的方式。"经营人"指的是在自由贸易园区内从事存储、加工、采购或者销售等有关活动的任何一种形式的主体，以海关批准的形式予以记录保存，能够在某种程度上实施有关的监督。自由贸易园区的设立、营运，以及货物入区、制造、展示、销毁、出区等都需要获得海关部门的许可，详细地规定了自由贸易园区的安全条件、制度保障和记录义务等都在海关的严格监督之下。与此同时，相关法规明确授权规定海关监管、检查存储于自由贸易园区内的一切物品、人员和场所。因此，我国自由贸易试验区的发展不仅要强调贸易便利化，也要创新海关监管制度，丰富自由贸易试验区内的经营活动的同时也要确保使自由贸易试验区内企业管理运营处于海关的密切监管之下。

在河南省自由贸易试验区内，在海关特殊监管的区域内实行"一线放开""二线安全高效管住"的通关模式。在确保有效监管的前提下，积极研究探索在海关监管区内货物的分类监管模式。海关部门要鼓励企业参与到"自主报税、自助通关、自动审放、重点稽核"① 等新的监管制度实践中。按照最大便利化和严密防范安全质量风险的原则，在一线区域内实施进出境的现场检疫、查验和处理，在二线区域内主要实施进出口产品的检验检疫监管和实验室检测，维护好质量和安全。海关部门要不断完善国际贸易中"单一窗口"的货物进出口和运输工具的进出境功能，更深一步地优化通关流程和监管执法的流程，实现贸易许可、资质登记等平台功能，将涉及贸易监管的部门逐步纳入"单一窗口"管理平台。完善通关合作机制，开展货物通关、贸易统计、"经认证的经营者"互认、检验检测认证等方面合作，逐步实现信息互换、监管互认、执法互助的目标。推进自由贸易试验区内各区域之间通关一体化建设，支持自由贸易试验区与"一带一路"沿线国家开展海关、检验检疫、认证认可、标准计量等方面的合作与交流，探索与"一带一路"沿线国家开展贸易供应链安全便利化合作模式，使海关监管能更大程度上发挥作用，促进自由贸易试验区经济又好又快发展。

（三）因地制宜

世界上大大小小的自由贸易园区有 2000 多个，它们彼此之间却有着很大的不同。有的自由贸易园区靠近大江大河，有的自由贸易园区临近机场，还有的自由贸易园区完全是凭借着国家政策成长起来。不管它们是怎样的一种发展模式，都有一个共同的特征，这也是自由贸易园区发展的核心内容——因地制宜、因国制宜。各个国家的自由贸易园区是多种多样的，其多样性往往是由各个国家的具体情况所决定的。对于一些资源比较匮乏，人口比较多而国土面积相对较小的国家，其建立的自由贸易园区一般是以出口加工为主要经营方式。在沿海沿江港口以及国际交通的要冲，则是以转口贸易为主要经营模式。而对于资源比较丰富的国家，如何充分利用国内和国外两个市场和两

---

① "自主报税、自助通关、自动审放、重点稽核"的作业模式内容转自中华人民共和国上海海关官网。

种资源的问题就显得比较重要。资源丰富的大国可以充分发挥其"窗口"的作用，一方面可以扩大对外的经济贸易联系，从而加速国内各个生产部门扩大再生产和资本积累的进程，另一方面通过其他国家在自由贸易园区内也可以吸取他国之长，增强本民族产品的竞争力。在巴西马瑙斯自由贸易园区，虽然该地区深居内陆，但是，马瑙斯自由贸易园区管理局根据当地的实际情况，在大量引进外资的同时也狠抓产品的"国产化"方向，把握好两个市场的发展方向，使马瑙斯自由贸易园区成为世界知名的自由贸易园区。

河南和马瑙斯市有着相对共同的地理区位。它们都位于本国的内陆地区，区位优势远远落后于东部沿海地区。然而马瑙斯自由贸易园区利用仅有的几条公路，联合马瑙斯机场，向世界各地敞开大门。同样，郑州市虽然位于中国的中原地带，但是，郑州是全国的交通枢纽，在河南自由贸易试验区附近，有着全国有名的航空港——郑州航空港。截至2019年，郑州航空港已经累积开通航线242条，其中，全货运国际航班有30条，几乎覆盖了"一带一路"沿线的主要经济体。统计数据显示，2019年，郑州机场货运量52.2万吨，是2011年的5.1倍，并且新政机场的货邮吞吐量在2019年稳居全国第七名，同比增长了1.4%（见表4-4）。2020年1—5月，航空港的货运量保持持续增长，客货吞吐量稳居总部第一，其中国际货邮吞吐量占比超过67%。口岸是开展出库贸易和吸引内外资项目落地的天然平台，郑州自由贸易试验区应该充分利用航空港这个区位优势，乘东风、抓机遇，在不靠海、不沿边的情况下，让郑州自由贸易试验区飞向蓝天，走向世界。

表4-4　　　　　　2019年中国航空港货邮吞吐量以及增速

机场	机场货邮吞吐量（万吨）	名次	增速（%）
上海/浦东	363.42	1	-3.6
北京/首都	195.52	2	-5.7
广州/白云	191.99	3	1.6
深圳/宝安	128.34	4	5.3

续表

机场	机场货邮吞吐量（万吨）	名次	增速（%）
杭州/萧山	69.02	5	7.7
成都/双流	67.19	6	1.0
郑州/新郑	52.2	7	1.4
上海/虹桥	42.36	8	4.0
昆明/长水	41.58	9	-2.9
重庆/江北	41.09	10	7.5
西安/咸阳	38.19	11	22.1
南京/禄口	37.46	12	2.6
厦门/高崎	33.05	13	-4.3
青岛/流亭	25.63	14	14.1
武汉/天河	24.32	15	9.8
天津/滨海	22.62	16	-12.6
沈阳/桃仙	19.25	17	14.2
长沙/黄花	17.57	18	13.0
海口/美兰	17.56	19	4.1
大连/周水子	17.35	20	7.2

资料来源：国家民航局。

（四）发挥自由贸易园区辐射带动功能

对于一个大国来说，对外开放与内地开发相结合，从而开放一个点，带动一大片，实现多层次的开放格局，才能充分发挥经济体的作用，对于自由贸易园区来说也不例外。这就是我们常说的辐射带动功能。在巴西的马瑙斯自由贸易园区，由于政府的一些优惠政策，吸引了世界各地的企业人士到马瑙斯投资设厂，使马瑙斯的经济得到了长足发展。同时，马瑙斯自由贸易园区还得到了亚马逊州政府、亚马逊地区发展管理局的财政支持，马瑙斯自由贸易园区管理局还把税收优惠政策扩展到西亚马逊的各州，吸引了其他各州人的注意，带动了整个北部地区经济发展。由于马瑙斯自由贸易园区的辐射带动作用，巴西曾经最落后的西亚马逊地区实现了经济的腾飞，不仅摘掉了长期政府补助的穷帽子，而且还成为西北方各州中唯一向中央国库纳税的州。我国也要学习借鉴该地区的辐射带动作用，使我国的自由贸易试验区也可以充分发挥其内向功能。

一个自由贸易试验区，对一个区域的影响是方方面面的，从全省的发展，到产业结构的升级，到每个企业的发展机遇，再到每个人心中的幸福指数，都会受到自由贸易园区发展的影响。单说河南自由贸易试验区郑州片区的发展，就可以带动几十万人就业。在郑州市的周边地区分布着许多的贫困县区，有的甚至是国家级别的贫困地区，所以，在郑州自由贸易试验区迅速发展为郑州经济带来活力的同时，如何带动周边贫困地区的发展就成为一个亟待解决的问题。河南自由贸易试验区是以郑州为主，涵盖郑州、开封和洛阳三个片区，三个片区共同享受国家给予的税收优惠政策，从而可以从三个空间带动周围市县的经济发展，使河南省经济迈向更高的一个层次。

（五）构建良好的管理体系

各个国家或地区的自由贸易园区都会有一个管理机构，而自由贸易园区的管理机构不同于其他一般的行政管理机构，这些管理机构往往具有双重性质，一方面它们拥有政府部门的权威性和强烈的责任感，另一方面它们也具有企业经营的灵活性。目前，有很多的发展中国家普遍存在着这样的问题：行政手续比较烦琐、各部门之间协调力度不够、行政效率低下，为了解决这些问题，使马瑙斯自由贸易园区少走弯路，巴西政府在自由贸易园区内建立一元化领导的区管理局，巴西马瑙斯自由贸易园区管理局负责整个自由贸易园区的日常活动。管理局是由政府指定的董事会领导，它极大简化了行政手续，对于外国投资者来说是具有很强的吸引力的。

随着我国上海、广东、福建自由贸易试验区的成功经验的推广，浙江、河南、湖北、四川、重庆、辽宁和陕西不断地加入，未来自由贸易园区的申请和批复数量会越来越多，空间范围也会逐渐从沿海地区转向内陆。由于各地经济发展情况不同，我们要根据实际情况制定管理制度。根据我国国情，宜采取"整体模式"的空间结构，我国可以设立一个专门的自由贸易试验区管理机构，该机构要负责统筹、规划、管理所有的自由贸易试验区。机构的成员主要由商务部、海关总署、国土资源部等部门的主要成员组成，并且中央要统一领导、协调、管理该机构，国家应赋予自由贸易试验区管理机构一定的自主管理权，各个部门的设置不完全受政府机构的约束和限制，从而避免多部门的重复管理，优化行政审批程序，提高行政办事效率。

面对经济全球化的新趋势以及我国对外开放的新要求，郑州作为河南省省会以及中原经济区的龙头，迫切需要树立全球视野，在更高层次、更宽领域谋划郑州发展新思路。而积极推动河南自由贸易试验区建设正是顺应了时代前进潮流，对于增强郑州市辐射带动能力、提升河南对外开放水平以及促进我国区域经济协调发展具有重要意义。因此，河南自由贸易试验区要充分发挥区位优势，发挥航空港、"米"字形铁路网的作用，利用国家颁布的税收优惠政策，创新制度管理模式，大力发展经济，推动经济的转型升级，打造出世界一流的自由贸易园区平台。

第五章　自由贸易试验区背景下郑州临空经济的发展与探索

第一节　郑州航空港经济综合实验区建立的背景

作为中国第一个国家临空经济综合实验区，郑州航空港承载着国家在内陆腹地建立物流枢纽、先进制造业基地、扩大内陆地区开放水平、促进区域经济协调发展等重要使命，也寄托着国家对河南经济发展的厚望，河南应抢抓机遇，解放思想，加强研究，积极谋划，顺应国际国内经济发展的趋势，积极改革创新，促使其成为带动中原经济区发展的增长极和发动机。

一　郑州航空港经济综合实验区建立的国际背景

随着经济全球化程度的不断加深和信息技术、高新科技的兴起，世界经济出现了一个新的特点：商品的价值与体积之比发生了根本的变化。商品重量轻价格高的新特性意味着商品内在价值的增大，运输成本和制造成本地位的降低，制造商实现生产循环的第一要求变成了及时地采购、销售，首次真正体现了生产、销售领域里资金的时间价值，当前竞争的主题就是速度的竞争。因此，加快商品生产周转成为新技术经济革命的客观需求。在这种需求下，航空运输这一交通方式在以后的经济发展中越发重要。综观全球，机场的身影已经遍布世界各个角落，全世界的货物凭借着枢纽机场卓越的连通性，实现了在一个极小的区域内以极快的速度交换。这些区域之中企业的供应链的响应极为迅捷，企业竞争力变得更强，在当下世界引领城市与经济发展过程中，枢纽机场成为主角。于是在世界各地都涌现出了许多依赖航空运输而发展起来的航空大都市，如德国的法兰克福、美国的孟菲斯、阿联酋的迪拜等。世界生产力发展的过程中，这种航空大都市的形成和发展是必然的。

对于这种由交通方式带来的经济转变，北卡罗来纳大学凯南商学院卡萨达教授提出了第五波理论，他认为："在过去几个世纪，交通方式的变革对全球经济的发展与世界级大城市的兴起产生了重要影响，在经历了海运、内河运输、铁路、公路这四次大的变革之后，在21世纪，空运将成为新一轮推动经济增长的冲击波，在机场的带动下空港将成为一个国家和城市经济增长的发动机。"

对于航空大都市的形成，卡萨达教授在《航空大都市》一书中也有论述，他写道："我们不应该把机场建在城市边缘，然后尽可能地去回避机场；反而我们应该围绕着机场建设新世纪的城市。这是因为，过去人们选择住在城市的原因是为了享受城市在社会、金融、精神等层面上的纽带性优势，但是，在全球化进程中，我们会选择通过光纤和喷气式飞机将城市间的联系变得更加紧密，建设一个用机场相互联通的快捷城市网络。在机场周围形成围绕机场集物流园区与自由贸易园区、会议会展中心、研发科技园、及时制造（JIT）、酒店娱乐、商务办公、医疗教育等城市功能为一体的现代化机场区，也就是航空大都市。"

二 郑州航空港经济综合实验区建立的国内背景

随着世界经济开放程度的不断提高，中国航空运输现阶段正处于高速发展的黄金时期，进入由航空带动城市发展的模式，预计在今后20年中，中国将逐渐成为世界上航空运输发展最快、航空运输量最大的交通运输中心。虽然中国经济的发展存在着一些区域不平衡的现象，但是，我们正在积极地对产业结构进行调整，在中西部地区兴建大型的枢纽机场来顺利承接东部沿海地区的高科技产业的战略转移。在这种国内背景下，国务院于2013年3月对《郑州航空港经济综合实验区发展规划（2013—2025年）》正式批复，郑州航空港成为我国

51 个临空经济区中的首个，也是唯一一个上升为国家战略的郑州航空港经济综合实验区，河南承担了完成这一历史使命的重要任务。

在世界其他地区，许多取得辉煌建设成果的航空大都市，都离不开配套完备的自由贸易园区。中国（河南）自由贸易试验区（以下简称河南自由贸易试验区）在获批 7 个月后，于 2017 年 4 月 1 日在郑州正式挂牌成立。自由贸易试验区的建立将推动建设国际物流枢纽，发展陆空衔接和多式联运于一体货运集散地；还将加快建设国际商贸中心，完善跨境贸易电商交易平台；继续建设内陆开放平台，扩大开放程度，改善投资环境。与郑州航空港建设相辅相成、互相促进，所以，自由贸易试验区的建设将成为郑州临空经济发展的一股东风。

三　郑州航空港建设对河南经济的积极影响

（一）扩大河南临空产业的外贸规模

郑州处于中原腹地，在国际贸易初步发展阶段，国际贸易，包括国内贸易的展开主要是通过海运、河运的方式，而河南由于地理位置的因素，位置较偏，总体离海、河较远，自改革开放以来，在经济发展方面，河南与沿海地区和沿江地区的经济发展相比，还有很大的差距。但是，随着交通技术的发展，人们进行货物贸易时，可选择的交通方式越来越多，在铁路、公路大发展的时代，在改革开放的政策加上沿海、沿江等优秀的地理位置的多重因素作用下，沿海沿江地区成为我国商品进出口交易的总阀门，源源不断的商品汇集在这个地方，从中国各地走向世界各地，靠进出口极大地拉动了当地经济的发展。但是，我们河南与这些沿海、沿江地区相比，无论是在开放政策方面，还是在开放基础设施方面都与沿海开放区域有较大的差距。2008—2010 年，河南的进出口额还不到全国总进出口额的 1%，但是，河南总人口却将近占全中国人口的 10%。

随着国务院对于《郑州航空港经济综合试验区发展规划 2013—2025 年》的正式批复，这给河南对外贸易发展提供了有力的支撑，使河南的临空型产业迎来了飞速发展时期。自 2011 年开始河南省对外贸易迎来"井喷式"发展，相比于 2010 年，2011 年；对外贸易同期增长 83.1%；2012 年，河南对外贸易总额首次突破 500 亿美元大关，同比增长56.8%；2015年，郑州新郑飞机场货运吞吐量超过40万吨，2016年，货运吞吐量则超过45万吨，增速位于全国机场首位，总量水平居中部六省第一位。作为内陆省份，近几年来河南省加快转变经济发展方式，全面提升开放型水平，外向型经济发展势头迅猛，成绩喜人。根据郑州海关统计，2019年，河南省进出口总额达5711.6亿元，首次突破5700亿大关，居全国第12位，中部第一位。河南外贸依存度也由2013年全国第22位迁移到2019年的15位。此外，"空中丝绸之路"、河南自由贸易试验区、跨境电商郑州模式、郑欧班列等外向型经济发展平台也为河南对外贸易发展交出了亮眼的成绩单，标志着河南省读对外开放程度越来越高。坐落于航区的富士康所属企业在河南省进出口比重高达59.5%[①]。

（二）提升河南临空企业的国际竞争优势

第一，由于郑州航空港拥有巨大的交通优势，且受到国家的大力支持，有利于在港区的周围聚集与港区有密切产业关联的资本、技术、人才、产业，从而逐渐形成产业的聚集效应，使港区内企业拥有完整的产业链，实现产业的外部经济效应，使企业更容易获得先进的技术，优质的生产原料，中间产品和技术工人。

第二，产业的集聚也能吸引更多的企业和人才入驻，加大竞争，促使人才不断地进步，提升自己的竞争优势和能力。同时，也促进企业不断地对产品进行创新，不断地优化产品满足客户的需要，加强企业的管理，提升企业的管理效率。

第三，航空港区的设立会带来信息的溢出效应，由于航空港区与国际市场的紧密关系，商业信息可以迅速地传递，使空港附近的企业能够更快地获取市场生产要素供给和需求的走向，在竞争性市场中就可以把握更多的贸易机会，抢占更多的市场份额，提升企业走向世界的积极性。

第四，郑州航空港区会带来技术的溢出效应，港区的企业可以通过对外贸易引进更多的生产技术，通过与国际企业的合作进行学习，

---

① 国家统计局（河南）。

通过技术传播，学习先进技术，从而提高产品的附加值，使产品拥有更大的国际竞争力从而也进一步推动了企业的良性竞争和发展。

（三）改善河南临空产业结构

一般来说，临空产业都具有高附加值，高技术的特点，伴随着郑州航空港的不断发展，势必会逐渐形成具有高附加值，高技术的临空产业集群。随着郑州航空港区经济综合实力的不断增强，越来越多的高新技术产业公司将落户港区，有利于优化产业结构，提高产品竞争力，促进河南制造向河南创造转变。

（四）降低河南临空企业贸易成本

郑州航空港的建立会大大增强河南省港口运营效率，改善河南省进出口产品的运输条件，相当于缩短了河南临空企业与其贸易伙伴之间的贸易距离，这将会使河南的企业在进行对外贸易往来时，以更低的价格进出口商品和原料，减少运输成本，使企业不但可以拥有更大的利润空间，还可以使企业更快更及时地购买自己所需要的生产原料，提高生产运营效率。而且郑州航空港还享有贸易便利化政策，如由郑州海关研究制定的无纸化办公营业，大大降低了企业的通关成本，让企业足不出户就可以在线上平台完成通关手续。除此之外，2016 年 8 月 31 日，国务院决定在河南设立中国（河南）自由贸易试验区；2017 年 4 月 1 日，中国（河南）自由贸易试验区正式挂牌成立。目前，在郑州、洛阳和开封三个区域正式设立了面积高达 119.77 平方千米的自由贸易试验区，自由贸易试验区的成功设立，将探索更前沿的贸易便利化制度，而港区可直接复制和推广自由贸易试验区的成果，这也将为河南临空产业的发展降低贸易成本，提升企业国际竞争力。

第二节　郑州航空港临空经济发展现状

一　郑州航空港经济综合实验区发展历程

郑州航空港经济综合实验区是国务院批准的首个以临空经济为引领的国家级新区和中原经济区的核心增长极，实验区包括郑州航空港区、综合保税区和周边产业园区，总面积达 415 平方千米。机场是临空经济区发展的内核。新郑国际机场于 1997 年建成，位于郑州市东南约 25 千米的新郑市境内，是全国第二个集航空、高铁、城际铁路、公路多种运输方式于一体的综合交通枢纽，也是国内八大枢纽机场之一。预计在 2045 年建设成具有四个航站楼，有独立卫星厅、五条平行跑道的大型机场。郑州航空港经济综合实验区重点发展三大产业。按照航空都市区产业圈层布局理念，围绕航空运输这一主线，试验区将重点发展航空物流、高端制造和现代服务业三大体系。一是以航空运输为主体的物流业；二是包括航空设备制造及维修、电子信息产业、生物医药等在内的高端制造业；三是现代服务业，包括专业会展、电子商务、航空金融、服务外包。

2007 年 10 月，河南省委、省政府正式通过郑州航空港建设的申请，并且郑州港区管委会正式成立，加快郑州国际航空枢纽建设并为打造郑州成为国际航空物流中心奠定了基础。2010 年，郑州新郑综合保税局正式通过国务院批准设立，意味着河南省有了承接全新高新技术产业转移、发展现代物流业的重要基地和吸引跨国跨地区大企业和顶级高端人才的利器，以此来促进郑州航空港的综合发展。2011 年 4 月，河南省政府根据中央编办批复精神批准设立郑州新郑综合保税区（郑州航空港）管理委员会。2012 年 11 月 17 日，经国务院批准的《中原经济区规划》提出以郑州航空港为主体，以综合保税区和关联产业园为载体，以综合交通枢纽为依托，以发展航空货运为突破口，建设郑州航空港经济综合实验区。2013 年 3 月 7 日，《郑州航空港经济综合试验区发展规划（2013—2025 年）》经国家发改委批准正式开始实施，标志着全国首个航空港经济发展先行区正式起航。而且在 2016 年《中华人民共和国国民经济和社会发展第十三个五年计划》将郑州航空港经济综合试验区正式列入其中，为建设竞争力强的国际航空货运枢纽，建设内陆开放型航空港区打下坚实的基础。

二 郑州航空港经济综合实验区发展概况

（一）空间结构布局

实验区以空港为核心，三大功能布局向外延伸，整体构建"一核领三区、两廊系三心、两轴连三环"的城市空间结构。一核领三区是指围绕机场形成空港核心区，以轴线辐射周边形成北、东、南三区。两廊系三心是指将建设南水北调和小清河两条滨水景观廊道，形成实验区"X"形生态景观骨架。同时结合城市功能形成三大城市中心，即北区公共文化航空商务中心、南区生产性服务中心、东区航空会展交易中心。两轴连三环是指将 G107、迎宾大道作为实验区十字形城市发展主轴，结合骨干路网体系形成机场功能环和城市核心环、拓展协调环的三环骨架。

（二）战略定位

郑州航空港战略定位分为五个方面，分别为国际航空物流中心、以航空经济为引领的现代产业基地、内陆地区对外开放重要门户、现代航空都市和中原经济区核心增长极，由此构成郑州航空港经济综合实验区的宏伟蓝图。要成为国际航空物流中心，就要把新郑国际机场建设成为国际一流货运机场，向国际枢纽机场发展，增强物流中转能力，开展多式联运的现代综合运输体系。发展以临空经济为核心的产业体系，要利用航空运输带动发展航空相关产业，如航空维修、航空物流等，使临空相关产业形成集聚效应，进一步发展与航空相关联的高端制造业和现代服务业，完善产业链。成为内陆地区对外开放重要门户是郑州必须要走出的一步，需要继续进一步扩大航空港开放程度，完善保税区建设，优化国际投资环境，建设完善开放体系。当临空产业集聚到一定程度，便可发展成为现代航空大都市，坚持绿色可持续发展，产城融合，建设宜居都市城。郑州担负着成为中原经济区核心增长极的任务，优化产业格局，用临空产业的集聚效应向周边扩展，使郑州成为中原最具发展活力的经济增长极。

（三）主要经济指标快速增长

1. GDP 总量

截至 2017 年，郑州航空港经济综合实验区的经济发展呈良好态势，全区生产总值达到 700.1 亿元（见图 5 - 1），是 2011 年的 8 倍，比上年增长 14%。而同期全国 GDP 增长率为 6.9%，河南省的 GDP 增长率为 7.8%。"十二五"期间，郑州航空港经济综合实验区的

GDP 的增加值为 439.5 亿元, 年平均增速为 44%。2016 年, 正式将郑州航空港经济综合实验区列入河南省"十三五"发展规划, 这将进一步促进郑州航空港的经济发展。

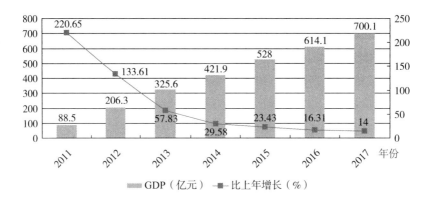

图 5 - 1 郑州航空港实验区 GDP 及增速

2. 工业增加值

2017 年, 郑州航空港经济综合实验区规模以上工业增加值达到 563.1 亿元 (见图 5 - 2), 是 2011 年的 8 倍, 比上年增加 15.2%。而同期全国规模以上工业增加值的增长率为 6.6%, 河南省的增长率为 9.1%。"十二五"期间, 规模以上工业增加值达到 429.9 亿元, 比 2012 年翻了两番多, 年平均增速更是达到了 61.8%。规模以上工业增加值的快速增长表明郑州航空港经济综合实验区中企业的生产过程中新增加的价值越来越多, 经济结构的升级和产业布局优化。

3. 固定资产投资

2017 年, 郑州航空港经济综合实验区固定资产投资达到 682.03 亿元 (见图 5 - 3), 是 2011 年的 8.5 倍, 比上一年增加 10.2%, 全国的固定资产投资比上年增长 7.2%, 河南省比上年增长 10.4%。"十二五"期间, 固定资产投资达到 520 亿元, 年均增长率更是达到 69.9%。郑州航空港固定投资的快速增加表明引进先进的技术设备和建立新兴部门来调整经济结构, 更有利于该地区临空产业的发展。

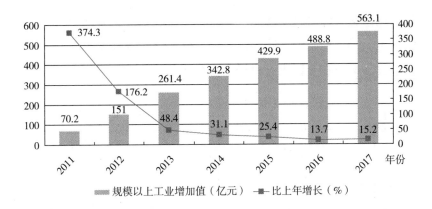

图 5-2 郑州航空港经济实验区规模以上增加值及增速

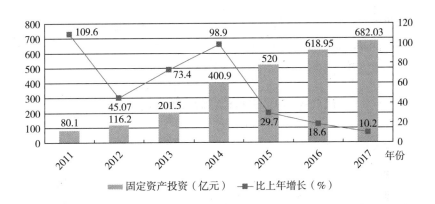

图 5-3 郑州航空港实验区固定投资及增速

4. 进出口总量

如图 5-4 所示，郑州进出口状况发展态势良好，逐年稳步上升。郑州由于区位因素，对外开放基础不如沿海，总量还未达到沿海发达地区水平，但每年都保持一定的增速，追赶空间较大。

（四）郑州机场客货运发展势头迅猛

郑州机场客货运量跃居中部双第一位，货运全球排名进入前50位，郑州—卢森堡"空中丝绸之路"上升为国家战略，已基本构建起覆盖全球主要经济体的航空货运网络，运输货物通过航线可直达除非洲以外的世界各地。如图 5-5、图 5-6 和图 5-7 所示，2016 年，新郑机场旅客吞吐量已达 2076.3 万人次，是 2012 年的近两倍；货邮吞吐量 45.6 万吨，排在全国第七位，客、货运吞吐量多年居中部地区第一位，增速在全国大型机场中排名居首位①。

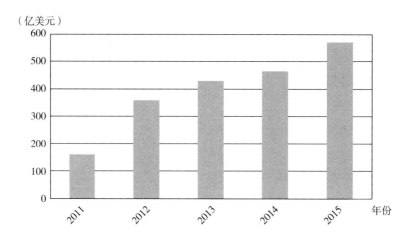

图 5-4　2011—2015 年郑州货物进出口总额

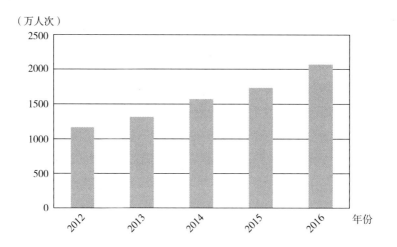

图 5-5　2012—2016 年新郑机场旅客吞吐量

---

① 中国民用航空局。

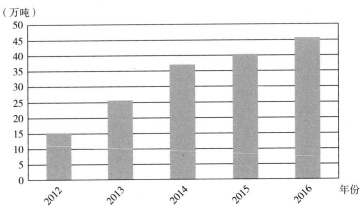

图 5-6　2012—2016 年新郑机场货邮吞吐量

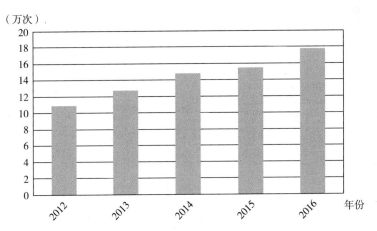

图 5-7　2012—2016 年新郑机场起降架次

第三节　自由贸易试验区背景下郑州临空经济发展的优势

郑州航空港经济综合实验区是全国首个上升为国家战略的航空港经济发展先行区，在相关政策的支持下，郑州航空港经济综合实验区会成为中原经济区的龙头和郑州市经济发展的新板块，这为河南省乃至中原经济区的发展带来了难得机遇，但是，在新形势下也面临一些挑战。

一 机场的交通物流中心已经开始建立

郑州地处中原腹地，与重要的航空枢纽中国北京、上海和广州相比，客流、物流、国际航线方面有较大的差距，但 2017 年，新郑机场客运和货运吞吐量首次取得中部六省"双第一"。截至 2018 年 12 月，郑州新郑国际机场有 55 家客运航空公司，208 条客运航线，116 个客运通航城市，基本覆盖了全国及东亚、东南亚主要城市，联通澳洲、美洲的航线网络；21 家货运航空公司，34 条货运航线，40 个货运通航城市。郑州机场已基本形成横跨欧美亚三大经济区、覆盖全球主要经济体的货运枢纽，成为河南省融入"一带一路"的重要门路和引领河南地区临空经济发展、辐射全球的空中经济廊道。在铁路运输方面，郑州是国内两条主要的铁路线京广线和陇海线交会的枢纽城市，这是其他中部城市所不具备的交通运输优势。此外，郑州东站到郑州机场、许昌、登封、洛阳，郑州、焦作、郑州机场和开封城际铁路之间，形成了以郑州为中心的铁路网络。在公路建设中，郑州机场高速、开封机场高速、郑州少林高速、京广澳高速、连霍高速、绕城高速、洛南高速以及 107 国道、310 国道均在航空港区交会，郑州市区至机场快速路、轻轨大号线、"四港联动"大道等，将航空港区与郑州市区连为一体，可实现航空、轻轨公路之间"零"换乘①。此外，周边地市如登封，机场到周口西华和其他当地的高速公路，联通京港澳高速、机场高速公路和郑分高速公路网络；升级 G107 相关路段、S223 主干路网和 S221 线，形成干线公路网。完善、便捷的交通运输系统将郑州等城市纳入其中，实现航空、铁路、公路之间的"零"转移。

总的来说，郑州航空港的交通便利优势。一方面，可以使郑州机场中部地区辐射整个中原城市群和整个地区，增加机场流、物流，有利于机场旅客吞吐量增加和完善的航线网络。另一方面，形成与机场

---

① http://www.chinawuliu.com.cn/zhxw/201303/12/213771.shtml.

对接的现代综合交通系统，打造更完美的多式联运系统和机场建设现代国际物流的发展平台。郑州地处中原地区腹地，连接南北，贯通东西，在全国的物流以及经济布局中处于极其重要的位置。同时，由于其独特的地理位置，郑州也成为我国重要的交通枢纽。无论是京广线还是连霍高速和陇海铁路，都在此处交会。其有着全亚洲最大的铁路编组站和中国最大的铁路零担中转站。新郑国际机场是我国的重要国内干线运输机场，在一个半小时内就可以到达我国 2/3 的城市。京港澳高速、连霍高速、郑州机场高速、郑少洛高速、宁洛高速以及 107 国道、310 国道都交会于此。所以，新郑国际机场作为空地一体、内捷外畅的综合运输体系也在不断完善中，时效成本和物流集疏成本优势也日趋明显。

二　产业优势引领航空港持续发展

从总体上看，郑州航空港经济综合实验区发展迅猛，吸引越来越多的产业加速向航空港聚集。郑州航空港经济综合实验区在生产总值上从 2010 年的 27.6 亿元增加到 2016 年的 622.5 亿元，在七年的时间里增长了近 22 倍。2016 年其 622.5 亿元的生产总值比 2015 年增长了 13.0%，高出河南省 4.9%，高出郑州市 4.6%。619 亿元的固定资产投资更是增长了 18.6 个百分点，已然成为全国最具活力的发展区域之一。

近年来，也有越来越多的生物医药、电子信息航空运输业向航空港集聚，产生了极好的产业集聚效应。如有着全球智能生产总量 8% 的富士康项目，使郑州成为我国重要的智能手机生产基地。并且，郑州航空港也加强与其他航空公司的合作，中国香港国泰、俄罗斯的空桥货运都已于郑州航空港开通了货运专线。除此之外，郑州航空港更是积极地开拓业务，将卢森堡 35% 的股份收入囊中。收购之后，郑卢货运专线也将在不久开通，使新郑国际机场逐渐成为亚太的物流重要集散地。除了航空运输业，郑州跨境电子商务服务试点也已经启动，使郑州有了更加广阔的开放型经济发展前景。

此外，航空港依据相关的产业理论，在机场周边布局建立相关的产业园区，以高端制造业的发展带动航空港经济的发展。高端制造业主要是以技术密集型和资本密集型的商品，例如精密仪器制造业、电子信息产业等技术要求高，发展空间大的行业为主。因为高端制造业其自身产品生命周期短特性对运输有极高的要求，所以，需要依托航空运输和航空物流业共同发展来使企业获得高回报。

第一，航空制造维修产业园正在积极与国内外航空工业龙头企业达成合作，如中航工业、加拿大庞巴迪宇航公司、以色列 IAI 公司等，侧重于飞机的总装和维修、零部件的生产、航空电子设备的生产和维修、公务机固定基地运营者等产业的发展。已经有穆尼飞机制造、中汇华翼智能航空产业园等项目进入该园区。航空制造维修业还处于起步阶段，但智能终端制造业已经发展得很完善了。

第二，智能终端（手机）产业园。郑州航空港的智能终端（手机）产业园的功能区有企业总部、手机研发、配套产业、生活服务，智能终端产业链是从手机研发、产品设计、软件开发、整机制造、配件生产开始，到销售、物流、售后服务。到 2018 年，手机产量突破3.5 亿部，占全球总量的 1/6 以上，航空港区成为全球重要的智能手机研发生产基地，已有富士康、中兴、信太、渴望、纽维、领胜、年富、商博通、华锐等近 200 家智能终端企业签约入区。从 2013 年开始的到 2018 年的五年时间里，智能终端（手机）产业园也从原来的13 家中小企业，发展成为包含世界五百强在内的 60 余家智能终端行业名企。

第三，精密机械产业园。精密机械制造业也是高端制造业的重要组成部分。精密机械产业园建设包括数控机床、新材料、智能机器人、3D 打印、节能照明、精密机械等产品及上下游配套生产企业高度集聚等产业园。已有友嘉精密机械产业园、蓝宝石器件产业园、名匠智能机器人生产基地等项目落户园区。其中友嘉精密机械产业园项目完工后能够填补我国高端数控机场的空白。

交通运输是郑州市的特色产业之一。郑州市内目前的大型汽车公司有宇通公司、郑州日产汽车有限公司、海南马自达汽车股份有限公司、河南少林客车股份有限公司。其中，宇通公司拥有世界最大的客车生产基地，是中国最大的企业集团 500 强之一，获得过中国客车出口最大订单、联合国采购大单，率先在汽车行业实现出口免验。河南少林客车股份有限公司是国家工信部公告目录内汽车整车生产企业、国家标准化良好行为"AAAA"级企业、中国金融信誉"AAA"企业、全国"守合同重信用"企业、河南省质量管理先进企业、河南省"百高"企业。郑州日产汽车有限公司是东风与日产合资的整车制造企业，具有从产品研发、供应链管理、生产制造到营销服务的全价值链业务体系。除这些大型汽车公司以外，郑州还有许多小型的汽车配件生产基地。这些基地的建成发展带动铝郑州市汽车产业的蓬勃发展。

三　人口优势及中原城市群的经济基础优势

河南省拥有着1亿多的人口，是我国人口最多的省，郑州市作为河南的省会，更是覆盖了大量的人口，所以其市场潜力非常大，能够极大地促进郑州航空港经济的发展。消费是拉动经济增长的"三驾马车"之一，有着大量的人口就代表有着大的消费市场。从供给方面分析，大量的人口就代表着有庞大的劳动力资源，劳动力的质量和数量同时也影响着经济发展的质量。实验区内，物流运输、代工企业、服务外包、机械制造等产业都需要大量的人口，这就将河南省的人口优势进行有效利用。同时，郑州航空港经济综合实验区又对人才给予大量的优惠政策，吸引了大批高素质、高技术人才，整体提升了实验区的人口质量。在人口数量和质量兼具的优势下，实验区经济将获得更快的发展。

"中原城市群"作为河南经济发展的核心区，涵盖郑州、洛阳、济源、焦作、新乡、开封、许昌、平顶山、漯河等河南省内几座城市。在我国中部地区位于首位，在全国十五个城市群中位于第七位。中原城市群战略是河南省委、省政府落实中部崛起战略的重要举措，正在进入国家宏观战略视野。中原城市群战略是郑州航空港区未来发展的重大机遇。首先，通过城市群内密集快捷的交通网络，将进一步凸显郑州机场的区域枢纽机场定位，促进航空港区的客货吞吐量的增加和为相关产业尤其是航空物流业提供广阔的市场发展空间。其次，通过城市群内各产业带的协调互补发展，可以和航空港区产业发展提供产业互动和配套。由于中原城市群内只有洛阳和郑州两个民用机场，郑州机场已形成独有优势，不存在城市群内的机场竞争，因此，中原城市群的经济增长将为航空港区的发展形成持续的拉动。

四 跨境电商蓬勃发展

（一）郑州市跨境电商平台企业快速发展

2014 年，阿里巴巴、天猫国际、亚马孙等 11 家网商平台参与了郑州试点测试，涵盖打印机、保健品、化妆品、服饰、鞋子等商品。截至 2014 年 5 月，全国 6 个试点累计向国家缴纳税款 112 万元，其中，郑州试点占 93% 的份额，达到 105 万元。2015 年 3 月 3 日，郑州跨境 E 贸易实现一个历史性的突破，单日进口申报单首次破百万，达到 102.564 万包。这在全国的跨境贸易电子商务服务试点中尚属首例。根据郑州海关统计数据，郑州成为试点城市之后，跨境电子商务进出口包裹量迅猛增加，并且实现了电商产业链的集聚，首先是有以下几个方面，国内外知名电商企业向郑州集聚。聚美优品、唯品会、敦煌网、阿里巴巴、京东、天猫国际、蜜桃网等国际知名公司纷纷到郑州落户。其次是本土电商集聚，万国优品、中大门等近 15 家本土电商物流企业从无到有、快速发展，带动郑州贸易、生产、加工等传统产业开展跨境电商业务，实现产业转型升级。最后是仓储物流企业集聚。吸引 EMS、DHL、顺丰、申通、圆通等物流企业入驻郑州，并且与其他境内外电商物流企业开展合作，互利共赢。

（二）郑州市跨境电商支付企业逐渐完善

中国建设银行、中国工商银行、平安银行等金融机构已经开展国际金融业务，支付宝、财付通、银联等与郑州试点对接支付服务工作。同时，近年来，郑州市跨境电商试点区域不断扩大。在 2012 年国务院批复郑州设立跨境电子商务试点时，只有保税物流中心一个园区，到现在郑州园区已扩至出口加工区、国际陆空港、综合保税区，园区规模越来越大，配套设施越来越齐全。将来随着园区数量的进一步增加，园区之间会形成竞争与合作，将更能推动园区的发展。

（三）郑州市跨境电商业务规模快速增长

郑州市自 2013 年开展跨境电子商务零售进出口业务以来，跨境电商业务量增长迅速。截至 2019 年，跨境电商进出口（含快递包裹）

1163.3 亿元，增长 20.2%。其中出口 844.2 亿元，增长 21.9%；进口 319.1 亿元，增长 16.1%。快递包裹出口 5223.1 万件，货值 114.1 亿元，下降 5.9。郑州海关共监管跨境电商零售进出口清单 8082.2 万票，增长 22.8%；货值 99.3 亿元，增长 17.6%。其中，出口清单 2286.4 万票，货值 17.2 亿元；进口清单 5795.8 万票，货值 82.1 亿元。

依托河南"单一窗口"跨境电商系统，郑州海关 2019 年共监管跨境电商进出口清单 9507.3 万票，进出口商品总值 120.4 亿元。河南各类业务申报持续提升，跨境电商在豫累计申报 3564 万单，同比是去年增加 22%，一般贸易、加工贸易等其他贸易方式累计 58 万单，同比增加 3.5 倍，继续保持中部六省首位。

（四）郑州市跨境电商服务链初步形成

河南跨境电商迅猛发展，郑州作为全国最早的 5 个跨境电子商务试点城市之一，2016 年开始出口不断增量，2017—2018 年出口业务量呈 100 倍递增；试点业务量连续多年排在全国第一位。全省各地结合产业优势，培育形成了一批跨境电商特色出口产业集群，其中，发制品、食用菌、机械制造、服装鞋帽、休闲食品等一批特色鲜明的跨境电商园区成为全省跨境电商发展的主力军。同时，河南跨境电商综试区金字招牌吸引知名跨境电商产业链企业在豫布局，阿里巴巴中西部区域跨境电商服务中心、京东亚洲一号智能物流项目落地，聚美优品、网易考拉、有棵树、Pingpong 等知名企业相继落户并迅速开展业务；DHL、联邦快递、新西兰邮政等物流企业不断扩大业务；世界工厂网、中大门、世航之窗等本土跨境电商企业不断壮大。

从河南的跨境电商产品结构来看，进口来源包括 44 个国家和地区，以日本、韩国为主；消费群体以 26—30 岁之间的人群为主；以经济发达地区和人口密集区消费人群为主；进口品类主要集中在化妆品、母婴类、保健品等类别；跨境电商零售平均退货率为 0.58%，质量风险率为万分之一；出口产品以传统的纺织、鞋帽、玩具、小电器为主，以欧美为主要出口市场，金砖国家增长迅猛。

在进出口时效和成本分析方面，通过市场调研数据，将郑州与沿海城市相比，可发现郑州进口成本平均每单比沿海城市低 5.75 元，时效优势为 48 小时，又相当于每单降低 3—5 元的成本，这也是郑州跨境业务量能够连续保持全国第一的根本原因。此外，为促进跨境电子商务快速发展，河南在监管、平台服务、税收等方面持续创新举措，为跨境电商发展提供了可供借鉴的经验，多项监管模式走在全国最前列。

第四节　自由贸易试验区背景下郑州航空港发展的劣势

一　大型物流系统尚未建成

（一）航线网络不够完善

新郑机场近年来虽然发展迅速，陆续开启新航线，航空线路规模日益扩大，但是，总体规模还不够，航线网络覆盖率低，特别是国际航线规模小，难以满足国内外货运和客运的航空需求。在货运周转方面，新郑机场核心区物流通道建设不完善，没有形成快速高效的货运周转体系和多层次的航空物流体系。所以，郑州航空港经济综合实验区虽然实现了货运吞吐量的快速增长，但是，距离成为国际航空枢纽还有一段距离。在航空货运公司方面，随着航线网络的快速拓展，南航、卢森堡货航等货运航空公司相继入驻，现已初步形成联通全国主要城市和欧美亚的航空线路，郑州航空港正在向国际航空物流枢纽方向努力。但存在的问题是入驻的航空货运公司仍然较少，航班规模较小，飞机数量方面存在限制，运费偏高，这些问题也会影响航空网络的拓展，特别是在国际上知名通商口岸的航线覆盖率不够高的情况下，阻碍了新郑机场向国际航空枢纽发展。

（二）航空物流仍处于初始阶段

与北京、上海、广州等临空经济发达地区相比，郑州临空经济还处于初始阶段，虽然航空物流发展很快但整体上仍有差距。作为首个以临空经济为主导的航空港实验区，全球航空网络覆盖不足，总体机场吞吐量不足等诸多因素制约了航空物流的发展。在国内，铁路、水路、公路运输方式都有很强大竞争力，水路成本低，载量大，运输距离远，公路灵活性强，建设成本低，特别是铁路提速，高铁竞争力更强，而航空运输的优势是运程远，速度快，所以，发展扩大国际航线网络才能最大限度地发挥航空运输的优势，向国际航空枢纽方向发展是郑州航空港的必然选择。在发展航空物流网络的同时，可以将航空运输与铁路、水路、公路相结合，发展多式联运，多种运输方式的衔接增加了灵活性，让客户体会到货运到家的便捷体验。但是，航空运输与其他运输方式的衔接也是有一定风险的。要将航空运输广泛的全球覆盖率和频繁的航班次数合理有序地与其他运输方式对接并不是一件容易的事，郑州航空港在这些方面还有待于进一步提升和完善。

二　临空产业链体系尚未建成，企业自主创新能力有待于提高

《郑州航空港经济综合实验区发展规划（2013—2025 年）》明确指出，要把郑州航空港经济综合实验区打造成为"国际航空物流中心、以航空经济为引领的现代产业基地、内陆地区对外开放重要门户、现代航空都市、中原经济区核心增长极"。以航空经济为引领的现代产业基地就要求机场周边应该发展航空物流产业、高端制造业、现代服务业和具有临空指向性的产业，这些产业具有较强的临空偏好性，对整个实验区的建设具有强大的支撑作用。但是，目前郑州机场周边经济发展缓慢，在新郑国际机场周边地区还没有形成临空型主导产业，传统产业居多。航空港地区的企业主要以食品加工、医药制造、钢铁加工等为主，并且处于这些产业链的低端环节。这些产业外向型程度低、产品附加值低、需要航空运输的货物比例较低。大枣是新郑特产，航空港聚集了一批大枣加工企业，还有众多枣产品零售商，这些企业的档次普遍偏低，临空产业特色没有体现。按照航空港区发展规律，机场周边应该发展具有临空指向性的产业，如航空运输服务业、电子信息、生物医药等产业。这些产业附加值高，具有较强的临空偏好性。尽管实验区进驻了一批电子信息企业、生物医药企业，但都集中在一个较小的区域，产业辐射力不强。具体问题表现在以下三个方面。

（一）自主创新研发能力不足

从竞争力角度来看，高端制造业是郑州航空港重点发展的主导产业之一，但目前主要是承担代理加工和产品组装业务，属于低端产业链。在技术方面，对外部依赖性较强，缺少高端自主品牌，国际竞争力弱，反映出实验区在核心技术研发和创新能力方面还十分欠缺，缺少自主知识产权和高端发明专利，现有技术成果还不能有效地转化成实体产业，这制约了实验区内企业的长远发展。

（二）产业间尚未形成完整产业链

首先，郑州航空港实验区在经过这几年的发展后，已经有一定的产业链条，但是并不完整。实验区的各个产业之间较为分散，主要原因是缺少具有强大研发能力的大型企业，以高端制造业为例子，产业无法形成以主机制造为核心向外延伸的完整产业链条。这就使该产业无法有效提升核心竞争力和经济效益，产业的总体规模就无法扩大，从而影响整体的临空产业向更深层次发展。而且，高端制造业作为实验区重点发展的产业，和航空物流业一样是依赖上下游配套产业的支持以及基础设施的服务，如医疗保健，商务休闲，教育培训等。所以，产业链的缺失会严重影响整个临空产业的快速发展。

其次，产业未能有效地融入国际产业链环节。郑州航空港实验区的原有企业是以传统产业为主，不但处于产业链的低端环节，附加值低，而且很难有效参与国际分工，即使是参与国际产业链的富士康，也只是进行低端装配的劳动密集型加工，同样是低端产业链，无法形成国际竞争力。这些传统产业很难对航空运输和物流产业起到支撑作用，外向型程度低，对临空产业并不友好。

（三）产业间联动发展不足

实验区目前处于发展起步阶段，重点发展的三大主导产业尚未形成一定的规模。其中以手机通信终端制造业为主体的计算机、通信和其他电子设备制造业的发展较为领先，而现代服务业基础差，服务种类残缺，规模小水平低，与高端制造业脱节，也无法有效关联航空运输和物理运输。这种产业、行业间关联性低，难以互补融合发展的问题会影响整个临空产业的发展。伴随出现的产业设施重复建设、产业结构雷同、不同产业园间不良竞争严重的问题使航空物流业和现代服务业发展出现困难，应尽快建立合理的产业集群和产业链以增进产业间的合作发展和优势互补。

三　现代服务业发展规模及竞争力有待于提高

首先，从第三产业对 GDP 的贡献率来看，整个河南省第三产业的发展仍有待提高，如图 5 - 8 所示。我们选取国内现代服务业发展最好的北京市做参考，对已有自由贸易试验区的 11 个省、直辖市做对比分析。从纵向来看，河南省第三产业占 GDP 的比重在不断提升，由 2016 年的 41.8% 上升到 2019 年的 47.95%。从横向来看，除北京外，在已有的自由区的 11 省、直辖市中，河南省第三产业贡献率排名较低，第三产业的发展规模和竞争力还有待于提高。北京市 2019 年的第三产业贡献率达到 87.8%，约是河南省的 1.5 倍。上海市为 92%，同为中部六省的湖北省为 66.6%。由此可见，河南省服务业的竞争力有待进一步提高。

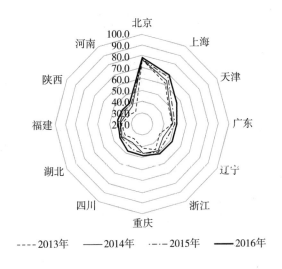

图 5 - 8　部分省、直辖市第三产业占 GDP 比重对比（％）

资料来源：根据历年《中国统计年鉴》数据整理得出。

其次，河南省现代服务业发展规模有待于完善，会展服务、文化

产品贸易及高端酒店、娱乐设施的数量还有待于提高。2011—2016
年，郑州市每年平均举办的会展数量大约为 140 个，平均展出摊位在
1000 个，其中参展商超过 500 家的数量较少。远远无法与会展业务发
达的北京、上海媲美。河南省文化产品贸易还不具备发展规模。从图
5 - 9 中我们可以看出，河南省服务业发展较好的还是传统的批发和零
售业，交通运输、仓储和邮政业及金融业。相比之下，现代服务业中
的信息传输、软件和信息技术服务业，租赁和商务服务业以及科学研
究和技术服务业等发展比较落后。科学研究和技术服务业对 GDP 的
贡献率仅为 1%，文化、体育和娱乐业对 GDP 的贡献仅为 0.77%。这
进一步说明河南省现代服务业发展规模较为落后，无法有效地推动经
济的发展。

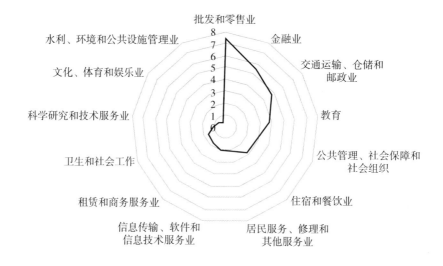

图 5 - 9 2016 年河南省服务业分行业增加值占 GDP 比重（%）

资料来源：根据《河南统计年鉴（2017）》相关数据整理得出。

最后，在仓储服务业发展上，郑州物流仓储服务业仍需要进一步
完善。第一，仓储管理乱象仍然普遍存在。郑州航空港区各个企业仓
储从业人员的综合素质和运营能力造成了仓储和管理问题，再加上库
管人员货物保存不善从而造成的破损、霉变，自动化立体仓库的操作

流程等业务内容的不熟悉，管理人员缺乏监督等很容易造成仓储问题，很有可能会给企业带来不必要的损失。第二，现有仓库功能的单一航空港区现有的仓库大部分都是以库房为主，目的主要是存储货物，而后处理等增值服务较少，仓储成本较高，社会化的程度比较低。第三，仓库利用率低。各个企业之间严重竞争导致的仓库分工十分严重，自己仓自己用，相互封闭，同一功能的仓库重复建设，库存不满造成的空仓大大增加了货物仓储成本，同时还伴有过度建仓、不合理仓位设置等问题以及过度的市场竞争和无序的仓储价格。

四　专业人才和复合型人才匮乏

郑州航空港实验区的三大主导产业属于技术密集型高附加值产业，高端人才缺口巨大，人才集聚程度低。比如，国际航空物流涵盖的航空运输和报关、结汇等衍生服务，需要掌握物流、外贸、语言、管理等多门技能的复合型应用人才。虽然在政策支持下吸引了一部分实际工作经验丰富，具备国际视野的人才，但是，不论是高端制造业、航空物流业等领域拥有核心技术的专业人才，还是精通外语的国际商务人才仍紧缺。

专业人才培养机制也有待于进一步健全。河南地处中原，人口众多，人力资源丰富，但郑州航空港实验区却面临缺少临空经济专业人才的困境。究其原因，要从人才的来源来分析。高端专业人才的来源有两个方面：一是本土培养人才；二是吸引外地人才。从国外航空港发展的经验来看，以专业人才本土化培养为主才能很好地支撑和保障航空港长远发展，吸引外地人才不是长久之计。可是，在培养临空经济专业人才方面，省内高校培养机制尚不健全学科设置方面没有实现与临空产业的有效对接，临空经济和国际航空物流人才培养稀缺。教育科研院校不能提供足够的人才致使临空产业间人才分布不均，缺少长远发展的智力支持和人才支撑规划，这也制约了航空港的持续发展。

第五节　自由贸易试验区背景下郑州航空港面临的机遇

一　经济转型升级，内陆地区后发优势显现

随着我国发展的外部环境的变化，世界经济的衰退，人民币价值的重估，人口红利和环境红利的降低以及中西部开放程度的提高，东部沿海地区经济转型的压力加大。由于中部地区工业基础雄厚，基础设施逐步完善，劳动力等资源相对丰富，东部地区的产业加快向中部地区转移，跨国公司和大型企业集团的产业链向内陆地区布局加快，资金、技术、人才加速向中部地区流动，中部地区的后发优势显现。从大背景来看，经济全球化趋势深入发展，资源在更大范围内实现配置，国际产业转移加快，以信息化为特征的科学技术广泛运用，这些为内陆地区加快推进产业升级、结构转型、增长方式转变提供了外部条件，河南尤其是郑州应抓住机遇，借鉴先发地区的经验教训，少走弯路，以较少的代价取得更大的成就；直接引进先进科学技术，实现经济技术跨越式发展；利用发达地区产业结构调整与升级的机会，直接实现产业结构的合理化；引进外来资本以解决现代化阶段资本积累严重不足的问题，达到"借鸡生蛋"。

郑州航空港相对于那些经济发达的地区而言，可能属于后发地区。而后发地区的优势就在于其可以少走很多弯路，可以直接引进先进地区的发展经验以及技术，并且吸取发达地区一些失败的经验教训。使郑州航空港可以用更低的成本去确定战略、发展路径等，从而促进郑州航空港的发展。

航空港区作为在中原城市群崛起中起龙头带动作用的地区，应抓住这一难得的机遇，在更高层次上承接国际产业转移和国内东部地区产业转移。借助机场航线网络的通达性和交通方便快捷的优势和高起点、国际化标准建设的航空港区各功能园区改善招商引资环境，成为承接国内外高新技术产业和现代服务业中西部转移的前沿阵地，发挥

空港对区域经济的带动作用。

二　国家区域发展战略调整，政策红利重大

2006 年，中共中央、国务院下发的《关于促进中部地区崛起的若干意见》提出了"三基地一枢纽"，要把中部地区建设成为全国重要的粮食生产基地、能源原材料、现代装备制造业和高新技术产业基地和综合交通枢纽。2010 年 1 月，国家发改委又公布了《促进中部地区崛起规划》，提出要将沿长江、沿京广、沿京九、沿陇海四大经济带和武汉城市圈、中原城市群、长株潭城市群、皖江城市带、环鄱阳湖城市群、太原城市圈六大城市群作为重要增长极加以培育。对于空港区发展的核心新郑国际机场来说，作为中部地区的区域性枢纽机场，是国家中部崛起中的一个重要战略基础设施和对外交往的窗口，必然引起河南省、郑州市政府的高度重视，以更大规模和更高标准进行机场基础设施建设，航空港区也可以在基础设施投入和高端项目引进方面得到更多的国家层面的财政、金融、土地等的优惠政策，改善投资和市场环境，这样就有利于具有临空偏好性的省级乃至国家级重点工程和项目落户航空港区，增强了招商引资的吸引力。

2013 年 3 月，国务院发布了《郑州航空港经济综合试验区发展规划（2013—2025 年）》，着重在土地管理、服务外包、财税、金融、口岸通关方面给予政策优惠。2015 年 3 月，国家发改委、商务部、外交部联合发布了《推动共建"丝绸之路经济带"和"21 世纪海上丝绸之路"的愿景和行动》，提出集中优势资源支持西安、郑州打造国际陆港、航空港。2016 年 5 月，国家首次批准了 28 个"双创"示范基地，其中就有郑州航空港经济综合实验区。"双创"示范基地目的就是期望在三年的时间内，通过统筹资金、产业、创新、政策链来实现组织模式和服务模式的创新，能够实现高质量就业和新产品技术的研发，从而促进区域经济的发展。

在郑州航空港经济综合实验区批复之后不久，河南省政府办公厅出台《关于郑州航空港经济综合实验区与省直部门建立直通车制度的实施意见》和《郑州航空港经济综合实验区与省直部门直通事项目录》，其中涉及发改、商务、人力资源和社会保障、国土资源等 9 个方面 26 个领域 266 项的具体直通事项。随后，河南省政府办公厅出台《关于支持郑州航空港经济综合实验区发展的若干政策》，从财税、口岸建设及通关便利化、金融、产业发展、要素保障、人才保障 7 个方面出台了 81 项支持政策。这些政策以及意见的出台为实验区加快开发建设提供了强大动力。

三 国家自由贸易试验区扩容，郑州竞争优势突出

上海自由贸易试验区成立后，国家又推出广东、天津和福建第二批自由贸易试验区。目前，中西部重要城市如郑州、武汉、西安、成都、重庆等城市都在为争夺第三批自由贸易试验区试点而努力。

河南具备自身优势：一是市场潜力巨大。河南总人口超过 1 亿，正处于工业化、城镇化加速推进阶段，经济规模居全国第五、中西部首位，投资和消费需求空间广阔。郑州国际机场一个半小时航程就可覆盖我国 2/3 的主要城市和 3/5 的人口，无论是自身消费还是辐射周边，其市场规模和潜力更为巨大。二是区位优势独特。河南处于"丝绸之路经济带"西向、南向和连接"海上丝绸之路"的交会点，向西可直达中亚、中东欧、波斯湾，向南可通达广东等沿海地区直抵东南亚，向东可通过上海、连云港等港口便捷连接"海上丝绸之路"，是中国东部产业转移、西部资源输出、南北经贸交流的桥梁和纽带，高速公路通车里程连续多年保持全国第一位。以郑州为中心的"米"字形高速铁路网和航空运输中转中心加快形成。郑州机场旅客年吞吐量超 1500 万人次，同比增长 20% 以上；国际货运航线占中部地区的95%，集疏货物的时效成本和物流成本相对较低，货邮年吞吐量突破35 万吨，增速全国第一，陆空对接、多式联运、内捷外畅的现代综合交通体系日益完善，现代综合交通运输枢纽和物流中心的地位持续上升。三是硬件优势突出。郑州（新郑）综合保税区、河南保税物流中心、出口加工区、中原国际陆港等功能拓展和建设加速推进。拥有郑州航空口岸、郑州铁路东站货运口岸、洛阳航空口岸 3 个一类口岸，河南进口肉类指定口岸、汽车整车进口口岸等一批特定口岸获批筹建，通关便捷化程度不断提高。郑州跨境贸易电子商务服务试点作为全国综合性"E 贸易"试点，正朝着"买全球、卖全球"目标迈进。

郑欧国际货运班列综合影响力均居国内亚欧班列首位。四是有较好的体制机制创新和先行先试经验基础。各类海关特殊监管区初步实现与国际接轨。郑州"E贸易"发展迅速，郑州航空港经济综合实验区着力复制推广多项自由贸易试验区经验。以郑州为核心设立自由贸易试验区有利于推动区域经济协调发展，符合国家整体战略部署；有利于打造中西部地区对外开放升级版，探索符合中西部发展新路子；有利于加快河南发展，让中原在实现中华民族伟大复兴的中国梦中更加出彩。

更重要的是，河南省委、省政府已经认识到开放战略对河南经济发展的重要性，全力支持以郑州为核心包括郑州航空港等开放平台设立自由贸易试验区。郑州航空港应不等不靠，着力推进体制机制创新，充分利用国家批复郑州航空港经济综合实验区文件，先行先试，充分利用政策红利，推进港区发展。

四　航空港交通物流枢纽初见端倪，先发优势确立

与北京、上海、广州重要国内航空枢纽相比，不管是客流、物流还是国际航线郑州都有较大差距，但与武汉航空港区和长沙黄花航空港区这两大中部航空港区相比，郑州航空港区优势明显。郑州机场开通航线183条，其中国际（地区）货运航线32条，占中部地区总数的95%，已覆盖除非洲、南美洲以外的全球主要经济体；河南航投成功收购欧洲最大的货运航空公司——卢森堡货航35%的股份，以郑州为亚太物流中心、卢森堡为欧美物流中心，覆盖全球的"双枢纽"航空货运网络加快形成；货邮年吞吐量接近40万吨，增速位居全国大型机场首位。京广、陇海两大铁路干线交会。郑州东站至郑州机场至许昌、郑州机场至登封至洛阳、郑州至焦作、郑州至开封等城际铁路，形成以郑州为中心的铁路网。在公路建设方面，郑州机场高速、开封机场高速、郑州少林高速、京广澳高速、连霍高速、绕城高速、洛南高速以及107国道、310国道均在航空港区交会，市区至机场快速路、轻轨六号线、"四港"联动大道；登封至商丘、机场至周口至西华等地方高速公路，与京港澳高速、机场高速和郑民高速共同构成高速公路网；升级改造G107相关路段和S102、S223、S221线，形成干线公路网。完善便捷的交通体系将航空港区与郑州市区连为一体，可实现航空、铁路、公路之间"零"换乘。

郑州航空港区这种四通八达的交通优势。一方面，可以使郑州航空港地区辐射到整个中原城市群乃至整个中部地区，增加航空港人流、物流的汇集，有利于机场客货吞吐量的增加和航线网络的完善。另一方面，陆空对接、内捷外畅的现代综合交通体系的日益完善使得航空港发展多式联运体系，构建现代化国际物流平台成为现实。

第六节　自由贸易试验区背景下郑州航空港面临的挑战

一　区域竞争加剧，郑州综合竞争优势有待于加强

为应对外部经济环境的变化和国内经济的"新常态"。中央政府实施了"一带一路"倡议和自由贸易试验区战略。中西部地区的开放程度将大大提升，为争夺产业转移、新兴产业以及基础设施投资和政策红利，省级政府间出现新一轮竞争。郑州航空港经济综合实验区未来的发展很大程度上与两大战略息息相关。一些省份和区域如黑龙江等出台了"一带一路"倡议的专门规划，进一步明确了本地区的功能地位。

随着临空经济的不断发展，各级政府开始逐渐认识到临空经济发展所带来的好处，开始着重发展临空经济。并且各级地方政府也将临空经济作为区域经济发展新的增长点，更是制定出各种优惠政策来促进临空经济的发展。近些年来，北京首都临空经济区、天津滨海航空城等临空经济区都获得了长足的发展，这对郑州航空港来说是一个不小的挑战，无论从经济实力还是城市战略地位来说，郑州航空港必须要有自己的发展模式、自己的特色才能与之抗衡。

以陕西为例，2014年5月14日，中国首个以发展航空大都市为定位的临空经济区西咸新区空港新城《西安航空城实验区发展规划（2013—2025年）》获得国家民航局批复，批复指出：将支持把西安

航空城实验区建设成为"丝绸之路"航空枢纽和内陆空港城市示范区。这是全国首个以发展航空大都市为定位的临空经济区，也是继西咸新区获批国家级新区之后，国家推进西部大开发和"丝绸之路经济带"建设的又一重大举措。2015年3月1日，《西安建设"丝绸之路经济带"（新起点）战略规划》和《西安欧亚经济综合园区发展规划》按照战略规划所描绘的"一大战略、两大定位、三大目标、四大抓手、五大平台、六大中心"的蓝图，西安将以建设成为"丝绸之路经济带"的核心区域的战略定位，打造"丝绸之路经济带"新起点和内陆型改革开放新高地。未来，西安将通过西安自由贸易试验区、中新合作项目、国际内陆港、欧亚论坛合作园区四大抓手，建设成为具有历史文化特色的国际化大都市、欧亚合作前沿城市、开放型体制机制创新城市。此外，西安将依托自身优势，打造国际合作、科教创新、经贸物流、金融服务和文化交流五大平台，逐步建成"丝绸之路经济带"的六大中心，即金融商贸物流中心、机械制造业中心、能源储运交易中心、文化旅游中心、科技研发中心和高端人才培养中心。

　　作为第二批自由贸易试验区，广东、天津和福建三地的政府工作报告中均对自由贸易试验区的建设作出部署，并着重强调了"制度创新"。广东省指出，将推动完善配套实施细则，制定自由贸易试验区管理办法，推进体制机制创新，并将对外商投资实行准入前国民待遇加负面清单管理模式，建设市场准入统一平台。福建省指出，加快建设自由贸易试验区。坚持区内率先突破、区外积极跟进，强化试验功能。以制度创新为核心，建立符合国际惯例的投资贸易管理新体制，营造国际化、市场化、法治化营商环境。天津市则要求建设好中国（天津）自由贸易试验区。政府工作报告中称，以制度创新为核心任务，以可复制可推广为基本要求，努力建设成为高水平自由贸易试验区。并要突出天津特色，与上海自由贸易试验区形成互补试验、对比试验，在服务京津冀协同发展和"一带一路"倡议、发展实体经济、壮大融资租赁业等方面实现更大突破，着力打造制度创新的新高地。

　　作为第三批自由贸易试验区之一，河南作为内陆省份，与沿海城市相比，仍有较大的差距，如何做到内陆型自由贸易试验区与航空港的有效耦合，在新一轮改革开放中脱颖而出，郑州仍面临较大挑战。

二 立体交通初具雏形，大枢纽地位尚待确立

近几年来，虽然实验区航空运输发展很快，但作为国家批复的首个航空港经济发展先行区，相比于北京、上海、广州等临空经济发展先行区域，还有较大差距，存在机场吞吐量较小、航线及运力投放少等不足。此外，随着货运运输格局的调整和市场份额的重新分配，已经逐步形成"铁路，公路、航空、水路"四分天下的格局。铁路运输因其载运量大、不宜受自然条件影响的突出优势；公路运输因其灵活性强、建设投入低、宜于实现"门到门"运送的突出优势；水路运输因其成本低、能进行长距离货运、载运量大的突出优势，占据着我国物流市场主流位置。航空运输方式与铁路、公路、水路运输方式相比最大的优势就是"速度快"，但是，随着京广高速铁路、郑州到西安的高速铁路的通车和近两年高速公路的快速发展，对航空物流的发展造成威胁，特别是火车提速也将争夺部分航空物流市场份额。

此外，航空港在物流方面面临的挑战之一是综合服务能力较弱。之前的航空运输只是简单的货物运输，现在要形成一条完整的航空物流服务链。该服务链是从整理货物，地面运输服务、机场货运终端服务以及航空运输服务开始，最终将货物送达目的地。服务供应链的形成可以发挥航空物流的高效性、降低航空物流的成本，最关键的是可以使航空物流的综合服务能力得到提升，产生规模的经济效益。而目前郑州航空港航空物流业的业务还比较单一，所获得的利润也比较低。

三 产城融合发展已经起步，航空大都市任重而道远

按照《郑州航空港经济综合实验区发展规划（2013—2025年）》，实验区在2025年建成415平方千米的大区域、大枢纽、大都市，仅郑州机场（2009—2040年）规划总面积就达47平方千米，规划建设五条跑道，届时，实验区将成为地铁、城际铁路、高速公路转换的枢纽，可以实现客运零距离换乘和货运无缝衔接。这些基础设施的建成需要巨额的资金投入，按照郑州市目前的经济实力，很难筹集完成这么大的资金需求。而郑州现有的融资平台少，只有郑州建投一家市级融资结构，筹集资金困难。

此外，在产城融合发展过程中，存在的问题有郑州航空港的产业发展和城市发展相脱节、郑州主城区与航空港不能很好地融合发展以及航空港内部的各个功能结构分散等问题，制约着航空港的进一步发展。首先，航空港发展速度较快，其产业发展与相关的配套设施发展无法同步，且相关的项目在建设过程中只注重单方面自身的配套，忽略了经济区整个的经济效应。城市的配套服务无法对产业的发展做保障。其次，郑州主城区和航空港经济综合实验区之间的融合也有待于进一步加强。郑州主城区与航空港之间的联系主要依靠机场高速，但由于机场高速收费壁垒的存在，阻碍了两者之间货物以及人员信息的进一步沟通，导致航空港无法缺失的配套服务无法从主城区得到保障，两者之间无法有效互补沟通。最后，对于航空自身来说，其内部工作区域及居民区域的布局较为混乱，影响航空港作用的发挥。

四　管理框架已确立，创新驱动有待于加强

郑州航空港经济区综合实验区面临的最大问题是如何创新体制机制。因为港区内现在有四个管理机构，现有的体制满足不了实验区的发展需要。国际上其他国家的航空港区在建设的过程中遵循综合创新驱动、高端引领和国际合作的路径，通过"点—轴—网"的辐射带动，推动整个地区物流、贸易、投资、技术创新的跨越发展。但是，郑州航空港区缺乏综合创新驱动，缺乏有效的创新体制机制，不能使有限的技术创新、人力资本创新和服务创新有机地融合起来。

以人才制度创新为例，郑州航空港经济综合实验区的批复意味着要引进大量的和实验区战略定位一致的专业人才。按照实验区的规划，其核心区主要发展航空服务保障和维修、飞机零部件制造和航空租赁等航空产业；电子信息、新材料等高端制造业以及教育培训、医疗保健等城市配套服务业。而以上航空产业和配套服务业的建设，必须有上下游产业配套的硬件支持和高等院校、科研院所的软件支持。目前，在上下游产业的完善性和科研开发能力方面，郑州航空港经济综合实验区均处于劣势，需要通过政策引资，增强承接产业转移的持续性；吸引高端产业落户，培养引进高科技人才。但是，综观国内高校专业设置情况，仅有为数不多的几个高等院校才会开设这些紧缺专业，而且这些专业的毕业生毕业之后工作地点主要倾向于北京、上海、广州等发达地区。在人才管理制度上，要结合本区域特点，着眼全局、灵活变通，在政策允许的范围内，积极寻求最佳的解决途径，为实验区的顺利建设提供人才支撑。

第七节　河南代表性临空产业发展
存在的主要问题

一　郑州航空港金融业

（一）金融创新不足，缺乏适应发展的金融服务

1. 金融产品趋同性高

郑州航空港区主要以传统金融工具为主流，以基础的金融工具、存款、贷款、股票为主。很少有专门为空港经济发展量身定做的金融工具和服务。金融创新的发展速度跟不上郑州空港经济多层次发展的步伐。同时，缺乏适应港区发展的金融服务，如金融租赁、投资理财、风险防控、贸易结算、贸易融资等金融服务，严重限制了郑州航空港区综合竞争能力的提升。

2. 业务开展受限

由于区域的限制，郑州航空港区的金融机构在开展结算业务时往往受到限制，承兑汇票、贴现、国债投资、国际结算等业务无权办理的情况，会致使有些小型金融机构的业务难以继续展开，从而导致企业经营效率低下。

3. 港区的风险防控业务同样不完善

港区的保险机构缺乏针对临空经济的保险产品，又常常由于人才、技术的缺乏出现保险产品大量空白的现象。这使港区内的保险机构很难为企业的经营提供足够的保障。

4. 投资渠道单一

随着经济的发展、产业结构优化的同时，河南诞生了越来越多的

中等收入群体，他们对于投资理财的需求也越来越旺盛，然而，河南中等收入群体投资理财渠道非常单一，主要理财产品源于国有或地方的商业银行，而商业银行理财产品往往品种单一，缺少小规模投资金融产品，河南资本缺乏流动性。

（二）金融机构单一，企业融资主要来源于银行

航空港区缺乏多元化的融资环境。企业的融资渠道主要来源于国有和地方的商业银行。从目前来说，郑州航空港区的开放程度较低，海外融资困难，以临空经济为主要服务对象的跨区域金融机构严重匮乏，融资难又贵，缺乏外资银行和其他金融机构的入驻。同时缺乏证券、公募、私募等基金公司。单一的金融机构，就会导致金融机构之间缺乏良性的竞争，缺少金融创新，金融服务缺乏效率。这样，不仅会使企业在扩大生产规模时难以得到有力的资金支持，还会影响金融机构与政府之间的良性互动，致使政府很难为金融机构的运营提供足够多的保障，难以建立健全企业融资平台和担保风控体系。针对这方面的问题，政府应该搭建安全高效的中小微企业的融资平台，出台相应的优惠政策吸引担保、咨询、商业保理、信托、小额贷款等各类金融机构的入驻，使金融环境更加丰富多元化，促进其良性竞争，使中小微企业也可以享受到更加适合和富有效率的金融服务。

二　郑州航空港物流业

自郑州航空港规划确定为国家战略目标以来，以航空物流为基础的现代物流利用了郑州航空港区良好的区位优势和政策优势迎来突飞猛进的发展。以"建设大枢纽，发展大物流，培养大产业"为中心出发点，不断坚定地前进。

（一）发展现状

1. 郑州机场的规模不断扩大，物流业迎来大发展

2014 年郑州机场二期 T2 航站楼完工启用使郑州机场迈入中国十大国际机场行列，成为中国第二个可实现机公铁零换乘的机场，郑州又成功收购了卢森堡航空。郑州卢森堡航空、铁路双枢纽的稳步前进，形成了以郑州为亚太物流枢纽核心，例如卢森堡欧美物流枢纽核心，覆盖全球的航空货运网络已然形成。国际知名的物流公司 UPS、

普洛斯、顺丰等多家现代先进的物流企业纷纷落户河南郑州航空港。目前，航空港拥有30多家国际航线，居中部六省第一位。

2. 客货吞吐量逐年激增

郑州航空港区人流、物流急剧增长。2019年，郑州新郑机场的旅客吞吐量2913万人次，同比增长了6.5%，货邮吞吐量由2018年的514922.4吨增长到2019年的522021吨，同比增长了1.4%，同时完成中转保障旅客首次突破150万人次，同比增长了30.9%。2019年新郑机场货邮吞吐量增速在全国机场中排名第二，成为国内仅有的2家货运量正增长的大型机场之一，初步确定了郑州航空港在华中地区国际航空物流枢纽的地位。

3. 电子商务物流飞速发展

随着当今世界，互联网技术的飞速发展，网上购物，电子商务和跨境贸易已经成为人们选择越来越多的经济活动。与此息息相关的快递物流行业也迎来了飞速发展的契机。2013年，河南省人民政府与物流行业的巨头公司菜鸟网络科技有限公司签订了长期战略合作的协议，河南省政府与菜鸟网络科技有限公司在河南省郑州共建中部国际电子商务产业园，目前该产业园已投入运营，有超过100家省内外知名企业入驻，其中就有河南航投、唯品会、中外运、韵达、顺丰电商等知名电子商务公司。在未来，随着人民对于物流速度，精准性要求的不断提高，航空物流在整个物流行业的重要性和占比将持续上升。

（二）存在的主要问题

1. 河南省临空经济产业基础不足，缺乏临空型产品

河南省还是传统的农业大省，农产品生产和加工在河南省的经济成分中占有很大的比重，但农产品的加工大多还是位于初加工阶段，高附加值精加工的产品较少，大部分产品附加值较低。另外，河南省同时是工业大省，且重工业发展为主，行业规模位居前列的有农副食品产品加工业、黑色金属冶炼业、化学原料和化学制品制造业等。而高附加值的产业，如新材料、新能源、医疗器械和研制生物医药产业虽发展迅速，但所占经济比重还是较少。目前，河南的产业还是以低附加值为主，即使是智能手机加工产业发展强劲，但是，由于未能掌

握智能手机产业的核心生产技术，生产加工还是主要以贴牌生产为主，高附加值的核心技术手机配件绝大多数依靠进口，位于全球的生产价值链低端，并不能改变河南经济附加值低的现状。政府应该加大招商引资的速度，引进更多的高新技术科技企业，为航空港的良性发展增添动力。

2. 航空港基础设施建设不完善

由于郑州航空港经济综合实验区自 2013 年才正式获批，大量基础设施还在兴建，物流功能还很不完善，现有的基础设施建设还远不能满足日益增加的航空物流需求，还不能大规模实现货运物流的无缝对接。

第六章 河南自由贸易试验区
发展的实践探索

第一节 中国内陆型自由贸易试验区发展定位

在第三批批复的自由贸易试验区中，有 5 个属于内陆型自由贸易试验区，即位于中西部地区的陕西、四川、重庆、河南和湖北 5 个自由贸易试验区，这标志着自由贸易试验区建设的步伐已经从沿海延伸至内陆。

一 河南自由贸易试验区功能定位

（一）综合性内陆型自由贸易实验区

河南地处中原地区，地域辽阔，交通方面有其独特的优势，尤其是省会郑州，是全国铁路、公路、航空的交通枢纽，郑州火车站是全国最大的火车站之一，新郑国际机场也是全国八大枢纽机场之一，而且，河南航空货运和陆运交通联运体系正在逐步完善，使其在交通方面的优势更加显著。战略定位即以制度创新为重点，逐步建立并完善现代物流体系和运输系统，使河南自由贸易试验区更好地服务于"一带一路"倡议。河南自由贸易实验区实施范围 119.77 平方千米，涵盖郑州、开封和洛阳三个片区。

河南是全国粮食生产的核心区域，应当抓住机遇，依托郑州航空港经济综合实验区的发展，将空港经济与内陆港的贸易联系起来。并且拓展新郑综合保税区的保税物流和口岸作业等功能，将加工和贸易结合起来，使其不仅具有贸易、物流和加工制造的功能，也具有仓储物流、产品检测、售后维修等功能。还要把对外开放与对内开放紧密联系起来，使河南自由贸易试验区成为内陆地区改革开放的重要发展平台，建设成中西部地区的创新型示范区，聚合双重开放的功能，打造与国际接轨的贸易投资环境。

（二）打造专注于加工贸易以及服务贸易的贸易中心

可以通过新郑保税区，规范市场的经营管理，打造便捷的进出口贸易服务链，通过粮食生产的核心区，不断完善食品和粮食加工贸易，设立便捷安全的国际贸易运输链，以便粮食和食品进行高效率、低成本的市场自由流通。粮食和食品专业的加工贸易服务平台为交易商提供了产品推广、产品发布、保税展示、商务谈判和咨询、物流配送等服务，专注于将河南打造成连贯的国际食品粮食加工贸易服务中心，以及期货交易、保税展示交易、大宗商品交易的重要平台。

（三）航空港经济综合实验区与电子商务相结合的航空港贸易区

主要依托郑州航空港经济综合实验区和新郑综合保税区，整合郑州的优势资源，有效利用保税区的优惠性政策和快捷的航空物流，提高贸易便利化水平，积极引进国内国外著名的跨境电商，并且向他们学习创新管理方法和经营模式，鼓励创新型电商企业聚集到这里，建立健全电子商务产业链以促进跨境电子商务的发展。其功能是优化整合信息资源，简化通关模式，使交易和流通更加便捷，以降低交易成本，并不断拓展郑州跨境电商服务试点项目，打造跨境电子商务平台，将地面国际贸易自由贸易园区和网络贸易的自由贸易园区联系起来，打造综合性的贸易集散地。

（四）打造面向西亚、中亚、欧洲的国际航空物流枢纽

主要依托郑州航空港经济综合实验区和新郑综合保税区，打造面向西亚、中亚和欧洲的综合性航空物流枢纽，集国际采购、中转、通关等多功能于一体，建设陆海空对接、多式联运和辐射广泛的国际物流中心，更好地服务于"一带一路"倡议，成为"21世纪海上丝绸之路"和"丝绸之路经济带"的重要连接纽带。

（五）以航空运输和高附加值产品加工为主的创新型产业基地

充分发挥综合保税区的优势，针对航空运输建立相应功能区，发展其相关配套产业，同时利用好自由贸易园区内优惠政策，依托便捷而安全的全球航线运输网，建立制造业的功能区，主要生产加工高附加值的产品，如精密仪器、电子产品、医药产品等，吸引有实力的跨国公司在此设立区域贸易总部以及航运总部，这样有利于高端的制造业和服务业将产品的研发、生产、物流等环节联系起来，互相配合，促进整个河南地区产业结构的优化升级。

二 其他内陆型自由贸易试验区发展定位

（一）湖北自由贸易试验区

湖北自由贸易试验区总面积为120平方千米，涵盖武汉、襄阳和宜昌三个片区，主要定位是加强中部地区承接产业转移的能力，着重发展新兴产业，并且带动其他中部城市，促进中部崛起战略的实施。湖北省资源优势很明显，有着雄厚的产业基础，水上和陆上交通都很便利，还有一批高水平的一流大学，具有较强的人才优势，还有很多实力很强的科研机构，这为其发展高科技产业提供了有效的保障，所以，完全具备承接产业转移的能力。如今的湖北的新材料产业、光电子产业等高端产业已经占据了高科技产业的主导地位。因此，要充分借鉴东湖高新区积累的改革经验，并且学习上海自由贸易试验区的负面清单模式，逐步推广到湖北自由贸易试验区的其他经济片区，转变产业转移的承接模式，创新管理制度，紧紧地围绕这一核心，进一步对接国际经贸规则，形成不同特色的试点，提升湖北对外开放水平。

（二）重庆自由贸易试验区

重庆自由贸易试验区实施范围为119.98平方千米，涵盖两江片区、西永片区和果园港片区三个片区，重庆自由贸易试验区的战略定位即促进西部大开发战略的施行，提升整个西部地区的对外开放程度，重庆也具有很明显的区位优势，位于整个长江经济带西部的中央，也是"海上丝绸之路"的重要节点，连接着我国中部与西部地区，地处长江经济带和"一带一路"的重要连接点，有着便捷的水陆空交通、完善的基础设施和强大的经济实力，它的发展对于长江经济带乃至整个西南地区都有着重大的影响力。

应立足于将重庆建设成为我国内陆的国际物流中心，在水运方面，充分发挥长江黄金水道的优势，在陆运方面，利用好渝新欧国际铁路联运大道，深化金融服务业、航空运输业、通信信息业等领域的合作，并依托保税区，以进出口加工贸易为发展的重中之重。

（三）四川自由贸易试验区

四川自由贸易试验区总面积 119.99 平方千米，包括天府新区、青白江、川南临港片区共三个片区，战略定位即立足于发展内陆地区开放型经济，促进沿海地区、沿江地区、沿边地区和内陆地区的共同开放。四川自由贸易试验区主要以成都的天府新区为核心，成都是西部地区的中心城市，在连接西南地区、西北地区和华中地区的发展方面起着纽带作用，科研实力雄厚，很多一流大学聚集在此，人力资源丰富，而且世界 500 强企业中有 260 多家都在成都落户，产业基础雄厚，这些区位优势使得四川对于西南地区有着举足轻重的影响和带动作用。

因此，四川可以依托高新区和天府新区，着力推广创新型平台建设，不断扩展中国与法国、英国、德国等地的产能合作，并且充分利用好四川便捷的交通优势和突出的成本优势，着重发展转口贸易，建设内陆地区系统的中转体系，加强区域之间的协同合作与共同发展。

（四）陕西自由贸易试验区

陕西自由贸易试验区实施范围共 119.95 平方千米，包含西安国际港务片区、中心片区、杨凌示范区片区共三个片区，陕西是亚欧大陆桥的重要枢纽，是西部大开发战略的前沿，西安市西北地区的门户，位于中国的中心位置，区位优势十分明显，贯通东西，连接南北，对西北地区有着巨大的辐射带动作用。另外，西安是我国著名的古都，许多朝代都在此建都，历史资源非常丰富，而且也有着很强的科研实力，因此综合实力强，是全国八个全面创新改革试验区之一。

所以，陕西应该把握好自身产业优势，以创新为重点，依托高新区大力发展新兴产业，带动"丝绸之路经济带"沿线地区创新型经济的发展，以空港新城为平台，着重发展航空物流和对外贸易，还应大力发展文化产业，使其与"一带一路"沿线国家的文化联系更为紧密。

表 6-1　　　　　内陆型自由贸易试验区批准时间及其战略定位

	河南自由贸易试验区	陕西自由贸易试验区	四川自由贸易试验区	重庆自由贸易试验区	湖北自由贸易试验区
批准时间	2017 年 3 月 31 日				
挂牌时间	2017 年 4 月 1 日				
面积	119.77 平方千米	119.95 平方千米	120 平方千米	119.98 平方千米	120 平方千米
主要范围	河南自由贸易试验区的实施范围共 119.77 平方千米，涵盖郑州片区 73.17 平方千米、开封片区 19.94 平方千米、洛阳片区 26.66 平方千米	中心片区 87.76 平方千米（含陕西西安出口加工区 A 区 0.75 平方千米、B 区 0.79 平方千米，西安高新综合保税区 3.64 平方千米和陕西西咸保税物流中心〔B型〕0.36 平方千米），西安国际港务区片区 26.43 平方千米（含西安综合保税区 6.17 平方千米），杨凌示范区片区 5.76 平方千米	成都片区（成都自由贸易试验区）、泸州片区（中国（四川）自由贸易试验区川南临港片区）两个部分	两江片区、西永片区、果园港片区	武汉片区 70 平方千米（含武汉东湖综合保税区 5.41 平方千米），襄阳片区 21.99 平方千米（含襄阳保税物流中心〔B 型〕0.281 平方千米），宜昌片区 27.97 平方千米

续表

	河南自由 贸易试验区	陕西自由 贸易试验区	四川自由 贸易试验区	重庆自由 贸易试验区	湖北自由 贸易试验区
战略 定位	以制度创新为核心，以可复制推广为基本要求，加快建设贯彻南北、连接东西的现代立体交通体系和现代物流体系，将自由贸易试验区建设成为服务于"一带一路"建设的现代综合交通枢纽、全面改革开放试验田和内陆开放型经济示范区	陕西省主要是落实中央关于更好发挥"一带一路"建设对西部大开发带动作用、加大西部地区门户城市开放力度的要求，打造内陆型改革开放新高地，探索内陆与"一带一路"沿线国家经济合作和人文交流新模式	四川自由贸易试验区主要任务是落实中央关于加大西部地区门户城市开放力度以及建设内陆开放战略支撑带的要求，打造内陆开放型经济高地，实现内陆与沿海沿边沿江协同开放	以制度创新为核心，以可复制可推广为基本要求，全面落实党中央、国务院关于发挥重庆战略支点和连接点重要作用、加大西部地区门户城市开放力度的要求，努力将自由贸易试验区建设成为"一带一路"和长江经济带互联互通重要枢纽、西部大开发战略重要支点	以制度创新为核心，以可复制可推广为基本要求，立足中部、辐射全国、走向世界，努力成为中部有序承接产业转移示范区、战略性新兴产业和高技术产业集聚区、全面改革开放试验田和内陆对外开放新高地

第二节　我国内陆型自由贸易试验区与沿海自由贸易试验区比较分析

一　内陆型自由贸易试验区与沿海自由贸易试验区的主要差异

在第三批批复的自由贸易试验区中，有 5 个属于内陆型自由贸易试验区，即位于中西部地区的陕西、四川、重庆、河南和湖北 5 个自由贸易试验区。受地理位置、国家政策以及经济发展程度的限制，内陆型自由贸易试验区与沿海自由贸易试验区在发展重点上存在显著差异。

（一）战略定位与发展目标不同

如表6-2和表6-3所示，内陆型自由贸易试验区与沿海自由贸易试验区的战略地位和主要改革领域各有侧重。沿海自由贸易试验区凭借天然的区位优势，开展国际经济合作，比如福建注重探索与台湾的经贸合作与人文交流；广东自由贸易试验区依托港澳，服务内地；辽宁自由贸易试验区则凭借地缘优势，是面向东北亚的重要开放平台。而内陆型自由贸易试验区在国际经济合作方面更多的是借助其交通枢纽优势和国家战略的倾斜，比如河南的郑欧班列，四川的蓉欧班列，这些地区借助交通优势打破了地理区位限制，重塑地缘优势，为内陆对外开放打造了全新平台。河南、湖北、陕西等也可借助国家"一带一路"倡议的东风，加快对外开放的征程。

表6-2　　　　沿海自由贸易试验区主要战略定位与改革领域

序号	名称	战略定位	主要优势和改革领域
1	上海自由贸易试验区	立足中国，面向世界	金融领域创新和发展
2	广东自由贸易试验区	依托港澳，服务内地，面向世界	金融和服务贸易领域
3	天津自由贸易试验区	打造京津冀协同发展对外开放的新引擎	航运、融资租赁的创新和发展
4	福建自由贸易试验区	立足两岸，服务全国，面向世界；"21世纪海上丝绸之路"核心区	与台湾经济合作
5	辽宁自由贸易试验区	引领东北地区转变经济发展方式，提高经济发展质量和水平；加强东北亚区域经济合作	深化国资国有企业改革；巩固提升对人才、资本等要素的吸引力
6	浙江自由贸易试验区	东部地区重要海上开放门户示范区	油品的全产业链投资贸易便利化

资料来源：根据各自由贸易试验区总体方案整理而得。

表 6-3　　　内陆型自由贸易试验区主要战略定位与改革领域

序号	名称	战略定位	主要特色和改革领域
1	陕西自由贸易试验区	推动"一带一路"建设和西部大开发战略的深入实施	创新现代农业交流合作机制，扩大与"一带一路"沿线国家合作
2	四川自由贸易试验区	立足内陆、承东启西，服务全国、面向世界，西部门户城市开发开放引领区、内陆开放战略支撑带先导区	内陆与沿海沿边沿江协同开放
3	重庆自由贸易试验区	"一带一路"和长江经济带互联互通重要枢纽；西部大开发战略重要支点	国际物流枢纽
4	河南自由贸易试验区	连通东西、贯穿南北，内陆开放型经济示范区	服务于"一带一路"建设，现代综合交通枢纽和现代物流中心
5	湖北自由贸易试验区	立足中部、辐射全国、走向世界，打造内陆对外开放新高地	战略性新兴产业、高端产业发展

资料来源：根据各自由贸易试验区总体方案整理而得。

（二）产业发展重心不同

沿海自由贸易试验区起步早，拥有雄厚的经济基础和先进的产业基础，因而在金融、服务贸易以及高端制造业领域具有领先优势，比如上海自由贸易试验区的改革重心是金融领域，天津自由贸易试验区的优势领域是航运和融资租赁，广东自由贸易试验区则重点发展金融和现代服务贸易，而且沿海自由贸易试验区可凭借港口优势，发展大宗货物进出口贸易。而内陆型自由贸易试验区一般没有港口优势，更多的是凭借航空港发展临空经济，比如河南注重借力我国第一个国家级航空港试验区——郑州航空港经济综合实验区发展临空产业，即航空设备制造及维修、新型材料、精密仪器等高端制造业以及电子商务、特色物流、专业会展等现代服务业。

此外，河南、湖北等地也充分利用自己承接东西的地理优势，积极承接产业转移，进而努力促进产业升级，引领开放型经济发展。

（三）制度创新方向不同

鉴于内陆型自由贸易试验区与沿海自由贸易试验区在战略定位、产业发展等方面的差异，两者在具体的制度创新领域也各有侧重。上海、广东等沿海自由贸易试验区设立早，开放基础条件优越，因而在贸易便利化方面的规则探索更加开放和成熟，注重对外通关政策、负面清单、金融以及高端制造业和货运物流领域，其海关监管、物流运输等方面的创新也更侧重港口口岸特点。而内陆型自由贸易试验区起步晚，开放程度相对较低，更多地集中在聚集吸引外资入驻、发展生产性服务业、加工贸易等初级发展模式，注重交通枢纽的打造以及多式联运方面的制度创新。

二 内陆型自由贸易试验区与沿海自由贸易试验区的优势和劣势

我国第一批、第二批自由贸易试验区均为沿海地区，从北至南，包括天津、上海、福建和广东。但第三批自由贸易试验区中的内陆型自由贸易试验区，各地区各有优缺点（见表6-4）。从整体上看，自由贸易试验区本身就是一个复杂的系统工程。在众多自由贸易试验区的发展中存在着一些共性的东西，但也不乏因不同的地区优势、不同的经济发展状况、不同的产业结构以及不同的对外贸易对象形成的独有特性。对于共性的东西，我们可以进行推广和复制，让更多的自由贸易试验区受益。但是针对特性，我们更应当区别对待，首先认清其内在本质，再对症下"药"，方可"药"到病除。内陆型自由贸易试验区，这既是优势也是劣势，但是，如果继续一味地搞沿海自由贸易试验区的建设，将与上海自由贸易试验区无异，也就失去了示范的意义。因此，作为毫无先例的内陆型自由贸易试验区在建设自由贸易试验区时，就应当扬长避短、科学定位。

而我国沿海自由贸易试验区，上海、天津、广东、福建，本来就是改革开放的前沿地带，也是改革开放成就巨大的地区。早期的发展已经使这些地区吸引了国内、国际的优质要素，也与国际市场很好地融入在一起，拥有比我国其他地区更高的发展起点。4个沿海自由贸易试验区，除拥有明显的地理区位优势和便捷的交通外，还有一些很明显突出的优势（见表6-5）。

表 6 - 4　　　　我国内陆型自由贸易试验区的优势与劣势分析

优/劣势	特点	具体情况	举例
劣势	地理位置不如沿海地区，又远离国境		
优势	拥有独特的区位优势	内陆型自由贸易试验区均分布在第一阶梯与第二阶梯上，并多为中西部地区	河南、陕西是中部地区的两个经济中心，贯通东西，连接南北，也是历史上兵家必争之地
	巨大的市场潜力	不仅自身的消费能力强，周边辐射范围也很广阔	河南是中原大省，也是南北文化交汇处，有极强的经济带动力；而武汉是长江经济带上的一颗闪闪发光的明珠，肩负中部崛起的经济重任，在推动经济改革方面有很强的影响力；至于西部地区的重庆和四川，经济发展势头较猛，在西部地区的影响力大
	扎实的工业基础条件	内陆型自由贸易试验区的发展历史比较早，在经济建设的初期阶段有较好的发展规划，也建设了一些工业基地和辅助自由贸易试验区建设发展的基础功能区	东北老工业基地虽然目前发展疲软，但是有较好的发展革新基础，可以成为很好的利用对象。像河南、陕西、四川等都有综保区，并且建设发展得很有成效，若能在此基础上，合理运用综保区和一些其他的基础功能区，将十分有利于自由贸易试验区的建设
	政策支持	"一带一路"高峰会议	目前，国家主推"一带一路"倡议、对外开放、内陆经济高地等一系列经济措施，其目的就是要通过自由贸易试验区的建设为我国经济发展注入新动力，通过开放倒逼改革

表6-5　　　　　我国沿海自由贸易试验区优势与劣势分析

优/劣势	特点	具体情况
劣势	发展进入"瓶颈"期	土地资源紧张，经济发展成本较高。水资源匮乏，有限的环境承载力成为经济发展的绊脚石。工业经济转型升级依然是最大的困扰，缺少产业转型升级的内在动力。一些自由贸易试验区亟待解决周边其他区域在功能方面的整合工作，以及资源合理利用的问题
优势	金融方面有较好的发展基础	经过先期建设很长一段时间，对于自由贸易试验区的意义、概念、发展改革路径已经有了清晰的认识；相关的改革基础框架也已搭建完好，政府与企业就自由贸易试验区发展的互动日益充分；金融市场也是健康地发展，为金融改革提供了良好的基础，实施了"货币兑换自由"的概念
	均位于城市级别较高的地区	充足的人力资源，并且成本较低；自然资源丰富，有大量的煤电资源；都是经济区协同联动发展的引擎，能够有效地吸引周边高质量的产业
	便捷的交通方式	自从我国开通多条高铁后，不断地为自由贸易试验区带来了丰富的人力资源，经济腹地的范围也进一步扩大；由于毗邻海港，方便与国外企业进行合作，拥有极强的创新能力和活跃的民营经济，可承接来自海外企业的外溢和转移

第三节　内陆型自由贸易试验区发展中
存在的主要问题

　　内陆型自由贸易试验区在建设过程中也有很多问题，比如现有的监管模式、规章制度、管理模式等因素都不同程度地制约着我国内陆型自由贸易试验区的发展。

一 专业化程度较低，管理体制落后

现如今我国的内陆型自由贸易试验区缺乏较为成熟的模式用来参考，因为不同的地区不同的省市都存在很大差异，也不能单纯地照搬国外经验，因此，这就需要政府施行的管理方法适合中国的国情，在自由贸易试验区的建设过程中，相关基础设施水平还需进一步提高，特别是建设中不可或缺的物流中心等环节，专业的管理型人才不足，先进的管理技术也都需要进一步提高，所以工作效率较低，离国际化的物流服务的要求还存在差距，因此，内陆型自由贸易试验区的管理体制和专业化水平亟待解决。

二 相关法律法规不够健全，法制环境建设有待于加强

依据国外内陆型自由贸易试验区建设的成功经验来看，自由贸易试验区的建设总是需要制定和执行相应的法律来提供有效的保障，特别是内陆型自由贸易试验区的性质、功能等问题，只有法律提供了相关保障，自由贸易试验区才可以在法律的保护下顺利发展，但是，我国法律在这方面则较为缺失，不够完善，缺乏从全局角度考虑的综合性法律保障体系，多数则是以地方性的政策来规范自由贸易试验区的建设，而在政策法规等具体内容上都各自不同，没有足够的权威性，甚至有些地方性的政策法规还与国家的法规相互矛盾。所以，相关法律的缺失导致了政府的各个部门沟通存在问题，权责配置不合理等问题，这些问题都会阻碍自由贸易试验区的有序运转，所以，中国应该进一步健全完善法律法规保障体系，实现各项法律法规相互协调，以保证法律法规的一致性。

三 监管模式不够协调统一

目前，自由贸易试验区允许货物先入关再申报，特别是国际物流业务，简化了中转流程，这样使物流更迅速，现在海关监管模式在方法上、理念上都与之前有着很大差异，海关的监管应该向更好地促进国际交流和服务进行转变。应该简化之前的多层级管理制度，使管理更为集中，这样不仅效率更高，还会大大减少与当地政府的矛盾，但是，改革也存在一定难度，因为会与现行的体制和法律相冲突，这在无形中提高了监管部门的工作难度，所以，监管模式一定要向科学合理的方式转变。

此外，海关和出入境的企业缺乏沟通，检验部门和海关部门也没有形成完整的一套便捷化的通关流程，降低了工作效率，这个问题也是非常值得重视的。

第四节　河南自由贸易试验区实践探索

一　内陆型自由贸易试验区与河南经济发展

我国内陆地区近几年经济发展很快，但是，由于我国沿海和内陆本身的开放程度存在很大差异，内陆地区经济的发展水平仍然不能与沿海地区抗衡，但内陆地区也有一定的优势，其相比于东部地区具有更大的开发和发展潜力，因此，在内陆地区设立自由贸易试验区有着极其重要的意义。

《中国（河南）自由贸易试验区总体方案》指出，要在自由贸易试验区实行加快政府职能转变、扩大投资领域开放、推进贸易发展方式改变、深化金融领域开放创新等一系列任务和要求，提出了改革管理模式、实施相关产业政策和建立风险防御体系等政策和措施。这些政策和举措给河南省相关产业的发展和河南省经济转型提供了巨大的发展机遇。

（一）管理模式的改革增强经济发展活力

河南自由贸易试验区挂牌后，实行负面清单管理模式，即对于负面清单之外的领域，外商投资项目采用备案制，之前的审批制往往需要经过政府行政管理部门审批同意才可立项，现在只需将项目情况交与相关政府行政管理部门备案即可。从审批制到备案制，是政府管理模式的创新，也是加快政府职能转变的表现。从市场角度来看，实行负面清单管理模式，有利于市场合理配置资源，以往的行政审批制容易导致政府权力过大，政府的手伸得过长，最终影响了资源的使用效率。此外，对于政府而言，从注重事先审判转为事中事后监管，实质上就是政府权力的调整、转移和下放，大大提高政府行政透明度。另外，对于企业来说，备案制的实行减少了企业运营程序，降低了企业运营成本，减少了企业发展受到行政干预的可能，在一定程度上保证了企业的独立自主发展，促进了企业的公平竞争。

（二）产业政策推动产业转型升级

在自由贸易试验区已经实行或者即将实现的特殊的产业政策，将推动许多行业更加彻底地改革开放，有利于实现产业的转型升级，同时也给相关产业的发展带来了很多机会。在金融领域，在自由贸易试验区开展的人民币资本项目可兑换将最大限度提高资本的流动速度和使用效率，有利于我国减少资本外逃，吸引外资，并提高人民币的国际地位。另外，利率市场化也将更好地连接企业与金融机构，降低企业融资成本，增加融资机会，促使金融更好地为实体服务，从而提高金融机构服务能力。在贸易领域，自由贸易试验区着手构建贸易新型业态，不仅拓宽传统贸易，还向高附加值的贸易模式转型，得益于自由贸易试验区金融、航运、贸易的政策便利和管理体制的创新，将大大改善当前河南省贸易结构固化与低端市场，竞争力不足的局面。

（三）有利于提高内陆地区对外开放程度

我国的自由贸易试验区建设是依照世界贸易组织规则进行的进一步拓展，随着上海、天津等自由贸易试验区的发展，自由贸易试验区在经济发展方面的优势越发明显。我国在对外贸易交易中，与贸易合作国家之间的贸易额不断增加，其所占对外贸易的比重也不断增加，投资方面也是如此，和贸易合作国家之间的相互投资数量也在增加，其所占我国总的对外投资中的比重也不断提高。沿海自由贸易试验区贸易额、投资额不断增加，那么内陆型自由贸易试验区也会为经济进一步发展注入新的活力，拓展新的发展空间，从而提高内陆地区的对外开放程度，为我国的经济发展做出更大的贡献。

（四）有利于促进内陆地区融入"一带一路"建设

由于地理环境、基础设施等方面的影响，总体上看，东部沿海地区的对外开放程度一直远高于西部内陆地区，国家出台"一带一路"倡议，旨在促进与周边国家的共同发展，形成多元平衡、互利共赢的开放型经济。在该战略的大背景下，我国内陆地区可以发挥其区位优势,与"一带一路"沿线国家深化合作,互利共赢,发展合作潜力,从而调整产业结构,缩小我国东西部的经济发展水平的差距,在注重东部地区发展的同时,也提升西部地区的开放水平,使西部地区逐步成为对外开放的前沿地区。

(五)风险防御体系维持经济稳定健康发展

自由贸易试验区除进行一系列的改革和创新之外,还将通过反垄断审查、金融审慎监管、城市布局规划、环境和生态保护、劳动者权益保护、技术法规和标准等手段,构建风险防御体系。随着该体系的建立,不仅可以进一步加强风险控制,还能改善自由贸易试验区内企业的发展环境。

其一,反垄断审查有利于打击垄断势力,遏制垄断行为,引导企业自觉有序竞争,维持自由市场公平,使得企业将精力和资源更好地用于自身发展,从而促进自由贸易试验区内经济的健康发展。

其二,金融审慎监管则与自由贸易试验区内率先实行人民币资本项目可兑换和利率市场化的措施相配套,有针对性地防范可能出现的一切金融风险,以提高金融机构和金融市场的效率。

其三,城市布局规划以及环境和生态保护要求符合我国可持续发展的战略目标,城市规划可以根据城市的发展合理布局,提高土地使用效率,缓解人口和交通压力,提高城市幸福指数。保护生态环境体现了绝不再以牺牲环境为代价来发展经济的态度,而是要实现人与自然和谐共生,以获取最佳生态效益。

其四,劳动者权益保护将有利于在全社会形成尊重劳动者的氛围,提高劳动者工作的积极性,更能缓解劳资双方矛盾,减少因劳资纠纷而导致的损失。

其五,制定技术法规和标准为企业规范生产、提高产品质量以及增加产品技术含量做出了规定,不仅有利于企业控制成本、增加利润,更能促进企业发展模式的转变和国际竞争力的提高。

二 河南自由贸易试验区发展概况

经过一系列的筹备、申报,2016 年 8 月 31 日,国务院正式批复中国(河南)自由贸易试验区设立。2017 年 3 月 31 日,国务院下发

《国务院关于印发中国（河南）自由贸易试验区总体方案的通知（国发〔2017〕17号）》以及《中国（河南）自由贸易试验区总体方案》，中国（河南）自由贸易试验区正式成立。河南自由贸易试验区是我国设立的第三批自由贸易试验区，对我国中部开发具有不可估量的战略意义。

　　河南自由贸易试验区计划分为三个区域，分别是郑州、洛阳、开封三个片区，三个片区总面积约为119.77平方千米。郑州片区约73.17平方千米，洛阳片区约26.66平方千米，开封片区约19.94平方千米。各片区范围及发展重点如表6-6所示。

表6-6　　　　　河南自由贸易试验区各片区范围及发展重点

片区	区块	面积（平方千米）	发展重点
郑州片块	经开区	41.22	依托中欧班列和海关特殊监管区域等，重点探索促进交通物流融合发展和投资贸易便利化为主要内容的体制机制创新
	郑东区	31.67	依托金融总部和高端服务业集聚优势，重点探索投资制度改革、金融开放创新、要素市场建设、完善事中事后监管体系等
	金水区	0.28	依托服务外包、科技创新优势，重点探索服务贸易领域、"双自联动"体系等创新发展
洛阳片区	洛阳国家高新技术开发区	18.88	传统装备制造、机器人、新材料、智能装备制造等高端制造业；研发设计、国际文化旅游、文化创意、电子商务、服务外包、文化贸易、文化展示等现代服务业
	涧西区	7.78	
开封片区	国家级开封经济技术开发区及开封城乡一体化示范区	19.94	重点发展服务外包、医疗旅游、创意设计、文化传媒、文化金融、艺术品交易、现代物流等服务业；提升装备制造、农副产品加工国际合作及贸易能力，构建国际文化贸易和人文旅游合作平台，打造服务贸易创新发展区和文创产业对外开放先行区，促进国际文化旅游融合发展

资料来源：根据河南自由贸易试验区官方网站资料整理所得。

三 河南自由贸易试验区各片区的范围及发展重点

（一）郑州片区

郑州片区面积约 73.17 平方千米。郑州市是中国中部的重要城市，也是河南省的中心城市。由于郑州市独特的区位优势，金融服务、信息服务等现代服务业及电子商务、跨境电子商务、现代流通等产业都有莫大的发展潜力，而河南自由贸易试验区的设立正是给郑州这些产业的发展提供了一个契机。郑州片区要充分发掘自身独特的区位优势，致力于"一带一路"建设，将郑州打造成国际性的物流中心。根据规划，郑州片区将在现代服务业、流通枢纽产业、先进制造业上大展拳脚。先进制造业包括高端装备、汽车制造、生物医药、智能终端等产业，现代服务业包括金融服务、服务外包、创意设计、商务会展、动漫游戏等产业。除此之外，在打造国际性物流中心的过程中，郑州片区也会继续大力发展现代物流、国际商贸、跨境电商等产业。

（二）洛阳片区

洛阳片区位于河南省洛阳市内，总面积约 26.66 平方千米，主要包括洛阳高新技术产业开发区、涧西区部分区域，位于洛阳市的核心区域。洛阳片区借助洛阳市传统优势，大力发展传统装备制造、新材料、智能装备制造等先进制造业，增强装备制造业转型升级能力。另外，洛阳片区也着力于研发设计、信息技术服务、检验检测认证、文化创意等生产性服务业的发展，着力于传承华夏历史文明，发展文化旅游。

（三）开封片区

开封片区面积约 19.94 平方千米，包括开封城乡一体化示范区及经济技术开发区部分区域。开封是一个有着悠久历史的古城，一直不遗余力地发展旅游业带动地方经济发展，旅游业在开封也有着不可小觑的地位。自由贸易试验区的设立给开封带来了新的发展机遇，依照自由贸易试验区规划，开封片区将依靠传统强势产业，划分为"一中心六功能分区"，即 CBD 和自由贸易试验区管委会一个中心、文化创意及文化传媒、高端制造及战略性新兴产业、高科技产业园、国际贸易及现代物流、高端商务及国际会展、文化旅游及医疗健康6个分区。在原本旅游业的基础上，开封片区大力发展文化旅游、创意设计、文化传媒、文博会展、广播影视、文艺演出及艺术品交易等文化产业，搭建国际文化贸易和人文旅游合作平台，打造服务贸易创新发展区和文化创意产业对外开放先行区，促进国际文化旅游融合发展。

四　河南自由贸易试验区发展成绩

河南自由贸易试验区自2017年4月1日挂牌运行以来，以制度创新为核心，以风险防控为底线，在转变政府职能、投资领域开放、贸易转型升级、金融领域开放创新、提升现代综合交通枢纽和现代物流中心功能等方面积极探索与创新，并取得了显著成效。

（一）政府职能改革成绩斐然

第一，云政务平台投入使用。郑州云政务网络系统已经部署完毕，初步具备了"一网通办"能力。

第二，全面深化"放管服"综合改革。2017年3月，河南省以开封为试点，在全国率先推行"二十二证合一"改革。5月，李克强总理在开封考察时，对"二十二证合一"表示肯定，同月，"二十二证合一"改革在河南自由贸易试验区三个片区全面启动。2017年8月，河南省又全面实行了"三十五证合一"，这比国务院规定的"多证合一"改革时间提前了两个月，无论是整合证照的数量、信息化的先进程度，还是便利化的水平，河南省的"三十五证合一"改革都走在了全国的前列，成为全国"放管服"改革领域的亮点品牌。

第三，大力推行"一次办妥"政府服务体系建设。在实行"三十五证合一"改革中，在企业创办时实行"一窗受理、一表申请、一套材料、一网归集、一档管理"的"五个一"办理模式，推动企业名称自主申报，推行容缺受理机制，加快"一次办妥"改革工作落地。有效地解决了企业办理证照时"部门多次跑、材料重复交、办理时间长"等问题。

第四，省级逐步下放经济管理权限。根据《河南省人民政府关于中国（河南）自由贸易试验区实施第一批省级经济社会管理权限的决定》（豫政〔2017〕30号）文件要求，2017年9月，河南省已向河南自由贸易试验区第一批下放 455 项省级经济社会管理权限。下放省级管理权限，有利于充分释放自由贸易试验区在自主决策、制度创新、探索实践等方面的空间和活力，加快自由贸易试验区体制、机制创新。

（二）招商引资成效显著

在扩大投资领域开放方面，落实负面清单管理制度，进一步激发企业活力。自 2017 年 4 月 1 日正式挂牌到 2018 年 4 月 17 日以来，河南自由贸易试验区新入驻企业已经超过 3 万家，注册资本 3828 亿元，新入驻企业数约占全省同期新增企业数的 1/10。其中，外资企业 172 家，合同利用外资额为 10.8 亿美元，实际利用外资 8.1 亿美元。入驻自由贸易试验区的 500 强企业 137 家，数量占全身 48.1%。分片区来看，截至 2018 年 3 月底，郑州片区已注册企业 23741 家，注册资本 2710 亿元，占同期全省新注册企业数的 10%、全市的近 25%；洛阳片区入驻企业已有 3600 家，注册资本达到 50 多亿元。普华永道、毕马威、安永等知名企业纷纷入驻自由贸易试验区，郑州片区现有世界 500 强的企业数量占全市 2/3 以上。

（三）贸易发展形势喜人

自河南自由贸易试验区挂牌以来，海关各项业务发展平稳，贸易便利化水平不断提升，外贸发展形势喜人。截至 2017 年 6 月底，河南自由贸易试验区三个片区已累计实现对外贸易总值 57.9 亿元，其中，出口 18.3 亿元，进口 39.6 亿元。分片区来看，截至 2017 年 6 月底，郑州、洛阳、开封片区分别实现进出口总值 55.8 亿元、1.9 亿元、0.2 亿元，其中郑州片区进出口总值占比 96.4%。

此外，河南自由贸易试验区大力培育跨境贸易新业态，助推贸易转型升级。河南跨境电商是"网上丝绸之路"的标杆和典范。第一，业务发展全国领先。2017 年上半年郑州跨境电子商务业务量占全国总量的 33.45%，税收占全国的 70% 以上。目前园区海关备案企业已达 1110 家，法人注册企业 120 多家，园区上市企业 9 家，产业生态基本形成；辐射全球 77 个国家和地区，间接服务 3 万多家企业，服务 3557 万终端消费者。第二，推动中国成为全球电子商务新的国际贸易规则的制定者。2017 年 7 月，首届全球跨境电子商务大会在郑州举行，彰显了河南跨境电子商务在全球的影响力。此次会议围绕着跨境电商发展的制度创新、交流合作以及机遇和挑战等达成了一系列共识，最重要的是要引导建立电子世界贸易组织（EWTO）的贸易制度和规则，从而为中国赢得新的国际贸易规则领域的话语权。2017 年 9 月，郑州市全面启动建设电子世界贸易组织核心功能集聚区，这标志着河南跨境电商发展又开辟了一个新的领域，为构建电子世界贸易组织国际规则做出了里程碑式的贡献。

（四）金融改革创新成效显现

第一，政府相关部门出台政策支持自由贸易试验区建设。2017 年 8 月，河南省银监局近日印发了《河南省银监局关于进一步加强中国（河南）自由贸易试验区金融服务工作的二十条措施》（以下简称《二十条措施》）和《关于简化中国（河南）自由贸易试验区内银行机构和高管准入方式的实施细则》（以下简称《实施细则》）两个制度文件助力河南自由贸易试验区金融改革创新。《二十条措施》涵盖了精简下放监管权力、丰富完善机构体系、增加有效信贷支持、拓展金融服务功能、加强风险监测预警等五个部分，涉及银行业开放创新的诸多方面。尤其值得关注的是，《二十条措施》提出支持物流和供应链金融创新，支持金融租赁公司在自由贸易试验区内设立项目公司开展飞机、工程机械、大型设备等融资租赁业务，精准对接现代立体交通体系、现代物流体系、现代综合交通枢纽建设的金融需求。

第二，不断创新金融产品。在河南省银监局支持下，全省银行业金融机构不断加强与总行的沟通协调，积极争取机构网点、管理权限、业务创新等方面的支持，不断提升自由贸易试验区机构准入效率。比如中国银行河南省分行着力打造自由贸易试验区三级服务体系，在郑州、洛阳、开封 3 个片区挂牌成立 4 家自由贸易试验区业务专业服务机构；中原银行在自由贸易试验区设立了 7 家分支机构，并将进一步打造自由贸易试验区特色经营机构；交通银行河南省分行积极争取总行离岸中心支持，成功为某企业办理离岸结算业务；平安银行郑州分行开立自由贸易试验区特色同业往来账户，积极尝试开展人民币贸易融资资产的跨境转让。河南省银监局将通过多种方式来实现监管引领和政策传导方面的强化，使各银行机构在自由贸易试验区金融工作方面能够做好统筹兼顾，同时在银行开发符合带有自由贸易试验区特色的金融服务和金融产品方面起到良好的引领作用。中国人民银行郑州支行将支持河南自由贸易试验区总部的经济发展，对开展跨国公司外汇资金的集中运营管理有需求的企业进行积极引导。河南省证监局支持郑商所创立一个以市场需求为导向的产品创新机制，从未实现新的交易产品的稳步上市，产品的定价能力和产品质量不断提高，产品的国际影响力也不断增强。

（五）"一带一路"交通物流枢纽加速形成，吸引更多高端制造业及现代服务业向航空港聚集

在航空枢纽建设方面，根据 2017 年 11 月统计数据，郑州机场有 21 家货运航空公司，货运航线 34 条，通航城市 37 个，其中全球前 20 位货运枢纽机场已通航 15 个。客运航空公司 44 家，客运航线 175 条，通航城市 97 个，基本形成了横跨欧亚美三大经济区、覆盖全球主要经济体的枢纽航线网络。当前，航空港又迎来重要历史机遇，在习近平主席指示下，河南将以航空港为依托重点打造"空中丝绸之路"。

在陆港建设方面，中欧国际班列实现每天往返对开，已经形成"境内境外双枢纽、沿途多点集疏"格局，境内外合作伙伴达 2480 余家，网络遍布欧盟、俄罗斯及中亚地区的 24 个国家 121 个城市。

在临空产业布局方面，基于航空物流产业的发展着重发展高端制造业和现代服务业。首先是加快推进智能手机生产基地建设；其次是精密仪器制造业、生物医药产业、专业会展等产业加快聚集，现代服务业的高速发展促进城市功能区的建设，满足工作人员和旅客的生活需求，临空经济与城市能够进一步相容更好地共同发展。

五　河南自由贸易试验区的复制推广经验与制度创新探索

（一）河南省复制推广自由贸易试验区经验的情况

1. 已经复制推广的上海自由贸易试验区建设经验

自上海自由贸易试验区成立以来，形成了一批可复制、可推广的改革创新成果。中央决定，将上海自由贸易试验区的可复制改革试点

经验进行推广。其中在全国范围内复制推广有 28 项改革事项（投资管理领域 9 项、贸易便利化领域 5 项、金融领域 4 项、服务业开放领域 5 项、事中事后监管措施 5 项），在全国其他海关特殊监管区域复制推广 6 项改革事项（海关监管制度创新 3 项、检验检疫制度创新 3 项）。

目前，河南省已经复制推广上海自由贸易试验区 12 项海关监管制度和 8 项检验检疫制度。12 项海关监管制度包括："批次进出口集中申报""保税展示交易""区内自行运输""境内外维修""统一备案清单""简化通关随附单证""集中汇总纳税"等。8 项检验检疫制度包括："第三方检验结果采信""全球维修产业监管""出入境生物材料制品风险管理""中转货物产地来源证""检验检疫通关无纸化改革"，以及在已有特殊监管区域推广的"进出口货物预检验""检验检疫分线监督管理模式""动植物及其产品检疫审批页面清单"①。

2. 正在复制推广上海、广东、天津、福建自由贸易试验区的建设经验

2016 年 12 月，广东自由贸易试验区、天津自由贸易试验区、福建自由贸易试验区以及上海自由贸易试验区扩展区域运行一年多来，以制度创新为核心，简政放权、放管结合、优化服务，推动自由贸易试验区在投资、贸易、金融、事中事后监管等多个方面进行了大胆探索，形成了新一批改革创新成果。

根据《国务院关于做好自由贸易试验区新一批改革试点经验复制推广工作的通知》（以下简称《通知》），自由贸易试验区可复制、可推广的新一批改革试点经验将在全国范围内复制推广。其中，河南省复制推广的内容包括在全省范围内复制推广的 12 个改革事项和在海关特殊监管区域复制推广的 7 个改革事项。

根据《通知》内容要求，河南省全省范围内复制推广的分别是"负面清单以外领域外商投资企业设立及变更审批改革""税控发票领用网上申请""企业简易注销""依托电子口岸公共平台建设国际

---

① http://www.henan.gov.cn/zt/system/2016/11/30/010687366.shtml，根据其内容整理。

贸易单一窗口，推进单一窗口免费申报机制""国际海关经认证的经营者（AEO）互认制度""出境加工监管""企业协调员制度""原产地签证管理改革创新""国际航行船舶检疫监管新模式""免除低风险动植物检疫证书清单制度""引入中介机构开展保税核查、核销和企业稽查""海关企业进出口信用信息公示制度"。特殊监管区域，新郑综保区，郑州出口加工区A、B区，河南保税物流中心等海关特殊监管区域复制推广的分别是"入境维修产品监管新模式""一次备案、多次使用""委内加工监管""仓储货物按状态分类监管""大宗商品现货保税交易""保税展示交易货物分线监管、预检验和登记核销管理模式""海关特殊监管区域间保税货物流转监管模式"[①]。

河南省已复制推广上海自由贸易试验区12项海关监管制度和8项检验检疫监管制度，为河南自由贸易试验区建设奠定了良好基础。此次复制推广的19项改革事项旨在逐步构建与河南省开放型经济发展要求相适应的新体制、新模式，持续释放改革红利，增强发展新动能、拓展发展新空间。

（二）河南自由贸易试验区贸易投资便利化制度进一步探索与创新

河南自由贸易试验区充分学习和借鉴第一、第二批自由贸易试验区关于促进投资贸易便利化的经验和做法。上海、天津等先行自由贸易试验区经过不断的探索和努力，取得了巨大的成果，便利化举措珠玉在前，尤其是在制度创新上，大大方便了入驻企业的投资贸易，吸引了大量外来投资，使自由贸易试验区成为中国经济发展的一颗新星。河南自由贸易试验区作为新设立的自由贸易试验区，也充分认识到前人经验的关键和必要，对于在第一、第二批自由贸易试验区取得明显成效的制度创新成果，结合自身情况很好地运用在了自由贸易试验区的建设上。

1. 优化海关环境

优良的海关环境意味高效的通关效率，也意味着不错的投资环

---

① http：//www.huojia.gov.cn/index.php？a = show&c = index&catid = 259&id = 12629&m = content.

境。河南省努力打造一个优良的海关环境，吸引各方投资。为了打造一个更好的海关环境，河南自由贸易试验区大胆试点了在其他自由贸易试验区还在试行的一些政策，例如，允许海关特殊监管区域内企业生产、加工并内销的货物试行选择性征收关税政策；其他相关促进贸易的选择性征收关税的进出口税收政策在自由贸易试验区内的海关特殊监管区域进行试点。郑州海关在执法过程中贯彻执行"管少、管精、管准"的理念，积极探索创新出适应河南省情的海关管理制度和管理模式。具体包括积极深化"放管服"改革，建立随机抽查结果公开机制；推进业务流程再造，简化审批流程，压缩层级；加快"互联网＋海关"建设，深入推进海关服务事项网上办理。

河南自由贸易试验区正式挂牌运行后，郑州海关积极复制推广上海等4家自由贸易试验区几十项的海关制度创新，这些制度创新在自由贸易试验区的运行过程中卓有成效，为企业提供了许多便利，海关运行更加安全、法制、智能，贸易环境也更加公开透明，例如"简化随附单证""区内自行运输""一次备案多次使用"这些措施都为企业营造了更便利的通关环境。这些便利通关措施在原本试验区被证明成功后，河南自由贸易试验区充分借鉴，使贸易便利化措施落地生根、见到成效。

河南自由贸易试验区郑州片区在借鉴其他片区经验的基础上，对市政府的政务服务效率和形式进一步优化，致力于在片区内营造"商事简便，快捷高效，一站办妥"的服务环境。与时俱进，利用现代互联网技术的发展和人们的消费行为习惯，开发手机、微信服务系统，使用户可以体验到更便捷的网上办事服务系统。在片区内全面推行"一口受理"，即一号申请、一窗受理、一网通办。企业在提出服务申请时，首先由前台统一受理，其次后台服务人员分类审批，最后由窗口统一输出文件。通过简化程序，尽可能地为企业提供高效便捷的服务，大大缩短企业办事的时间。

2. 给予外商准入前国民待遇

在国际投资法中，国民待遇含义是给予外国投资者及投资的待遇不低于在相似情形下给予本国投资者及投资的待遇，准入前国民待遇则将国民待遇延伸至投资发生和建立前的阶段。准入国民待遇无疑对外来投资者来说有着不小的吸引力，如今现在许多国家和地区都采用了前国民待遇和负面清单管理制度，河南自由贸易试验区也紧跟这一发展，郑州片区对外商投资实行准入前国民待遇和负面清单管理制度，允许符合条件的境外投资者自由转移其投资收益，大大放宽了投资的限制，推动了金融服务业对于符合条件的外资更加自由地开放。

3. 制度环境建设

借鉴上海、天津等先行自由贸易试验区的制度建设经验，河南自由贸易试验区内在制度环境建设上成效明显，也开创了许多优秀的创新举措。比如，在监管制度创新方面，自由贸易试验区内的海关特殊监管区域借鉴上海模式，实施"一线放开""二线安全高效管住"的通关监管服务模式，积极推动实施海关特殊监管区域整合优化改革措施。在确保有效监管的前提下，在海关特殊监管区域探索建立货物实施状态分类监管模式。并严厉打击假冒伪劣，加强保护知识产权，净化了自由贸易试验区对外贸易的环境。

4. 金融领域开放创新

随着自由贸易试验区的建设，河南政府在金融领域也进一步扩大开放：允许境内企业在符合相关规定的前提下使用外币结算，鼓励区内银行开展项目融资、土地融资等新业务；发展离岸贸易，推进以人民币离岸业务为重点的离岸金融业务发展；对符合条件的民营资本有序开放，允许本地法人银行发起设立消费金融公司、汽车金融公司和基金公司等。推进内资融资租赁企业试点；支持跨境投融资业务；允许片区内符合条件的企业、金融机构按规定从境外自主融入本外币资金、拓宽境外资金回流渠道。这些金融领域的开放举措在河南省是前所未有的，自由贸易试验区建成后，更加宽松的金融环境能为自由贸易试验区吸引更多投资。

5. 电子商务平台建设与合作

自由贸易试验区跨境电子商务平台的发展能够极大地促进贸易便利化。电子商务企业通过电子发票、提单及电子化合同等开展贸易往来，能够提升信息传递效率，解决交易过程中的信息不对称问题，降低贸易风险以及国内企业进入国际贸易市场的门槛。近年来，河南省一直积极发展跨境电子商务平台①。自由贸易试验区挂牌运行后，跨境电子商务平台同自由贸易试验区有机结合起来，自由贸易试验区成为跨境电商平台的主要物流枢纽，电子商务交易额大幅增长，还解决了跨境资金结算、跨境物流等供应链相关环节的制约问题，为境外商家和国内消费者提供良好的交易环境和交易平台。

此外，河南省郑州市在跨境电商方面首创"1210"海关监管模式，即"保税备货进口模式"，其海关监管代码为"1210"。已经成为国内跨境电商规范运营的主导模式之一。另一主导模式是2014年海关认定的集货进口模式"9610"模式。郑州首创的保税备货进口模式，通过构建一个信息化平台，将海关、检验检疫、其他政府部门以及企业运营服务融入其中，企业通过一个平台完成交易、支付和物流单三单对比。简化企业办理业务程序，缩短企业办理业务所需时间。在交易安全与流通方面，通过一体化平台，将货物集中整批进关，同步实现商流、物流、信息流和资金流的高效流通。商品安全方面，采购商、物流商和关务服务商为商品的安全背书，使其可靠性大大增加，为更多企业开展从事电子商务保驾护航，支持河南自由贸易试验区的发展。

6. 开展"证照分离"改革试点

为进一步取消冗余的制度对企业的入驻自由贸易试验区造成的不便，河南自由贸易试验区按照《国务院关于在更大范围推进"证照分离"改革试点工作意见》的要求，根据河南自由贸易试验区实际，复制推广上海自由贸易试验区的改革经验，以不同的管理形式，将许可类中可以分离出去的"证"全分离出去。改革的方式可以分为五种：

（1）直接取消审批。即实现行业自律管理，政府相关部门不再对此类许可进行干涉。此种改革方式包括"出版物出租经营备案、药品广告异地备案"等5项行政许可事项。

（2）由审批改为备案。即开展相关事项的企业需要根据备案条件

① 河南省商务厅：《2016年河南商务运行情况》。

将相关备案材料报送政府相关部门，不需要得到政府部门的核准或审批即可开展相关的营业活动。

（3）实行告知承诺制。此种改革方式共包括22项行政许可事项，是由政府主管审批机关制作告知承诺书，并向业务申请人提供示范文本，一次性告知企业审批条件和需要提交的材料，企业签订承诺书保证符合审批条件并提交有关材料，即可办理相关的审批事项。

（4）提高透明度和可预期性。此种改革方式针对暂时不能取消审批或改为备案，也不适合采取告知承诺制的行政许可事项，将办事程序公开透明，明确告知办理人办理标准和具体受理条件，标明审查时限和审查要求。在此基础上，在试验区范围内与"三十五证合一"结合，提高为企业办事效率和服务事项标准化。

（5）强化准入监管。强化准入监管是针对那些直接与公共安全、生态安全和公众健康等重大利益相关的行政许可事项。这些行政许可事项可以研究优化办事流程，提高办事效率，但不得随意放宽审批条件。以上各具体事项如表6-7所示。

表6-7 河南自由贸易试验区开展"证照分离"
改革试点的具体事项

序号	事项名称	实施机关	改革方式				
			取消审批		保留审批		
			直接取消审批	审批改为备案	实行告知承诺制	提高透明度和可预期性	强化准入监管
1	出版物出租经营备案	河南自由贸易试验区各片区管委会	√				
2	药品广告异地备案	河南省食品药品监管局	√				
3	医疗机构放射性药品使用许可（一、二类）	河南省食品药品监管局	√				
4	因私出入境中介机构资格认定（境外就业、留学除外）	河南省公安厅	√				

续表

序号	事项名称	实施机关	改革方式				
			取消审批		保留审批		
			直接取消审批	审批改为备案	实行告知承诺制	提高透明度和可预期性	强化准入监管
5	公共汽车和电车客运车辆营运证核发（区县许可事项）	河南自由贸易试验区各片区管委会	√				
6	首次进口非特殊用途化妆品行政许可	食品药品监督管理总局		√			
7	50平方米以下小型餐饮的经营许可	河南自由贸易试验区各片区管委会		√			
8	电影放映单位设立、变更业务范围或者兼并、合并、分立审批	河南自由贸易试验区各片区管委会				√	
9	设立外商投资电影院许可	河南自由贸易试验区各片区管委会				√	
10	从事出版物零售业务许可	河南自由贸易试验区各片区管委会				√	
11	设立从事包装装潢印刷品和其他印刷品印刷经营活动的企业审批（不含商标、票据、保密印刷）	河南自由贸易试验区各片区管委会				√	
12	音像制作单位设立审批	河南自由贸易试验区各片区管委会				√	
13	电子出版物制作单位设立审批	河南自由贸易试验区各片区管委会				√	
14	音像制作单位、电子出版物制作单位变更名称、业务范围，或者兼并、合并、分立审批	河南自由贸易试验区各片区管委会				√	

序号	事项名称	实施机关	改革方式				
			取消审批		保留审批		
			直接取消审批	审批改为备案	实行告知承诺制	提高透明度和可预期性	强化准入监管
15	互联网药品信息服务企业审批	河南省食品药品监督管理局			√		
16	医疗器械广告审查	河南省食品药品监督管理局			√		
17	从事城市生活垃圾经营性清扫、收集、运输、处理服务审批	河南自由贸易试验区各片区管委会			√		
18	保安培训许可证核发	河南省公安厅			√		
19	公章刻制业特种行业许可证核发	河南自由贸易试验区各片区管委会			√		
20	典当业特种行业许可证核发	河南自由贸易试验区各片区管委会			√		
21	旅馆业特种行业许可证核发	河南自由贸易试验区各片区管委会			√		
22	道路运输站（场）经营许可证核发	河南自由贸易试验区各片区管委会			√		
23	建筑企业资质申请、升级、增项、变更许可	河南自由贸易试验区各片区管委会			√		
24	房地产开发企业资质核定	河南自由贸易试验区各片区管委会			√		
25	道路普通货运经营许可（货运出租、搬场运输除外）	河南自由贸易试验区各片区管委会			√		
26	机动车维修经营许可	河南自由贸易试验区各片区管委会			√		
27	公共场所卫生许可	河南自由贸易试验区各片区管委会			√		

续表

序号	事项名称	实施机关	改革方式				
			取消审批		保留审批		
			直接取消审批	审批改为备案	实行告知承诺制	提高透明度和可预期性	强化准入监管
28	中外合作职业技能培训机构设立审批	河南自由贸易试验区各片区管委会			√		
29	假肢和矫形器（辅助器具）生产装配企业资格认定	河南省民政厅			√		
30	国内水路运输业务经营许可	交通运输部、河南省交通运输厅、河南自由贸易试验区各片区管委会				√	
31	港口经营许可	河南自由贸易试验区各片区管委会				√	
32	经营港口理货业务许可	河南省交通运输厅				√	
33	机动车驾驶员培训业务许可证核发	河南自由贸易试验区各片区管委会				√	
34	道路货运经营许可证核发	河南自由贸易试验区各片区管委会				√	
35	道路旅客运输经营许可	河南省交通运输厅、河南自由贸易试验区各片区管委会				√	
36	道路普通货运经营许可（货运出租、搬场运输）	河南自由贸易试验区各片区管委会				√	
37	中外合资经营、中外合作经营演出经纪机构设立审批	文化部、河南省文化厅				√	
38	港、澳投资者在内地投资设立合资、合作、独资经营的演出经纪机构审批	河南省文化厅				√	

续表

序号	事项名称	实施机关	改革方式				
			取消审批		保留审批		
			直接取消审批	审批改为备案	实行告知承诺制	提高透明度和可预期性	强化准入监管
39	港、澳服务提供者在内地设立互联网上网服务营业场所审批	河南自由贸易试验区各片区管委会				√	
40	拍卖企业经营文物拍卖许可	河南自由贸易试验区各片区管委会				√	
41	歌舞娱乐场所设立审批	河南自由贸易试验区各片区管委会				√	
42	游艺娱乐场所设立审批	河南自由贸易试验区各片区管委会				√	
43	口岸卫生许可证核发	河南出入境检验检疫局及其各分支机构				√	
44	进出口商品检验鉴定业务的检验许可	质检总局、河南出入境检验检疫局				√	
45	外商投资旅行社业务经营许可	河南自由贸易试验区各片区管委会				√	
46	旅行社业务经营许可	河南自由贸易试验区各片区管委会				√	
47	会计师事务所及分所执业许可	河南自由贸易试验区各片区管委会				√	
48	中介机构从事会计代理记账业务审批	河南自由贸易试验区各片区管委会				√	
49	设立饲料添加剂、添加剂预混合饲料生产企业审批	河南自由贸易试验区各片区管委会				√	
50	营利性医疗机构设置审批	河南省卫生计生委、河南省中医药管理局、河南自由贸易试验区各片区管委会				√	

续表

序号	事项名称	实施机关	改革方式				
			取消审批		保留审批		
			直接取消审批	审批改为备案	实行告知承诺制	提高透明度和可预期性	强化准入监管
51	消毒产品生产企业卫生许可（一次性使用医疗用品的生产企业除外）	河南自由贸易试验区各片区管委会				√	
52	从事测绘活动单位资质许可	国家测绘地信局、河南省测绘地信局				√	
53	燃气经营许可证核发	河南自由贸易试验区各片区管委会				√	
54	经营高危险性体育项目许可	河南自由贸易试验区各片区管委会				√	
55	拍卖业务许可	河南省商务厅				√	
56	粮食收购资格认定	河南自由贸易试验区各片区管委会				√	
57	养老机构设立许可	河南自由贸易试验区各片区管委会				√	
58	保安服务许可证核发	河南省公安厅				√	
59	从事出版物批发业务许可	河南省新闻出版广电局				√	
60	融资性担保机构设立、变更审批	河南省政府金融办				√	
61	保险公司变更名称、变更注册资本、变更公司或者分支机构的营业场所、撤销分支机构、公司分立或者合并、修改公司章程、变更出资额占有限责任公司资本总额百分之五以上的股东，或者变更持有股份有限公司股份百分之五以上的股东及保险公司终止（解散、破产）审批	保监会及派出机构				√	

续表

序号	事项名称	实施机关	改革方式				
			取消审批		保留审批		
			直接取消审批	审批改为备案	实行告知承诺制	提高透明度和可预期性	强化准入监管
62	石油成品油批发经营资格审批（初审）	河南自由贸易试验区各片区管委会				√	
63	石油成品油零售经营资格审批	河南省商务厅				√	
64	食盐定点生产、碘盐加工企业许可	河南省工业和信息化委员会				√	
65	电影发行单位设立、变更业务范围或者兼并、合并、分立审批	河南自由贸易试验区各片区管委会					√
66	设立经营性互联网文化单位审批	河南省文化厅					√
67	设立广播电视视频点播业务（乙种）许可	河南自由贸易试验区各片区管委会					√
68	化妆品生产及卫生许可	河南省食品药品监督管理局					√
69	食品生产许可（保健食品、特殊医学用途配方食品、婴幼儿配方食品除外）	河南省食品药品监督管理局					√
70	食品销售许可、餐饮服务许可（合并为食品经营许可）	河南自由贸易试验区各片区管委会					√
71	开办药品生产企业审批	河南省食品药品监督管理局					√
72	开办药品经营企业审批（批发、零售连锁企业）	河南省食品药品监督管理局					√

续表

序号	事项名称	实施机关	改革方式				
			取消审批		保留审批		
			直接取消审批	审批改为备案	实行告知承诺制	提高透明度和可预期性	强化准入监管
73	第二类医疗器械产品注册	河南省食品药品监督管理局					√
74	第二、第三类医疗器械生产许可证核发	河南省食品药品监督管理局					√
75	开办药品零售企业审批	河南自由贸易试验区各片区管委会					√
76	第三类医疗器械经营许可（第三方物流除外）	河南自由贸易试验区各片区管委会					√
77	第三类医疗器械经营许可（第三方物流）	河南自由贸易试验区各片区管委会					√
78	食品生产许可（保健食品、特殊医学用途配方食品、婴幼儿配方食品）	河南自由贸易试验区各片区管委会					√
79	医疗机构放射性药品使用许可（三、四类）	河南省食品药品监督管理局					√
80	新药生产和上市许可	食品药品监督管理总局					√
81	特种设备生产单位许可	质检总局、河南省质监局					√
82	特种设备检验检测机构核准	质检总局、河南省质监局					√
83	农作物种子、草种、食用菌菌种生产经营许可证核发	农业部、河南自由贸易试验区各片区管委会					√
84	爆破作业单位许可证核发	河南省公安厅、郑州市、开封市、洛阳市人民政府公安机关					√

续表

序号	事项名称	实施机关	改革方式				
			取消审批		保留审批		
			直接取消审批	审批改为备案	实行告知承诺制	提高透明度和可预期性	强化准入监管
85	制造、销售弩或营业性射击场开设弩射项目审批	河南省公安厅					√
86	设立典当行及分支机构审核	河南省商务厅					√
87	直销企业及其分支机构的设立和变更审批	商务部					√
88	烟花爆竹批发许可	河南自由贸易试验区各片区管委会					√
89	烟花爆竹零售许可	河南自由贸易试验区各片区管委会					√
90	危险化学品经营许可证核发	河南自由贸易试验区各片区管委会					√
91	危险化学品生产企业安全生产许可证核发	安全监管总局、河南省安全监管局					√
92	危险化学品安全使用许可证核发	河南自由贸易试验区各片区管委会					√
93	新建、改建、扩建生产、储存危险化学品（包括使用长输管道输送危险化学品）建设项目安全条件审查	河南省安全监管局、河南自由贸易试验区各片区管委会					√
94	道路危险货物运输经营许可	河南自由贸易试验区各片区管委会					√
95	户外广告设施设置审批	河南自由贸易试验区各片区管委会					√

续表

序号	事项名称	实施机关	改革方式				
			取消审批		保留审批		
			直接取消审批	审批改为备案	实行告知承诺制	提高透明度和可预期性	强化准入监管
96	民用爆炸物品销售许可证核发	河南省国防科工局					√
97	民用爆炸物品安全生产许可	河南省国防科工局					√

资料来源：根据 https：//www. henan. gov. cn/2018/01 - 30/249471. html 整理。

（三）河南自由贸易试验区制度创新案例

河南省在通过复制上海、广州、天津、福州自由贸易试验区经验的基础上，经过一年多的探索与创新实践经验，形成了首批 22 项本省特有的制度创新案例（见表 6 - 8），河南省人民政府已将其上报至国家。这些制度创新举措，分别来自郑州片区、开封片区、洛阳片区以及河南省地税局，涉及政务、监管、法律、金融等多个领域。这些举措的有效实行，有效地减轻了以前的办事程序为企业和办事群众造成的负担，为企业营造了一个良好的营商环境。如郑州片区的"政银合作直通车"，通过这项改革创新举措，企业可以实现在家门口就能办理注册公司，还可以优先享受"一站式"的金融服务，不仅降低了企业成本，还提高了政府效能。最大限度地减轻企业和办事群众的负担。

六 河南自由贸易实验区发展中存在的问题

（一）相关的产业基础较为薄弱

河南是我国的农业大省，农业是其最主要的产业，传统产业比较多，而且大多数都不适合通过航空进行运输，工业的发展主要依靠重工业和化工业，缺乏相对高端的制造产业带，这些产业的规模很小，航空指向性差，相互之间的关联性又很低，导致该产业链很薄弱，没有形成一定规模的产业链，所以不能对自由贸易实验区航空运输或者物流业的发展起到较大的带动作用。

表 6－8　　　　　　　　　河南省制度创新案例措施

实施部门/地区	制度创新案例名称
郑州片区	"政银合作直通车"服务模式
	跨境电商"网购保税＋实体新零售"
	多模式综合监管
	赋予海关特殊监管区域企业增值税一般人
	纳税资格试点
	国地税"一站式"服务
	"互联网＋税务"服务模式
	一店多模式展示展销
	知识产权"三合一"服务模式
开封片区	企业住所集中地注册
	优化服务"五个办"创新模式
	政务服务"零跑趟"
	项目审批全程"零跑趟"
	多规合一
	开展区域规划环评　实施差别化清单管理
	企业投资项目"1234"精准监管
洛阳片区	进口食品、化妆品进口商现场备案
	"互联网＋"政策服务及事中事后综合监管平台
	中小企业信用体系建设
	优化"兽药生产许可证"办理流程
	集群注册零成本办公司
河南省地税局	建设并推广电子税务局

资料来源：https://www.henan.gov.cn/2018/05－24/638220.html。

（二）制度建设有待完善

1. 法制建设本身不够完善

相较于我国东部沿海许多地区，河南法制建设相对滞后，存在许多制度上的漏洞，也缺少解决办法。虽然现在河南同样设立了自由贸易试验区，但是，在许多制度建设方面，同东部许多地区仍有差距。自由贸易试验区本应该法制先行，以法律的支持作为自由贸易试验区顺利发展的保证，可目前来看，河南省的法制建设仍是不够完善的。

2. 支持制度创新的大量法规需要调整

河南自由贸易试验区充分借鉴了第一、第二批自由贸易试验区的制度创新成果，也正在调整之前同自由贸易试验区制度创新相冲突的法规。由于法律方面的诸多问题，致使自由贸易试验区出台后的一些规章制度很难落地，法规调整十分紧迫。另外，在自由贸易试验区的建设中，法规的调整不应是照搬外省一蹴而就的，而是在自由贸易试验区不断的发展过程中缓缓调整，避免阵痛，这是一个长期的过程。

3. 政府管理体制和观念需转变

政府虽说大力倡导"一线放开、二线管住"，但毕竟缺乏自由贸易试验区的管理经验。自由贸易试验区是比较新型的经济试验区，老旧的管理方案无法运用于生机勃勃的自由贸易试验区，同样，陈旧的管理观念也会阻碍试验区良好发展。河南政府各部门急需在建设自由贸易试验区的过程中，转变以往的观念，把自身定位于一个服务者，抓住重点、要点监管，而不是事事干涉。

（三）运行自由贸易试验区经验不足

1. 综合服务中心初运行，业务办理经验不足

自由贸易试验区管理与平常政府日常工作有一些不同，政府服务部门需要一个长期的过程适应转型后的职能，转变以往的行动和观念，从被动接受到主动收集信息，从被动参与到主动联合。河南自由贸易试验区虽然充分学习了其他自由贸易试验区关于业务办理精简的经验，但初次实施，服务效率还是跟预想的有一定差距，业务的生疏和办理经验的不足，一定程度上会给投资者的便利化投资带来一些阻碍，这些不足需要在自由贸易试验区建设中进一步改善。

2. 运行体制机制仍需进一步验证

河南自由贸易试验区初创，虽然早早拟订了运行方案和管理办法，大量借鉴了第一、第二批自由贸易试验区的成功经验，但河南省

拥有自己独特的省情，自由贸易试验区的发展重点、战略定位也与之前的自由贸易试验区战略大有不同，之前自由贸易试验区的经验是否适合河南的情况，还需要时间进一步验证。

（四）金融开放与改革创新程度不高

1. 金融开放程度相对不高

河南省的金融业发展相比东部沿海省份是相对滞后的，金融领域的开放程度也相对不高，某些方面还存在着不少的限制。近年来，虽然河南省也在持续地提高自己的金融开放水平，但仍然有很长的路要走，比起 2013 年设立自由贸易试验区的上海，河南省的金融开放程度还远远算不上达标。

2. 制度创新上复制推广比重较大

河南自由贸易试验区对于第一、第二批自由贸易试验区的制度创新成果有着很大程度上的借鉴。尽管先行自由贸易试验区丰富的经验给河南自由贸易试验区指出一条明路，但同样也使河南自由贸易试验区自身创新不足，无法摆脱几个先行自由贸易试验区发展经验的桎梏。

3. 自身制度创新成果亟待验证

河南自由贸易试验区在先行自由贸易试验区的基础上，也积极地试验自己独有的制度创新。河南自由贸易试验区改革创新措施多达100 多条，这些举措都是前所未有的，只是这些举措是否适合河南省情，自然要靠时间去验证。

4. 缺乏支持部分金融活动所必备的外部市场环境

河南为新兴的金融活动提供的支持还不够，中介服务也不够健全，自由贸易试验区要想更加迅速地发展，必须出台一系列专业的服务机构，但目前郑州航空港经济综合实验区金融方面的供给明显不足，特别是金融期货，这些中介现在还是空白。此外，金融发展的法制环境也不健全，比如缺乏租赁物取回权的相关操作细则等问题。

（五）贸易流通体制改革面临较大困难

由于改革的不断深化，国内外的环境都在悄无声息地变化着，贸易领域也发生了改变，这些变化都对贸易流通体制的改革提出了更新更高的要求。河南不仅在管理体制上有很多问题，经营系统也是如此，首先，没有从根本上消除部门分割现象，各部门通常自行采取行动，传统的商业经营模式也没有得到改善，对于流通的组织化程度较低，传统的市场主体虽然庞大，但不强，现代流通企业比较小和分散，贸易流通产业的竞争力不够强，因此，改革面临巨大困难，任务依然艰巨。

（六）缺乏高层次的人才

人才是实现经济发展的必备条件，更好地建设河南自由贸易实验区则需要更多高端人才的引进。郑州航空港经济综合实验区的建设引进了一些高端制造业，有效地带动了航空物流业的发展，但高端人才却大多集中在北京、上海、广州等一线城市，现如今河南自由贸易实验区发展尚处于起步阶段，缺乏相关专业的高端技术人才，而现代化服务业越来越多，需求越来越高，高层次人才的欠缺问题则越发明显，成为制约河南自由贸易实验区发展的一个因素。

第七章　河南自由贸易试验区与郑州航空港耦合发展的政策建议

一　自由贸易试验区与航空港耦合发展的总体思路

积极融入国家"一带一路"倡议、利用自由贸易实验区与航空港试验区的先行先试的政策优势，以体制机制创新、促进投资贸易便利化为重点，深化改革开放，强化创新驱动，融合两者之力，将郑州打造为多式联运的国际航空物流中心、引领消费的国际贸易中心、投资便利的高端制造产业基地和监管服务模式创新内陆地区对外开放和自由贸易示范区。

二　自由贸易试验区背景下郑州航空港经济综合实验区发展的政策建议

郑州航空港经济综合实验区发展已经走过了临空经济发展的初期起步阶段，正在向临空经济发展的快速成长阶段迈进。总体来看，实验区发展临空经济机遇与挑战并存，在自由贸易试验区时代下，实验区应充分抓住机遇，发挥自身优势，改善弱势条件，迎接挑战，以"建设大枢纽、发展大物流、培育大产业"为主线，做大做强航空货运、构建特色临空产业体系、创造良好营商环境、推动临空经济发展。具体来看，郑州航空港经济综合实验区的发展应该重点关注以下六个方面。

（一）培育临空经济支柱产业，构建大产业体系

以产业规划为导向，针对产业链高端部分，积极培育壮大航空物流、高端制造、现代服务业这三大主导产业，使主导产业集聚发展，逐步推进后续产业发展，加紧完善产业链，为实验区临空经济发展注入内生的动力。实验区应积极探索延伸智能手机的产业链，探索建立

服务全国智能手机的维修和售后服务基地，创造出新的航空物流量和经济效益。积极培育航空物流产业的领军企业，使其成为基地航空物流公司。大力发展冷链、电子信息等特色产业物流，逐步推进航空制造、生物医药、精密机械、电子商务、商贸会展等产业发展。

1. 建设全球新一代智能终端产业基地

在现有智能产业园区的基础上，深入开发新型智能感知交互的手机终端，与富士康集团继续战略合作，利用面向网络化、智能化、融合化的职能体系吸引一批加工制造维修、商务物流企业，使航空港形成智能终端龙头企业集聚，依靠龙头带动、产业集聚和链式发展建立全球领先的智能手机产业基地。

2. 建设高端制造业基地

高端制造业以精密机械制造、航空飞机、人工智能、生物医疗为重点，努力建设现代工业化产业体系，加强建设精密机械制造产业培育工程、生物医疗产业集群培育工程、航空维修产业培育工程，建成顶尖的产业创新基地，提高高端产业产品的供给，向高端、智能、融合、绿色方向发展。

3. 建设现代服务业基地

现代服务业有生产性服务业、生活性服务业和专业服务业三个发展方向。生产性服务业以航空物流、航空维修、商务金融、商业会展等为主，生活性服务业以生物医疗、休闲娱乐等为主，专业服务业以科技产业、商务中介等为主。现代服务业发展要抓住新时期新热点，培育科研技术，从各方面建立健全现代服务业。

4. 融入河南自由贸易试验区建设

自由贸易试验区建设与临空经济发展进行对接，利用郑州运输网络十字路口的位置优势，体现内陆地区发展特色，开展航空业务投资建设，利用多式联运的方式完善物流体系，建立贯穿东西南北的现代化便利交通网络。在自由贸易试验区建设中，吸收上海等地经验，进行投资便利化、负面清单制度改革，促进郑州开放口岸建设，临空产业转型升级，服务于"一带一路"建设。扩大保税服务体系，完善维修业务网络，建设具备核心竞争力的临空产业售后服务维修中心。建立健全国际航线网络，利用当地文化产业优势，吸引国际医疗旅游产业，加强产业集聚效应，打造投资便利的优越环境。

（二）建设开放型现代航空都市

1. 大力发展口岸经济

作为内陆地区，加强对外开放离不开口岸建设。打造郑州航空港内陆口岸这一开放平台，面向全球市场，加强区域合作，在供应链上提升地位，从而带动产业链的提升。一是建立开放口岸体系，积极申请一批功能性口岸，开拓国际航空枢纽功能，扩大口岸建设规模，提升海关监管水平，积极整合优化口岸功能体系。二是促进跨境电子商务火热发展，提高货物贸易规模，改善服务贸易水平，吸收优质资源，完善电子口岸平台建设，推动口岸开放优势转化为产业优势。三是推动物流体系向国外积极延伸，扩大国际邮件转运中心，加强与国际知名口岸联系。四是持续推进开放招商引资，围绕重点建设产业，深化与国际企业合作，如高端制造业一流企业，从而扩大产业规模，实现产业集聚。五是创新招商模式，与沿海发达地区共建产业园区，将贸易与投资结合，技术与产业结合进行招商，坚持引资与引智相结合，优化投资环境。六是建立国际临空经济交流合作平台，定期组织临空经济国际临空经济高峰论坛，实现与国际全面接轨。七是开设国际合作窗口，引导临空产业跨国经营，经营国外销售网络。

2. 推进贸易便利化，加快形成内陆开放高地

第一，完善对外贸易服务平台。建设国际贸易机构集聚平台，引导一流贸易组织和促进机构集聚，形成贸易中心枢纽功能。探索在实验区内设立大宗商品交易和资源配置平台，推动大宗商品期货交割库建设，开展能源产品、基本工业原料和大宗农产品国际贸易。健全出口退税资金池运作机制，逐步扩大资金池服务领域和业务范围。

第二，培育新型贸易业态。建立健全资源优化配置机制，推动贸易专业细分，发展市场采购贸易、跨境贸易电子商务、保税贸易、服务贸易等新型贸易方式。建立电子商务服务、云计算和大数据、智能物流服务、网络信用体系等多领域、多形式融合机制，推动新型贸易

业态集聚发展。

第三，建立跨境金融结算支撑体系。开展离岸金融业务，探索离岸金融业务新模式。探索银行业金融机构与支付机构合作开展跨境电子商务人民币支付业务。鼓励企业充分利用国际国内两种资源、两个市场，推动跨境融资自由化。

3. 推进物流便利化，加快形成国际物流中心

第一，建立国际化物流网络。加快构建现代综合交通枢纽，完善航线网、铁路网、公路网，强化与国内外主要物流节点城市对接，形成陆空衔接、网络覆盖、节点支撑的现代物流发展格局。

第二，推动航空货运稳定增长。完善航线航班支持政策，实行实际运量与补贴相挂钩。建立健全郑州机场与国内外枢纽机场的运行协调联动机制，拓展国际地区货运航线，大力发展联运业务。积极争取增加空域资源，改善和优化机场空域结构。

第三，培育引进大型物流集成商。有针对性地引进国内外大型物流集成商在郑州机场设立营运基地或分拨中心，强化与其相对应的国际集疏基地连接。吸引货运代理企业集聚发展，加快构建航空货运战略联盟。做大做强现有基地物流公司，推动物流企业开展业务流程、服务模式、应用技术集成创新，逐步建立海外营销渠道。培育发展一批服务水平高、国际竞争力强的本地物流集成商。

第四，完善多式联运。开展多式联运物流监管中心试点，创新陆空货物联运联检监管模式，推动航空、铁路和公路三网联合配套集疏，融入全球物流网络。完善"空空＋空地"货物集疏模式，提高国际国内、腹舱和全货机货物中转效率，完善卡车航班运营机制，扩大覆盖范围，建设航空货物门到门快速运输系统。

4. 推进监管制度创新，构建大通关机制

第一，创新监管模式。借鉴上海自由贸易试验区经验，在实验区复制实施海关和检验检疫相关制度。推行先入区后报关、进境检疫、适当放宽进出口检验等监管模式，探索简化进出境备案清单，简化国际中转、集拼和分拨等业务进出境手续；加强风险防控，促进二线监管模式与一线监管模式相衔接，探索实行预检验及核销、登记核销管

理等便利化制度，推行方便进出、严密防范质量安全风险的检验检疫监管模式。

第二，推行单一窗口服务方式。全面建成河南电子口岸，建立健全网络化协同监管模式和大通关"一站式"服务体系，整合河南省应用口岸信息资源，逐步建立以河南电子口岸数据交换标准为核心的全省电子口岸标准体系。建立健全部门间联网申报、联网核查、联网作业机制，实现对河南省进出口企业、生产制造园区、物流基地的通关流程全覆盖。探索建立电子口岸云服务机制，强化信息安全保障，建立健全安全管理制度、协调机制和应急处理机制。

第三，提升口岸综合服务功能。建立健全口岸发展议事协调机制。推动郑州新郑综合保税区优化升级，争取设立郑州机场保税物流中心。推进进口肉类指定口岸、进口粮食指定口岸等特种商品指定口岸及邮政口岸、药品进口口岸城市建设争取在实验区设立外国领事馆和欧盟、亚太地区等主要旅游客源国签证服务中心。在实验区国税部门设立退税办理中心。

第四，健全关检合作和区域通关机制。深化关检合作一次申报、一次查验、一次放行通关模式改革，促进口岸管理部门信息互换、监管互认、执法互助。完善口岸与海关特殊监管区域（场所）区港联动、区区联动机制，优化监管流程，简化转关转检监管流程和手续，促进实验区内海关和检验检疫的一体化发展。深化区域合作，加强与京津冀、长江经济带、广东及沿海、沿边等地通关合作，争取开展一地注册、多地报关，实现区域通关（通检）一体化。密切与"丝绸之路经济带"沿线主要节点城市和"21世纪海上丝绸之路"支点的联系，建立关检合作通关机制。

5. 产城融合，建设现代航空都市

加强基础设施建设，建设高水平城市功能区，综合开发城市功能区，打造国际化绿色智慧航空都市。高标准建设四大功能片区的基础设施，推广航空文化，建设航空金融中心。有效地提高基础设施承载能力，实行电网改造升级，提供有力供排水系统，加强网络建设，接入光纤扩大宽带覆盖面积，开通天然气为居民生活服务，开展供暖设施建设，城市生活垃圾分级降解。城市设计规划合理运用本地地理风貌，交通路线便捷，支干道体系相协调，内部交通建设有层次，实现交通体系畅通，建设现代航空都市。

6. 自由贸易试验区助开放，与航空港共建设

自由贸易试验区与开放口岸的建设相辅相成，特别是郑州属于内陆城市，自由贸易试验区的开放政策有利于提高开放口岸的知名度，进一步促进口岸建设的数量和质量的提高，促进郑州向国际航空大都市发展。自由贸易试验区的建设必然会加强与其他各国的交流，借助这股东风，加强航空体系开放，促进口岸与其他各国的联系。同时在自由贸易试验区的建设中，郑州基础设施的建设也会进一步完善，为成为航空大都市奠定坚实基础。

（三）陆空衔接，提升现代综合交通枢纽优势

1. 提升现代航空枢纽功能

郑州航空港经济综合实验区发展方向是成为国际航空货运枢纽和国内大型航空枢纽，坚定枢纽建设，航空运输实行客货并举，增设国际航线，扩大国际客货运输网络，提高全球航空运输网络的覆盖率。与国际国内航空运输多加合作，吸引航空公司入驻，增加客运能力和航线班次数量。积极建设本土航空公司，南航河南分公司入驻带来了许多经验，帮助建设航空基地。实行枢纽高效协同多式联运，完善交通建设，铁路公路形成完整体系，建设国内领先的"空地中转"机场。将航空枢纽、铁路枢纽、公路枢纽"三纽"结合，航空港、铁路港、公路港和出海港"四港"互动，规划国际航空线路与铁路公路紧密结合，便利化衔接，打造以航空枢纽为中心、陆空衔接的现代综合交通枢纽。多式联运发挥郑州综合交通换乘便捷的优势，实现"铁路、公路、民航、海运"互相促进，共同发展。利用大枢纽建设来带动大物流建设，建设交通快捷、衔接便利、价格优惠、形式多样的多式联运国际航运中心。

2. 构建国际干线物流网络

在新郑机场的基础上，开设通往全球的物流货运网络，加强与国际主要口岸的合作。进一步加深与卢森堡货运航空公司合作，把郑州

建设成为亚太物流中心，加强与其他枢纽机场互动，加大货运频次，开拓国际货运市场。建设高标准物流园，航空港物流园基础设施要实现现代化的标准，在政府引导下，开设物流服务平台，物流信息平台公司自主收集处理信息，实行市场化运作。开拓跨境物流平台的海外市场，通过贸易平台进行合作，推进电子口岸建设。积极与国际物流集成商进行合作，推动建设大型物流中转中心，积极与国际货运航空公司互动，逐步提高郑州国际航空货运枢纽地位。

（四）推进投融资制度创新，打破资金约束"瓶颈"

总的来看，目前航空港企业的融资渠道比较单一，主要来自国有和地方的商业银行，政府应该搭建安全高效的中小微企业融资平台，出台相应的优惠政策吸引担保、咨询、商业保理、信托、小额贷款等各类金融机构的入驻，提高金融服务质量，并积极引导风险投资基金、私募股权基金的创立，鼓励金融创新，使金融机构提供更为多样的金融产品，满足顾客的不同需求，享有更加丰富多元化金融环境，促进金融机构的良性竞争，引导企业通过集合票据、集合信托等渠道融资，对于发展已经步入成熟阶段的集群企业，要充分利用金融市场，对有良好发展前景，持续良好经营的，有专利、有良好口碑的企业予以直接的融资支持，帮助其引进天使投资，获得银行贷款等。

研究航空港枢纽建设优惠政策，实施税收减免和信贷贴息等优惠措施，加大政府财政性资金投入力度。创新盈利模式，探索以企业为主体、资本为纽带的投融资方式，鼓励社会资本进入综合交通枢纽的建设和运营，形成多元化的投融资格局，建立稳定的综合交通枢纽投融资渠道。发挥融资平台的作用，创新融资理念和方式，积极探索私募基金、中期票据、PPP多种融资方式。

第一，深化投资项目管理方式改革。推行政府投资项目分级分类、并联审批、流程再造、开工优先审批模式，最大限度缩减审批时间，减少审批环节，优化审批程序。创新政府核准投资项目管理制度，放宽对项目经济效益、资金来源等内部性条件的审查，加强对经济安全、资源利用、环境保护等外部性条件的审查。

第二，改革外商投资管理制度。争取扩大金融服务、航空运输、物流快递、电子商务、信息服务、旅游等服务业领域的投资开放，在法律、法规允许范围内，放宽投资资质要求、经营范围等准入限制。按照国家部署，在条件成熟的情况下，借鉴国际通行规则，探索对外商投资实行"准入前国民待遇＋负面清单"的管理模式。

第三，推进政府和社会资本合作模式（PPP）。在基础设施、公共服务、资源环境、生态保护等领域，率先实施一批 PPP 项目。建立健全工作机制，制定适合实验区发展的具体管理办法，加强对竞争机制、政府合理承诺、后续管理等方面的统一指导。建立独立、透明、可问责、专业化的 PPP 项目监管体系，建立健全纠纷解决、风险防范和监督机制。

第四，构建多元化投融资机制。完善航空港产业发展基金运作机制，创新财政资金支持产业发展的方式和机制，通过认购民间资本发起设立的产业投资基金等形式，扶持实验区主导产业发展。积极发展债权投资计划、股权投资计划、资产支持计划等融资工具，延长投资期限。积极推动重点领域建设项目采用企业债券、公司债券、项目收益票据、中期票据等方式，通过债券市场筹措资金。

第五，完善金融服务机制。推动金融服务业对符合条件的民营资本和外资金融机构全面开放，引导境内外金融机构在实验区开展业务。推动各类企业上市和挂牌，鼓励企业积极利用新三板融资和重组。推动股权托管交易机构在实验区内设立综合金融服务平台。积极发展第三方支付服务。创新发展飞机、高端精密仪器、精密设备租赁等特色金融租赁和融资租赁业务。

（五）完善政府间协调机制，创造良好营商环境

临空经济发展的初期阶段，要突出政府的主导作用，充分发挥政府职能，强化政府在促进实验区临空经济发展方面的综合协调能力，逐步完善临空经济发展的政府领导与协调机制。

第一，完善政府间、部门间的协调机制，形成发展合力。在河南省委、省政府统一领导下，创新和完善工作机制，密切协作，打破行业分割，建立跨行业、跨部门的协调配合机制，扎实推进各项工作。

加强组织领导，明确分工，落实责任，以市为主、省市联动，合力推动规划实施。郑州市政府充分发挥责任主体作用，落实好对综合交通枢纽建设发展的资金投入和政策支持，落实好安全投入和管理职责。河南省发改、交通、国土、住建、环保、商务、铁路等部门要加强对规划建设的统筹指导，强化多种交通方式衔接和枢纽建设的协调，加强对规划实施情况的跟踪分析和督促检查，强化对规划实施的综合评价和绩效考核，推动规划各项目标任务的落实。

第二，加强实验区规划的实施与落实。增强郑州航空港区管理委员会的组织协调能力，建立省级层面的产业发展的协调机制，加强对国家对外开放重大战略的研究。

第三，探索开展简政放权和放管结合改革。强化事中事后监管，构建一体化通关通检体系，建立市场主体失信惩戒机制，形成国际接轨、分工明确、权责统一、协调高效的现代市场管理体制。

第四，逐步建立起一套与国际接轨的新制度体系。在投融资、行政审批等方面不断进行探索创新。健全商事纠纷非诉讼解决机制，加强与国际规则接轨，营造良好营商环境，增强实验区的投资吸引力和竞争力。

（六）加强科研创新与人才培育，为港区发展提供人才支撑

目前河南省航空港的产业发展与其高端人才供给是极不协调的，主要是对于与发展临空产业有关的专业性人才非常缺乏，河南省虽然是中国人口最多的省份，但河南省的高校资源极其缺乏，人口一亿的省份只有一个双一流高校，显然，河南省对于人才的需求和人才培养能力是极不协调的。因此，要高效广泛地开设相关专业，培养更多的专业性人才，加强科研创新，以弥补目前河南缺乏临空经济相关人才的现状。

1. 加强科研创新

目前，郑州正在开展国家"双创"示范基地和引智试验区的建设，利用政策吸引创新要素集聚，加强政府引导和服务能力，为"双创"提供良好生长环境。扶持科研创新机构，加快研发新产品，不断增加技术创新，创造万众创新的氛围，全面提高临空产业创新水平和

产业研发能力，成为河南省改革创新引领区，打造成国际一流科学技术研发基地。积极实行模式创新，科研创新与产业融合，与政府服务融合，与企业发展融合，吸取借鉴其他地区科研经验，不断提高郑州科研技术水平。

2. 打造国家级引智试验区

培养人才要有合理的创新人才政策，进行人才培养、管理制度和激励制度方面体制改革，开设人才高密度聚集和人才培养可持续的引智实验区。开设路色通道吸引优秀留学人才，与国外人才创新项目合作交流，学习管理制度，打破人才培养障碍。派遣国内专业人才进行项目交流合作，挂职讲学，培养本地人才。高校为临空经济开设专门研究项目，加强本科及以上学历学生的专业培养，利用河南人口优势，将人口优势转移为人才优势，提高人才培养质量，为郑州发展添砖加瓦。围绕试验区，结合产业项目开展人才培养，打造高端人才团队，加快临空经济高端智库的建立。

3. 吸引和培养高素质专业人才

郑州航空港经济综合实验区建设人才是保障。目前，航空经济、航空物流等高层次专业技术方面人才紧缺。为了解决航空运输专业人才不足的问题，需要立足长远发展，加强专业人才的引进和培养。

第一，全面考虑未来航空港的发展目标，就所需专业人才的需求种类、数量、质量以及培养方式等方面进行总体研究，指定培养规划，建立健全航空运输行业发展的人才保障体系，以满足未来航空运输业发展的需要。

第二，扎实培养航空运输行业的紧缺人才。可委托河南省内部分高校及职业技术学校，调整航空经济、航空物流等方面的专业设置和招生计划，在课堂上进行订单培养、对口培养，满足对专业技术人才的需求。建立人才特聘岗位制度，对航空港经济综合实验区发展所急需的特殊人才，不受岗位总量和结构比例限制，可以先入职后调整，以增大引进人才的吸引力。

第三，河南省政府根据出口型临空产业集群发展的需要，制订相应的高端人才和领军型人才引进计划，对符合条件的跨国公司总部以及高端制造业生物医药、航空物流业等企业聘用的高级管理人员、专业技术人员，优先办理人才引进手续，支持符合条件的企业引进相关专业应届毕业生，对于为了满足特定重点产业发展而引进的高端人才，政府要予以经济上的支持，可以采用减免所得税的方式增强其在河南工作的积极性，也可以给予他们更多住房上的优惠，在临空产业的聚集区推行"先租后付"政策，使人才可以在河南站稳脚跟，鼓励人才聚集，长期定居。此外，加大实施高端人才引进和培养工程，在国家的"千人计划""百人计划"等项目上给予倾斜。

第四，营造良好的人才发展环境，建立充满生机和活力的人才工作机制，着力营造有利于人才健康发展的良好氛围。建立健全惠及实验区各类人才的教育、医疗和社保等公共服务体系，实行更加优惠的政策以吸引和留住人才。

三　临空经济视域下河南自由贸易试验区发展的政策建议

河南自由贸易试验区是我国第三批发展自由贸易试验区的重点对象，也是作为发展内陆型自由贸易试验区示范区的重点工程。关于如何制订建设、发展方案，应在大方向上把握两点。其一，应该正确认识和理解国家对自由贸易试验区指定的发展政策；其二，要分析自身的状况，发展具有特色的自由贸易试验区。郑州明确了2049年建成国际商都的长远战略目标，即建设以国际物流中心为主导的世界工商业中心城市。其战略体系包括构建枢纽、升级产业和塑造城市三大部分。

在构建枢纽方面，是以建设国际物流中心为终极目标，构建全球领先的航空货运枢纽，中西部地区最大、辐射范围最广、运输方式最多样化的复合型物流枢纽。

在升级产业方面，则注重开放商贸平台、制造业竞争集群和现代服务业中心的建设。积极建设中西部地区最大的自由贸易中心，中国最重要的跨境电商网络门户及国内商贸集散中心，兼具全球影响力最大的商品交易中心。面对目前国内制造业经济不景气的局面，将河南自由贸易试验区打造成具备全球竞争力的电子信息产业集群，以及具备国际高知名度和美誉度的"郑州制造的品牌"。以商贸、供应链及互联网为核心的特色金融中心，不断引入国外一流研究性大学来构建教育及研发产业，以智慧城市及产业信息应用为核心的现代信息服务业。并且，将郑州建设成繁荣、绿色、善治、开放的国际化大都市。

（一）以陆海联运和航空港为主，打造多式联运的国际物流立体枢纽

河南需要借助自由贸易试验区政策打造公平开放的投资环境和安全高效的监管环境，以促进多式联运国际物流立体枢纽加速形成。若想改善河南枢纽建设的投资环境，需要突破自由贸易试验区内对航空货运、铁路货运及配套产业的外资准入及经营限制，改善河南枢纽建设的监管环境，需要在监管政策、监管手段创新及多部门协同监管等领域实现实质性的突破，在郑州航空经济实验区先行先试低空开放和多级飞行员培训及执照体系，在支持货运枢纽发展的同时，促进我国飞行员群体成长壮大。通过与企业及相关部门的沟通，要制定配套的政策，放宽航空业外资准入及经营限制；实现航空地面服务的市场化运营和外资准入，提高货运组织效率；加强多式联运各运输方式之间的衔接整合，建立与之匹配的海关监管方式创新；加强各地之间的海关联动，建立海铁联运通关一体化机制。以国际货运航空和铁路为重要特点的多式联运枢纽，是河南首要的基础工程，自由贸易试验区将重点试验物流市场化和国际化运作的功能。国际大通道是河南自由贸易试验区产生影响力的基础，是试验的最重点内容，是为中国内陆经济腹地开辟新经贸通道的基础工作。郑州片区申请放宽航空和铁路外资准入、扩大航权开放、创新海关监管模式和多式联运协同监管模式、创新航空经济领域的先行开放。河南应通过一系列的开放、创新措施为支撑，打造多式联运的国际货运立体枢纽，进而带动高端航空港经济产业体系的建设，打造多式联运的国际物流立体枢纽，建设覆盖全球的航空货运网络、响应"一带一路"倡议的跨国铁路枢纽和高效衔接的国际多式联运集散中心。通过对航空货运产业链和中欧铁路各环节的物流配套服务提升，对国际物流立体枢纽建设进行强有力的支撑。以完善的航空配套功能为基础，发展航空延伸及城市产业功能，吸引主题集聚，打造高端临空经济产业体系。

（二）促进金融业健康发展，建设特色现代服务业引领区

金融作为支持实体经济转型升级的重要工具，依托自由贸易试验区试点推动人民币跨境业务，重点突破期货交易、供应链金融与企业创新融资。

第一，应当注意人民币跨境贸易结算的便利化，为企业开展贸易和投融资提供了便利，也是实现人民币国际化的重要途径。在风险可控前提下，河南可借鉴上海自由贸易试验区经验，简化以投资、贸易项下的跨境人民币结算支付，试点跨境人民币借款降低融资成本。

第二，我国作为农产品和工业品生产大国和消费大国，有获取国际定价权影响力的可能性和必要性。打造具有国际定价影响力的期货交易中心，关键在于提升国际化、专业化和市场化水平。从特定期货品种入手，开放期货交易外资准入，放宽外资期货交易的资本汇兑管制，在参与者及资金放开方面做出有益探索。

第三，供应链金融作为创新型融资模式的重点，有助于实现产业链中核心企业、上下游企业和第三方物流企业及银行等各参与主体的多方共赢。围绕物流商贸和主要制造业，大力发展供应链金融与进出口贸易金融解决方案，支持发展总部经济与新贸易，以促进投融资便利。

第四，重视企业创业融资。针对创新企业融资难、渠道匮乏等突出问题，综合运用股债结合的灵活方式，构建创新型中小企业发展示范区，以激发本地经济活力。

（三）创新自由贸易试验区管理模式，打造内陆政府制度创新高地

第一，河南自由贸易试验区的管理体制可以设定为三层级型。原因在于，首先，河南自由贸易试验区的空间分布较广、跨度较大，二层机型难以掌控这种大范围的管理与协调工作。并且，河南自由贸易试验区的发展目标是以出口加工型和转口集散型为主，这会使河南自由贸易试验区具有较强的地区发展特色，二层机型难以适应发展的需要。其次，应当以单一管理模式中的兼管模式为主。这种管理模式具有较好的协调性，不仅可以避免共同兼管模式权责不清的现象，而且可以有效地弥补专管模式不足的缺点。最后，在园区管理模式机构设

置方面，应选择政府主导型。政府主导型更符合我国的政治生态环境，这有利于提高政府的积极性，促进政府参与到建设中，紧跟建设发展步伐，并且通过国外的多数案例都可以证明政府主导型的成功率较高。在自由贸易试验区内要加强企业的参与度，以此改变业务性质，提高业绩。应简化程序，摆脱老套的由地方政府部门提出，再经过中央多个部门的审阅，最后上交国务院的冗杂程序。取而代之的是，应该从区域平衡角度出发，了解企业之需，加强对企业的关注程度。整个制度的设置一定要以企业的根本需求为本，最终设立的自由贸易试验区才能使企业在其中发挥其最大的作用，坚决避免自由贸易试验区变成一个享受优惠政策和争夺项目的现象。

第二，放宽市场准入，加强和完善事中事后监管。不断完善外商投资准入负面清单，除了少数一些敏感领域之外，进一步扩大市场开放，特别是服务业开放，同时应该加强服务企业的认识，优化业务流程，提高行政效率。除此之外，还要继续坚持不懈地做好事中事后监管，为放开市场准入提供风险预防的保证。一方面可以完善信息公开制度和奖惩机制；另一方面借鉴伦敦市区治理体制改革的经验，发挥入驻业主协会在企业的行为规划以及园区治理方面的积极作用，鼓励企业践行社会责任，不断提高社会治理和公共服务能力。

（四）完善国际贸易单一窗口建设，推进贸易便利化

第一，因地制宜，选择合适的单一窗口模式。国际上有三种比较成熟的单一窗口模式。一是"单一机构模式"，指成立或者授权一个政府监管机构处理所有的进出口监管业务，贸易商只需要向海关一次性提交申报信息，系统将表格转到相关部门进行处理，代表性国家是瑞典和荷兰。二是"单一系统模式"，建立一个系统统一处理贸易业务，但各监管机构相互独立，即"系统单一，结构分散"，代表性国家是美国和日本。三是"公共平台模式"，即企业通过该平台的单一界面一次性向不同监管部门提交信息，该平台可以对接、整合来自各监管部门的自有系统，实现信息共享与业务协作，即"机构独立，系统协作"。由于我国海关、检验检疫等各部门机构分散，相互独立，更适合选择"单一系统模式"或"公共平台模式"，河南自由贸易试

验区在探索实践过程中，要因地制宜，建立基于河南电子口岸的空港国际贸易"单一窗口"。

第二，加快推进数据元与国际对接。数据元标准化是开展国际贸易单一窗口的前提和基础。美国、新加坡等世界上大部分国家的国际贸易单一窗口采用 WCO Data Model 作为数据元参考标准，相关部门可借鉴这些国家的经验，推进数据元与国际对接[1]。

第三，加快促进电子数据、单一窗口的法律地位，国际贸易单一窗口的建设需要进行部门结构调整，人员职位的变动，因而需要借助法律途径进一步明确调整后机构的性质、归属和执法主体，授予其行使职权的权力，从而使国际贸易单一窗口建设在法律保障下有序进行。

第四，以海关为核心整合行政资源。我国海关、检验检疫、边检、税务等属于多头管理机构，并不是隶属关系，而国际贸易单一窗口的建设需要各部门协同作业，因而需要整合行政资源。建立和运行国际贸易单一窗口的主导机构在各国的情况不同，既可以是海关、口岸当局或者其他政府机构，也可以是民间实体，抑或是官方—民间合作主导。从国际经验来看，海关主导居多。从我国传统职能来看，也比较适合作为主导机构整合行政资源，促使口岸行政、监管等各个环节主管部门通力合作，共同加快推进国际贸易单一窗口与国际水准相对接[2]。

（五）顺应跨境电商发展潮流，实现"互联网＋"商贸流通现代化

商贸流通是郑州的产业特色，但同时是中国在新的消费格局下亟待突破传统贸易方式、建立现代化体系的产业，郑州作为重要节点、推进贸易创新是应有之义。推进新贸易业态，是郑州基于商贸业基础、消费腹地和跨境电商良好发展条件的重要试验点，对中国贸易与消费方式转变意义重大。通过通关、支付、市场化运作、流通便利、

---

① 裴长洪等：《中国（上海）自由贸易试验区一周年总结研究》，机械工业出版社2015年版。

② 曾文革：《〈贸易便利化协定〉视域下我国海关贸易便利化制度的完善》，《海关与经贸研究》2016年第1期。

外资准入等领域的支持，助力实现跨境电子商务和国内国际商品交易中心的新型贸易业态。构建跨境电商的中国供应链中心，作为出口电商的全国物流供应链枢纽，以及进口电商在中部地区的重要节点。从整体上看，中国传统进出口贸易受全球经济形势和国内要素成本上涨影响增长放缓，跨境电商市场则高速增长，目前跨境电商中出口超过85%。郑州作为跨境电商试点城市，应充分借助自由贸易试验区和郑州航空港的优势，大力促进跨境电子商务发展。

1. 加强保税备货能力

出口电商是中国跨境电商市场的主力，目前主要使用出口直运和海外仓备货两种物流模式，也有出口电商企业在国内保税区备货。未来，出口电商物流模式将仍以跨国直运为主、海外仓模式为辅，但国内的出口电商保税备货模式作用有限。因此，首先，需要发挥国际航空货运网络优势，郑州机场在货运为先的发展路径下，能够保障货航资源和提高货运机场效率，助力出口电商快件畅行国际航空干线。其次，促进跨境邮政合作，提高国外时效，积极推动与出口电商海外增长市场的邮政合作。最后，要注意单位运输成本的最小化，郑州的国际航空干线成本将在一段时期内有洼地优势，下一步需要开放机场货站操作提高货仓运输效率、降低平均成本。郑州若能够在以上方面实现突破，将使出口电商物流形成"深港 + 上海 + 郑州 + 北京"的枢纽格局，成为全国性的枢纽之一。

2. 扶持本地特色企业开展跨境电商贸易

跨境电子商务的主流产品的一般特征为体积小，便于运输的产品。发展河南省跨境电子商务的目的和意义在于推进本地企业的国际化，带动本地经济的发展。因此，跨境电商不能仅仅依靠引进相关的外资企业，而要逐渐地挖掘发现适合跨境电子商务交易的实体资源企业。本地的特色企业有河南思念食品股份有限公司、郑州三全食品股份有限公司以及河南省正龙食品有限公司等一系列的食品加工企业，有新郑红枣、好想你枣片等特色农产品，省内的香菇、茶叶、山药等农产品也独具特色。这些产品虽然在省内颇具名气，但是，相关的品牌却没有走出国门，在世界的知名度仍需要推广。郑州市在郑州试点建设的过程中，可以借助跨境电子商务发展的趋势，建立相关的交易平台，如农淘网农产品交易平台，对本地特色的产品品牌进行海外营销推广，提高郑州市特色产品在海外市场的知名度。此外，河南省应该推动建立相关的专业性交易平台，而不仅仅依靠阿里巴巴、天猫国际等这些第三方交易平台。食品加工企业在郑州市已形成相关的产业集群，有特色的食品产品。在物流方面，郑州市冷链物流运输发展有相对优势，可以为物流运输提供保障。

3. 逐步完善郑州跨境电商法律、监管体系

支付安全一直以来都是跨境电商企业和消费者所关心的问题。河南应该在国家的支持下设立专门的支付监管机构，来帮助支付企业对交易资金进行管理。郑州市还应该借助自由贸易试验区贸易便利化方面的先行先试探索，与国内各个兄弟城市和海外的城市相互帮助，积极合作，努力构建国际跨境电商支付管理体系，共同监督跨境电商交易，遏制非法交易的进行。与此同时，广大支付机构自身应该完善其用户的注册信息，加强管理，防止信息泄露。支付机构应当加强与银行合作，当违法交易发生时，银行能够协助并查出违法信息，可以有效地降低网络交易风险，维护消费者的合法权益。

4. 完善电子商务出口信用体系

借鉴郑州航空港所建立的电子商务出口信用体系和机制，建设电子商务认证中心、构建电商信用评价体系，完善相应的法律、法规，严厉处罚商业欺诈行为，严厉打击侵犯知识产权行为，坚决杜绝销售假冒伪劣产品行为。还要构建并完善企业和消费者的维权机制，保障跨境电商企业及其商品在国外市场具有良好信誉，维护国外消费者的合法权益。

5. 培养和引进跨境电子商务人才

针对郑州跨境电商领域人才短缺的情况，要加快人才建设，为跨境电子商务发展提供动力。首先，要加快引进全国范围的大量成熟人才，政府应该专门制定一个跨境电商人才引进扶持政策，或者在目前的人才引进政策中对跨境电子商务行业人才专项扶持，对于目前开展跨境电商的企业进行人才引进补贴扶持。其次，学校应该加大扶持力

度，通过校政合作、校企合作，为跨境电子商务的发展提供综合性人才，为社会培养实践性电商人才，做到产学结合，互利共赢。最后，要依托国内外高校与知名的互联网企业共同开展电子商务、互联网金融和物流配送等领域的人才培养，尤其是中高端人才。

（六）完善相关法律法规体系，加快与国际接轨

世界各个国家自由贸易试验区的建设都需要法律来保驾护航，我国也是如此，因为自由贸易试验区的功能定位、在国家战略中的地位等都需要法律明确的规定，施行的许多措施才能够在法律保护的范围内顺利进行，但目前我国的自由贸易试验区还在试验阶段，还没有形成一套完整统一的法律体系，这就使得地方政府很容易为了加快当地的自由贸易试验区建设而制定很多优惠性政策，这种做法十分影响我国法律法规的协调统一。鉴于此，首先，内陆型自由贸易实验区的建设迫切需要国家出台完善的法律体系。主要借鉴外国自由贸易园区法律法规体系建设的成功经验，并且结合自身的特点，加强法制环境的建设，还要注意与现行的法律法规相协调，不能相互违背，尽快从国家层面颁布法律法规，保证内陆型自由贸易试验区的建设顺利进行。其次，河南自由贸易试验区和航空港作为国家级改革创新的示范区，其核心任务是制度创新，而非谋求政策优惠，因而需要专门的立法代替规范性文件的发布。加快出台《郑州航空港经济综合实验区条例》和《中国（河南）自由贸易试验区条例》，将制度创新以立法的形式固定下来，为自由贸易试验区和航空港经济综合实验区先行先试，对接国际高标准打下基础。

（七）依托航空港和自由贸易试验区，探索发展自由贸易港

根据党的十九大报告精神，国家鼓励"赋予自由贸易试验区更大改革自主权，探索建设自由贸易港"。自由贸易港是目前全球开放水平最高的特殊经济功能区，是自由贸易试验区的"升级版"。目前，上海、广州、厦门等地区积极探索和筹备，上海市表示"正按照中央部署筹划建立自由贸易港"，广州市表示"探索建设南沙自由贸易港"，厦门市表示"争取建设自由贸易港"。2017 年 11 月，上海已经拟定了自由贸易港方案，并在寻求各有关部门指导完善。河南应该积

极关注自由贸易港建设，学习借鉴中国香港、新加坡、中东的迪拜、德国的汉堡、荷兰的鹿特丹等各具特色的自由贸易港的发展经验。比如，中国香港的优势在于贸易高度自由，新加坡的优势在于通关便利化，鹿特丹的优势是服务能力。河南应该利用郑州航空港的口岸优势，对标国际最高水平，探索建设内陆型自由贸易港，从而为内陆地区建立高标准的对外开放区域，有利于河南省在国际分工中居于更加优势的位置，提高河南省对外开放水平，并为内陆地区建立自由贸易港探索新路径丰富和积累经验。

（八）强化自由贸易试验区风险管理

制度创新意味着将产生新的风险，遵循风险可控的原则，河南自由贸易试验区的创新举措应根据实施难度分批实施，分为经验复制期、创新导入期和全面提升期三阶段。经验复制期阶段，对第一批、第二批自由贸易试验区的可复制经验进行先行先试，创造后续改革开放措施的基础条件，重在提升事中事后监管能力。在之后的创新导入期里，自由贸易试验区挂牌后，应逐步开始试验一些难度较低、风险可控且具有自身特色的创新机制；通过开放测试自身政府职能、监管能力等方面的承受能力，逐步推进改革。最后进入全面提升期，在自由贸易试验区试验取得一定成果后，应对前阶段总结出的成功经验进行完善法制保障，并对遇到的问题进行集中攻克，寻求发展方式的突破；通过对监管、税收等配套政策的不断完善打造最高效、公平的营商环境和投资环境。

（九）加强内陆型自由贸易试验区高端人才引进

作为内陆省份，河南应利用自由贸易试验区的政策优势，抓紧培育和引进国内外人才，让自由贸易试验区在建设过程中所需的贸易、金融、航运、管理、物流等紧缺的高层级人才得到充分保证。一方面，要充分挖掘本地资源，利用本省院校培养所需人才，与此同时，还要加强对高校"智囊团"的重视，汇集他们的智慧，并及时对他们的建议归纳、分析，对合理有效的优质建议及时采纳。另一方面，要注重吸纳来自国内外的优秀人才，开设人才高密度聚集和人才培养可持续的引智实验区。开设绿色通道吸引优秀留学人才，与国外人才创

新项目合作交流，学习管理制度，打破人才培养障碍。派遣国内专业
人才进行项目交流合作，挂职讲学，培养本地人才。总之，要紧密围
绕自由贸易试验区，结合产业项目开展人才培养，打造高端人才团
队，加快自由贸易试验区高端智库的建立。

参考文献

［1］ Ablaev, "Innovation Clusters in the Russian Economy: Economic Essence, Concepts, Approaches" ［J］. *Procedia Economics and Finance*, 2015（24）: 3 – 12.

［2］ Albert Guangzhou Hu and Zhengning Liu, "Trade Liberalization and Firm Productivity: Evidence from Chinese Manufacturing Industries" ［J］. *Review of International Economics*, 2014（3）.

［3］ Alber O. Hirschman, *The Strategy of Economic Development* ［M］. New Haven, Con Yale University Press, 1958.

［4］ Ali Pak, "Integrated Coastal Management Plan in Free Trade Zones, A Case Study" ［J］. *Ocean & Coastal Management*, 2011（54）: 129 – 136.

［5］ Andrew Mold and Rodgers Mukwaya, "Modelling the Economic Impact of the Tripartite Free Trade Area: Its Implications for the Economic Geography of Southern, Eastern and Northern Africa" ［J］. *Journal of African Trade*, 2016: 3（1 – 2）.

［6］ Appold, S. J., Kasarda, J. D., "Airports as New Urban Anchors" ［J］. *Frank Hawkins Kenan Institute of Private Enterprise*, 2006（2）: 36 – 42.

［7］ Appold, S. J. and Kasarda, J. D., "Seeding Growth at Airports and Airport Cities: Insights from the Two – sided Market Literature" ［J］. *Research in Transportation Business & Management*, 2011（1）: 91 – 100.

［8］ Cheng, C. C. J., Yang, C. L. and Sheu, C., "The Link between

Eco – innovation and Business Performance: A Taiwanese Industry Context"[J]. *Clean Prod*, 2014 (64): 81 –90.

[9] Clausing, K. A. , "Trade Creation and Trade Diversion in the Canada – United States Free Trade Agreement"[J]. *Canadian Journal of Economics/Revue Canadienne d' économique*, 2001, 34 (3): 677 – 696.

[10] Dechun Huang, Vu Thi Van, M. D. Ekram Hossain and Zhengqi He, "Shanghai Pilot Free Trade Zone and Its Effect on Economic Growth: A Counter – factual Approach"[J] . *Open Journal of Social Sciences*, 2017, 5 (9) .

[11] Deng Xiaoxi, Wang Ying and Yeo, Gi – Tae, "Enterprise Perspective – based Evaluatione of Free Trade Port Areas in China"[J]. *Maritime Economics & Logistics*, 2017, 8 (19) .

[12] Donghyun Park, " The Prospects of the ASEAN – China Free Trade Area (ACFTA): A Qualitative Overview"[J]. *Journal of the Asia Pacific Economy*, 2007, 12 (4) .

[13] Elton Fernandes and Ricardo Rodrigues Pacheco, Márcia Estrada Braga, "Brazilian Airport Economics from a Geographical Perspective"[J]. *Journal of Transport Geography*, 2014: 71 –77.

[14] Emanuel Ornelas, "Trade Creating Free Trade Areas and the Undermining of Multilateralism" [J] . *European Economic Review*, 2004 (7): 1717 –1735.

[15] Ismail, F. A. , "Advancing Regional Integration in Africa Through the Continental Free Trade Area (CFTA)"[J]. *Law and Development Review*, 2017, 10 (1) .

[16] Foreign – Trade Zone Program and the City of Phoenix, June 2008 (64) .

[17] *Free Trade Zone and Port Hinterland Development*, United Nations, 2005.

[18] Free Trade Zone Study, Consulting Services, October 2008.

[19] Gemma Estrada, Donghyun Park, Innwon Park and Soonchan Park, "China's Free Trade Agreements with ASEAN, Japan and Korea: A Comparative Analysis" [J]. *China & World Economy*, 2012 (4): 108 – 126.

[20] Gillen, D., Lall, A., "The Economics of the Internet, the New Economy and Opportunities for Airports" [J]. *Journal of Air Transport Management*, 2002 (8): 49 – 62.

[21] Hamada, Koichi, "An Economic Analysis of the Duty – free Zone" [J]. *Journal of International Economics*, 1974.

[22] Horbach, J., "Determinants of Environmental Innovation – New Evidence from German Panel Data Sources" [J]. *Res. Policy*, 2008(1): 163 – 173.

[23] Wang, J., "The Economic Impact of Economic Zones: Evidence from Chinese Municipalities" [J]. *Journal of Development Economics*, 2013 (101): 133 – 147.

[24] John D. Kasarda, "From Airport City to Aerotropolis" [J]. *Airport World*, 2001.

[25] John, D., "The Rise of the Aerotropolis Transportation" [J]. *Global Airport Cities*, 2006.

[26] John D. Kasarda, "Portfolio: The Fifth Wave: The Air Cargo – industrial Complex" [J]. *A Quarterly Review of Trade and Transportation*, 1991.

[27] Junior R. Davis, "The Creation of an Agricultural Free Trade Area in the CIS: Arguments Against Following the CAP Model" [J]. *Food Policy*, 1997, 22 (1).

[28] Kasarda, J. D. and Jonathan, D. G., "Air Cargo as an Economic Development Engine: A Note on Opportunities and Constrains" [J]. *Journal of Transport Management*, 2005, 11 (6): 459 – 462.

[29] Kim, A. R. L. J., "A Study on the Effects of FTA and Economic Integration on Throughput of Korea and China" [J]. *Open Access Li-*

brary Journal, 2016, 3 (4): 1 – 11.

[30] Lengyel, B. and Leydesdorff, L. , "The Effects of FDI on Innovation Systems in Hungarian Regions: Where is the Synergy Generated?" [J]. *Regional Statistics*, 2015, 5 (1): 3 – 24.

[31] Levy, P. I. , "A Political – economic Analysis of Free – trade Agreements" [J] . *The American Economic Review*, 1997: 506 – 519.

[32] Cuerva, M. C. , Triguero – Cano, A. and Córcoles, D. , "Drivers of Green and Non – green Innovation: Empirical Evidence in Low – tech SMEs" [J]. *Clean Prod.* , 2014 (68): 104 – 113.

[33] Matahir, H. and Tuyon, J. , "The Dynamic Synergies between Agriculture Output and Economic Growth in Malaysia" [J]. *International Journal of Economics and Finance*, 2013, 19 (5): 61 – 70.

[34] Meyer, Timothy, "Saving the Political Consensus in Favor of Free Trade" [J] . *Vanderbilt Law Review*, 2017, 2 (16): 253 – 277.

[35] Musibau Adetunji Babatunde, Gbadebo Odularu, *Understanding Bilateral Trade Flows and Negotiating South – South RTAs: Lessons and Policy Directions for the Tripartite Free Trade Area Agreement* (TFTA) [M] . Springer International Publishing, 2017 – 06 – 15.

[36] Ng, B. K. , Kanagasundram, T. , Wong, C. Y. et al. , "Innovation for Inclusive Development in Southeast Asia: The Roles of Regional Coordination Mechanisms" [J]. *The Pacific Review*, 2016, 29 (4): 573 – 602.

[37] Pedro Gilberto Aloise and Janaina Macke, "Eco – innovations in Developing Countries: The Case of Manaus Free Trade Zone (Brazil)" [J]. *Journal of Cleaner Production*, 2017, 168.

[38] Possebom, "Free Trade Zone of Manaus: An Impact Evaluation Using the Synthetic Control Method" [J]. *Revista Brasileira de Economia*, 2017 (72) .

[39] Rong – Her Chiu, Taih – Cherng Lirn, Chia – Yi Li, Bing – Yan Lu and Kuo – Chung Shang, "An Evaluation of Free Trade Port Zone

in Taiwan"[J]. *The Asian Journal of Shipping and Logistics*, 2011, 27 (3).

[40] Puffer, S. M. and McCarthy, D. J. , "The Emergence of Corporate Governance in Russia"[J]. *Journal of World Business*, 2003 (4): 284 – 298.

[41] Sergey Sosnovskikh, "Industrial Clusters in Russia: The Development of Special Economic Zones and Industrial Parks"[J]. *Russian Journal of Economics*, 2017 (3): 174 – 199.

[42] Shanping Yang and Inmaculada Martinez – Zarzoso, "A Panel Data Analysis of Trade Creation and Trade Diversion Effects: The Case of ASEAN – China Free Trade Area" [J]. *China Economic Review*, 2014 (29): 138 – 151.

[43] Shumei Chen and Dandan Li, "China – United Kingdom Free Trade Area"[J]. *Journal of Chinese Economic and Foreign Trade Studies*, 2017, 10 (1).

[44] Tang Tang and Junjie Wang, "A Study of the Anti – monopoly Review Processes in the Shanghai Free Trade Pilot Zone"[J]. *The Chinese Economy*, 2017, 50 (4).

[45] Xinxuan Cheng, "Development and Economic Effect Analysis of Free Trade Area with Axle of Mexico"[J]. *Cross – Cultural Communication*, 2011, 7 (3).

[46] Xinxuan Cheng, "The Impact of Preferential Rules of Origin on the Relationship of Free Trade Area and the Multilateral Trading System" [J]. *Management Science and Engineering*, 2010, 4 (4).

[47] Yao, D. Q. and Whalley, J. , "The China (Shanghai) Pilot Free Trade Zone: Background, Developments and Preliminary Assessment of Initial Impacts"[J]. *The World Economy*, 2016, 39 (1): 2 – 15.

[48] Young, "Unemployment and the Optimal Export – processing Zone" [J]. *Journal of Development Economics*, 1992 (37): 369 – 385.

［49］ Zheng Wan, Yang Zhang, Xuefeng Wang and Jihong Chen, "Policy and Politics behind Shanghai's Free Trade Zone Program"［J］. *Journal of Transport Geography*, 2014, 34.

［50］ 荣振华、刘阳阳：《自由贸易试验区商事登记制度构建现状、反思及展望——从自由贸易港商事制度建设启示视角分析》，《上海对外经贸大学学报》2018 年第 2 期。

［51］ 王文斌：《新常态下河南经济发展特征与经济转型研究》，《区域经济评论》2016 年第 6 期。

［52］ 高健、王成林、李世杰：《自由贸易区、自由贸易区与"一带一路"国家战略》，《海南大学学报》（人文社会科学版）2016 年第 4 期。

［53］ 汪和建：《经济全球化转型与中国经济增长模式转换——问题与策略》，《学术研究》2016 年第 4 期。

［54］ 马晓科：《临空经济与区域经济发展的耦合作用机理——以郑州航空港为例》，《技术经济与管理研究》2017 年第 7 期。

［55］ 夏烺、杜玉琼：《中国自由贸易区负面清单模式下优化外资营商环境探析》，《法制与社会》2017 年第 31 期。

［56］ 朱孟楠、陈冲、朱慧君：《从自由贸易区迈向自由贸易港：国际比较与中国的选择——兼析厦门自由贸易港建设》，《金融论坛》2018 年第 5 期。

［57］ 吴杨伟、工胜：《建设自由贸易试验区升级版的探讨——新型全球化经济要素流动的视角》，《国际贸易》2018 年第 3 期。

［58］ 麻子建：《郑州航空港区临空经济发展模式研究》，硕士学位论文，华中师范大学，2015 年。

［59］ 刘霞辉：《中国经济转型的路径分析》，《北京工商大学学报》（社会科学版）2016 年第 1 期。

［60］ 殷杰兰：《郑州临空经济发展问题探讨》，中国科学技术协会、河南省人民政府，第十届中国科协年会科技人力资源与区域经济发展论坛论文集，中国科学技术协会、河南省人民政府，2008 年 8 月。

[61] 赵鑫全:《中国与"一带一路"沿线国家自由贸易协定中的管制合作研究》,《价格月刊》2018 年第 2 期。

[62] 范洪明:《自由贸易区背景下海关特殊监管区域监管制度研究》,博士学位论文,苏州大学,2016 年。

[63] 李强:《上海自由贸易区国际航运服务创新进展、计划与建议》,《中国流通经济》2015 年第 8 期。

[64] 王常华:《自由贸易区税收政策刍议》,《税务研究》2014 年第 6 期。

[65] 林利、谢春来、冯雪梅:《融入"一带一路"战略 促进内陆型自由贸易试验区发展》,《国际税收》2017 年第 7 期。

[66] 谢建国:《外部关税约束、自由贸易区规模与世界自由贸易》,《经济学》(季刊) 2004 年第 2 期。

[67] 杨晓光、鲍勤:《新常态下的中国经济转型——在阵痛中稳步前行》,《中国科学院院刊》2016 年第 3 期。

[68] 张时立、虞阳、武祥琦:《中美自由贸易区空间布局比较研究》,《世界地理研究》2016 年第 1 期。

[69] 李庚香、王喜成:《关于申建河南自由贸易试验区的若干思考》,《河南社会科学》2015 年第 6 期。

[70] 秦莎莎:《京津冀流通业与区域经济耦合发展研究》,博士学位论文,首都经济贸易大学,2017 年。

[71] 田国敏:《基于城市轨道交通站点与城市空间节点耦合视角的站点周边地区发展研究》,博士学位论文,长安大学,2017 年。

[72] 田文富:《河南申报郑州航空港自由贸易区的若干思考》,《区域经济评论》2014 年第 1 期。

[73] 高友才、汤凯:《临空经济与供给侧结构性改革——作用机理和改革指向》,《经济管理》2017 年第 10 期。

[74] 黄志勇:《我国保税港区管理体制机制创新研究》,《宏观经济研究》2012 年第 4 期。

[75] 王学东:《国际空港城市 在大空间中构建未来》,社会科学文献出版社 2014 年版。

[76] 周艳：《自由贸易园与港口城市的再开放　以浙江省海洋经济核心区为例》，浙江大学出版社 2015 年版。

[77] 黄志勇、李京文：《实施自由贸易港战略研究》，《宏观经济管理》2012 年第 5 期。

[78] 沈雨：《新形势下中国保税区的转型研究》，博士学位论文，西南财经大学，2014 年。

[79] 高新才、咸春林：《开放型经济：一个文献综述》，《经济问题探索》2012 年第 3 期。

[80] 曹允春、王玒：《青岛临空经济发展模式研究》，《改革与战略》2010 年第 8 期。

[81] 江若尘等：《全球 100 个自由贸易区概览》，上海财经大学出版社 2013 年版。

[82] 曹允春、王曼曼：《基于产业链视角的跨境电子商务与物流业协同发展研究》，《价格月刊》2017 年第 2 期。

[83] 陶杰：《新加坡：自由贸易港高度开放》，《经济日报》2014 年 2 月 13 日第 13 版。

[84] 胥会云：《自由贸易港：用最高标准构建中国开放新格局》，《第一财经报》2017 年 10 月 24 日第 A01 版。

[85] 曾望：《跨境电商平台模块预置与成效后测的统计评价》，《统计与决策》2017 年第 22 期。

[86] 周汉民：《我国四大自由贸易区的共性分析、战略定位和政策建议》，《国际商务研究》2015 年第 4 期。

[87] 张宇星：《综合发力促进河南自由贸易区贸易便利化》，《河南日报》2016 年 12 月 7 日。

[88] 夏旭田：《商务部研究院国际市场研究所副所长白明：扩大对外开放“坐标系面积”建设高水平自由贸易港》，《21 世纪经济报道》2017 年 10 月 19 日第 004 版。

[89] 薛冬：《改革开放理论与构建中国（上海）自由贸易试验区关系研究》，博士学位论文，河北师范大学，2014 年。

[90] 李剑、姜宝、部峪佼：《基于自由贸易区的上海国际航运中心

功能优化研究》,《国际商务研究》2017 年第 1 期。

[91] 李轩：《中国贸易投资便利化的进展、存在问题及对策研究》,《兰州学刊》2016 年第 6 期。

[92] 陈有真、段龙龙、秦佳佳：《内陆型自由贸易试验区建设：中国深化经济体制改革的必然选择》,《理论视野》2015 年第 8 期。

[93] 王冠凤、郭羽诞：《上海自由贸易区贸易便利化和贸易自由化研究》,《现代经济》2014 年第 2 期。

[94] 黄蓉：《上海自由贸易区贸易自由化与便利化对策研究》,《价格月刊》2015 年第 8 期。

[95] 王冠凤、郭羽诞：《促进上海自由贸易区贸易自由化和贸易便利化发展的对策》,《经济纵横》2014 年第 2 期。

[96] 郑州市统计局：《2015 郑州市服务业发展情况分析》, http：// www. zzstjj. gov. cn/。

[97] 王帅：《速卖通和亚马孙跨境电子商务支付的对比研究》, 博士学位论文, 北京化工大学, 2015 年。

[98] 何勤、杨琼：《上海自由贸易区贸易便利化对贸易流量影响的实证研究》,《价格理论与实践》2014 年第 11 期。

[99] 李丽萍：《上海自由贸易区的贸易自由化与贸易便利化研究》,《商业经济研究》2016 年第 14 期。

[100] 杨友孝、程程：《临空经济发展阶段划分与政府职能探讨——以国际成功空港为例》,《国际经贸探索》2008 年第 10 期。

[101] 张钰莹：《广东自由贸易区贸易投资便利化研究》, 博士学位论文, 广东外语外贸大学, 2016 年。

[102] 临空经济发展战略研究课题组：《临空经济理论与实践探索》, 中国经济出版社 2006 年版。

[103] 林季红：《国际生产折衷理论的局限及进一步发展的新视角》,《国际贸易问题》2007 年第 9 期。

[104] 刘霞：《郑州航空港经济综合试验区金融业发展报告》,《郑州航空港年度发展报告》2015 年第 5 期。

[105] 刘朝明、韦海鸣：《对外开放的度量方法与模型分析》，《财经科学》2001 年第 2 期。

[106] 李玉民：《郑州航空港经济区航空物流业发展现状和展望》，《郑州航空港年度发展报告》2015 年第 5 期。

[107] 河南省人民政府：《中国（河南）自由贸易试验区建设实施方案》（豫政〔2017〕12 号）2017 年 4 月 6 日。

[108] 国务院：《中国（河南）自由贸易试验区总体方案》（国发〔2017〕17 号）2017 年 3 月 15 日。

[109] 李凯杰：《中国自由贸易试验区向自由贸易港转变研究》，《国际经济合作》2017 年第 12 期。

[110] 李玉欣：《贸易投资一体化与环渤海开放型经济发展的路径选择》，博士学位论文，吉林大学，2010 年。

[111] 高传华：《河南临空产业体系构建与政策设计》，《开放导报》2013 年第 5 期。

[112] 郑豫晓、勾京成、王淑云、张欣：《自由贸易区建设及其金融发展问题研究——基于郑州航空港经济综合实验区视角》，《金融理论与实践》2015 年第 5 期。

[113] 李练军：《中部地区开放型经济发展的实证与对策研究》，华中农业大学，2008 年。

[114] 曹扬：《中部地区开放型经济发展评价与对策研究》，《经济问题》2018 年第 1 期。

[115] 李玉欣：《贸易投资一体化与环渤海开放型经济发展的路径选择》，博士学位论文，吉林大学，2010 年。

[116] 李继樊：《内陆开放型经济理论与重庆实践》，河南人民出版社 2011 年版。

[117] 李玉民：《郑州航空港经济区航空物流业发展现状和展望》，《郑州航空港年度发展报告》2015 年第 5 期。

[118] 于玲：《皖江城市带开放型经济测度与发展对策研究》，博士学位论文，安徽大学，2010 年。

[119] 杨光：《中原城市群开放型经济发展研究》，博士学位论文，

郑州大学，2007 年。

[120] 陈波、张程程：《湖北自由贸易试验区：建设内陆型自由贸易试验区的探索》，《国际贸易》2017 年第 6 期。

[121] 陈浪南、童汉飞、谢绵陛：《世界自由贸易区发展模式比较》，《税务研究》2005 年第 8 期。

[122] 郭元晞、常晓鸣：《创新与产业升级：跨越经济发展瓶颈的出路》，《经济体制改革》2010 年第 1 期。

[123] 赵亮、陈淑梅：《经济增长的"自由贸易区驱动"——基于中韩自由贸易区、中日韩自由贸易区与 RCEP 的比较研究》，《经济评论》2015 年第 1 期。

[124] 王国敏、常璇：《我国农业结构性矛盾与农业供给侧改革的着力点》，《理论探索》2017 年第 6 期。

[125] 孙久文、唐泽地：《我国内陆沿边地区建设自由贸易区的路径探索》，《上海经济研究》2016 年第 10 期。

[126] 智艳、罗长远：《上海自由贸易区发展现状、目标模式与政策支撑》，《复旦学报》（社会科学版）2018 年第 2 期。

[127] 刘志云、史欣媛：《论自由贸易区金融创新立法的完善》，《厦门大学学报》（哲学社会科学版）2017 年第 5 期。

[128] 孙元欣：《外资负面清单管理的国际镜鉴：上海自由贸易区例证》，《改革》2014 年第 10 期。

[129] 王轶南、韩爽：《我国自由贸易区发展路径选择》，《学术交流》2017 年第 7 期。

[130] 邱书钦：《巴西马瑙斯自由贸易区发展实践与借鉴》，《对外经贸实务》2015 年第 4 期。

[131] 胡剑波：《巴西综合型自由贸易区发展经验及启示》，《经济纵横》2015 年第 2 期。

[132] 周启元、毕立明：《世界最大的经济特区——巴西马瑙斯自由贸易区》，《经济纵横》1992 年第 6 期。

[133] 杨力：《中国改革深水区的法律试验新难题和基本思路——以中国（上海）自由贸易试验区的制度体系构建为主线》，《政

法论丛》2014 年第 1 期。

［134］全毅：《全球区域经济一体化发展趋势及中国的对策》，《经济学家》2015 年第 1 期。

［135］彭德雷：《国际服务贸易协定（TISA）谈判与中国路径选择》，《亚太经济》2015 年第 2 期。

［136］彭支伟、张伯伟：《TPP 和亚太自由贸易区的经济效应及中国的对策》，《国际贸易问题》2013 年第 4 期。

［137］陈虹、韦鑫、余珮：《TTIP 对中国经济影响的前瞻性研究——基于可计算一般均衡模型的模拟分析》，《国际贸易问题》2013 年第 12 期。

［138］齐建国、王红、彭绪庶、刘生龙：《中国经济新常态的内涵和形成机制》，《经济纵横》2015 年第 3 期。

［139］孙明贵：《经济新常态下中国企业转型升级的战略取向》，《企业经济》2015 年第 7 期。

［140］匡海波、刘天寿、刘家国、邓顺江：《基于 PCA – TOPSIS 的自由贸易区开放水平测度研究》，《科研管理》2018 年第 3 期。

［141］吴国飞、陈功玉：《广州临空经济发展模式和具体思路研究》，《国际经贸探索》2014 年第 12 期。

［142］杨波、段赛丽：《自由贸易区建设背景下的流通消费国际化研究》，《商业经济研究》2017 年第 20 期。

［143］张洪、王庭东：《上合组织自由贸易区经济效应的前瞻性研究——基于 GTAP 模型的模拟》，《南方经济》2018 年第 3 期。

［144］梁咏、冯佳欢：《上海自由贸易区与中美 BIT "负面清单"的协同创新研究》，《国际经济法学刊》2014 年第 4 期。

［145］梁经伟、文淑惠、方俊智：《中国—东盟自由贸易区城市群空间经济关联研究——基于社会网络分析法的视角》，《地理科学》2015 年第 5 期。

［146］项后军、何康、于洋：《自由贸易区设立、贸易发展与资本流动——基于上海自由贸易区的研究》，《金融研究》2016 年第 10 期。

［147］ 王冠凤、郭羽诞：《上海自由贸易区贸易便利化和贸易自由化研究》，《现代经济探讨》2014 年第 2 期。

［148］ 谭娜、周先波、林建浩：《上海自由贸易区的经济增长效应研究——基于面板数据下的反事实分析方法》，《国际贸易问题》2015 年第 10 期。

［149］ 李国梁、高建华、刘丙章：《基于协同学的航空港经济区与区域协同发展研究——以郑州航空港经济综合实验区与河南省为例》，《人文地理》2018 年第 1 期。

［150］ 刘春玲：《航空经济区产业发展的国际经验及借鉴》，《世界地理研究》2014 年第 4 期。

［151］ 严海宁、谢奉军：《航空产业与地方经济协同发展研究——以珠海航空城和高新区为例》，《南昌航空大学学报》（社会科学版）2013 年第 2 期。

［152］ 沈玉芳、刘曙华、张婧等：《长三角地区产业群、城市群和港口群协同发展研究》，《经济地理》2010 年第 5 期。

［153］ 周柯、张樾、谷洲洋：《郑州航空港经济综合实验区航空物流产业效率研究》，《地域研究与开发》2018 年第 1 期。

［154］ 刘祥谦：《金融支持郑州航空港经济综合实验区的实践经验》，《武汉金融》2018 年第 1 期。

［155］ 田珍：《中国建设自由贸易港的战略意义与发展措施》，《国际经济合作》2017 年第 12 期。

［156］ 龚柏华：《"一带一路"背景下上海自由贸易港构建的法治思维》，《上海对外经贸大学学报》2018 年第 2 期。

［157］ 罗清和、朱诗怡：《从经济特区到自由贸易区：中国改革开放路径与目标的演绎逻辑》，《深圳大学学报》（人文社会科学版）2018 年第 1 期。

［158］ 刘志中、崔铮：《"一带一路"背景下中国中亚自由贸易区效应》，《俄罗斯东欧中亚研究》2018 年第 5 期。

［159］ 佟家栋：《中国自由贸易试验区的改革深化与自由贸易港的建立》，《国际商务研究》2018 年第 1 期。

［160］罗清和、朱诗怡:《从经济特区到自由贸易区:中国改革开放
　　　　路径与目标》,《当代中国史研究》2018 年第 2 期。

［161］程伟晶、冯帆:《中国—东盟自由贸易区的贸易效应——基于
　　　　三阶段引力模型的实证分析》,《国际经贸探索》2014 年第
　　　　2 期。

［162］刘朋春:《双边 FTA 是否会成为中日韩自由贸易区的"垫脚
　　　　石"?——中日韩自由贸易区建设路径的 GTAP 模拟分析》,
　　　　《现代日本经济》2015 年第 1 期。

［163］李旭红、郑鹏、文韬:《临空经济税收问题研究——以北京临
　　　　空经济核心区为例》,《税务研究》2018 年第 1 期。

［164］马同光、齐兰:《中国临空经济发展影响因素研究——基于地
　　　　区面板数据的实证分析》,《宏观经济研究》2018 年第 4 期。

［165］李义鹏:《京津冀协同发展背景下临空经济区对产业结构升级
　　　　的对策与路径研究》,《宏观经济管理》2017 年第 S1 期。

［166］何枭吟:《"一带一路"建设中内陆节点城市临空经济发展建
　　　　议》,《经济纵横》2015 年第 9 期。

［167］袁堃:《我国临空经济区发展策略及对武汉临空经济区发展的
　　　　启示》,《理论月刊》2010 年第 4 期。

［168］何艳、张瑜:《临空经济区发展的动力因素研究》,《地域研究
　　　　与开发》2012 年第 2 期。

［169］刘玉敏、刘莉、王宁:《基于 OWA 算子的临空经济区发展质
　　　　量综合评价》,《商业经济研究》2016 年第 8 期。

［170］王勇、王亮、余升国:《自由贸易区离岸金融制度创新理论分
　　　　析框架》,《上海经济研究》2018 年第 5 期。

［171］王贵斌、何伟:《自由贸易区背景下跨境电商发展策略研
　　　　究——以浙江自由贸易区为例》,《价格月刊》2018 年第 2 期。

［172］刘芳、赖峨州:《自由贸易区政府信息资源共享法律保障体系
　　　　研究报告——以福建省为例》,《中共福建省委党校学报》
　　　　2018 年第 4 期。

［173］阳建勋:《论自由贸易区金融创新与金融监管的互动及其法治

保障——以福建自由贸易区为例》，《经济体制改革》2017 年第 1 期。

[174] 高凛：《自由贸易试验区负面清单模式下事中事后监管》，《国际商务研究》2017 年第 1 期。

[175] 叶修群：《"一带一路"战略下我国自由贸易区的贸易效应研究》，《企业与商务经济》2016 年第 2 期。

[176] 陈淑梅：《"一带一路"引领国际自由贸易区发展之战略思考》，《国际贸易》2015 年第 12 期。

[177] 杨支煌：《中国自由贸易区科学发展的战略推进》，《对外经贸实务》2013 年第 4 期。

[178] 李桂花：《上海自由贸易区账户监管模式、路径依赖与顶层设计创新》，《上海经济研究》2017 年第 4 期。

[179] 贺小勇：《TPP 视野下上海自由贸易区的法治思维与问题》，《国际商务研究》2014 年第 4 期。

[180] 王茜、张继：《我国金融服务业的开放与法律监管问题研究——基于上海自由贸易区的分析》，《上海对外经贸大学学报》2014 年第 3 期。

[181] 石建勋、张悦：《中国经济新常态趋势分析及战略选择》，《新疆师范大学学报》（哲学社会科学版）2015 年第 4 期。

[182] 张国：《中国经济新常态的问题、挑战和对策研究综述》，《财经科学》2015 年第 5 期。

[183] 付亦重、杨嫣：《美国内陆型自由贸易试验区监管模式及发展研究》，《国际经贸探索》2016 年第 8 期。

[184] 高增安、张鹏强、李肖萌：《境外典型内陆型自由贸易试验区税收优惠政策比较研究》，《西南民族大学学报》（人文社科版）2018 年第 6 期。

[185] 霍伟东、巫才林：《自由贸易区战略的空间布局与问题因应》，《改革》2009 年第 9 期。

[186] 王涛生等：《制度创新影响区域产业竞争力优势机理与实证研究》，经济出版社 2010 年版。

［187］韩民春、张燕玲：《中国内陆型自由贸易试验区发展模式研究——基于国际比较视角》，《价格月刊》2018年第2期。

［188］刘玉江：《舟山群岛新区创建自由贸易区的战略研究》，硕士学位论文，浙江大学，2013年。

［189］俞顺洪：《保税区发展现状、绩效和转型分析》，《当代经济管理》2013年第2期。

［190］赵晓雷等：《赢在自由贸易区：寻找改革红利时代的财富与机遇》，北京大学出版社2014年版。